# „Ich“

In der Bezugnahme auf sich selbst, im Ich-Sagen, definiert sich der Mensch. Das eigene Selbst ist uns jedoch derart vertraut und selbstverständlich, dass wir es gewöhnlich nicht hinterfragen. So richtet sich das Streben nach Wahrheit und Erkenntnis meist nach außen. Doch schon Augustinus schreibt: „Gehe nicht nach draußen, gehe in dich; im Inneren des Menschen wohnt die Wahrheit.“

Entführt und über Wochen alleine eingesperrt in einen Keller fiel die Suche nach einem Ich für Jan Philip Reemtsma allerdings nicht sehr erfolgreich aus: „Dieses Ich ist selbst ein Konstrukt. Das Gefühl, eines zu ‚haben‘, ist nicht die Voraussetzung, sondern das Ergebnis seiner Leistung.“

Die Suche nach Halt für das eigene Ich durch eine Überschreitung des Selbst hin zu Gott, wie Augustinus auf Grund der Unbeständigkeit der menschlichen Natur fordert, ist für Nietzsche lediglich Ausdruck von Schwäche. Mit dem Gebot „Werde, der du bist“ forderte er vielmehr ein Übersteigen der menschlichen Haltlosigkeit hin zu einem so genannten Übermenschen, der völlig frei von den überlieferten Normen der Gesellschaft nur seinem Willen zur Macht folgt; der sein „Sach“, wie Max Stirner es formulierte, nur auf sich selbst gestellt hat.

Immanuel Kant sah im Ich lediglich eine „einfache und für sich selbst an Inhalt gänzlich leere Vorstellung ... ein bloßes Bewusstsein, das alle Begriffe begleitet“. Das Ich, so Andreas Luckner in seinem Beitrag *Mit dem Ich auf Du und Du. Die Deutschen Idealisten*, „ist der Name für die Voraussetzung des Denkens, die es uns allererst ermöglicht, dass wir überhaupt Gegenstände erfahren können.“ Mithin ist das Selbstbewusstsein kein theoretisches, sondern ein primär *praktisches* Verhältnis zu sich. Auch wenn das Ich letztlich nicht begreifbar ist, ist es gerade dieses Ich, über das entgegen dem Ryle'schen Vorschlag:



„Leute, hört einfach auf, von ‚dem Ich‘ zu reden, dann habt ihr auch keine Probleme mehr“

zuallererst nachgedacht werden muss – und, so Luckner, „man kann gar nicht genug darüber nachdenken!“

Auch Thomas Bach zeigt in seinem Portrait über Edmund Husserl auf, wie wichtig es ist, die Selbstbezüglichkeit des Menschen zu verstehen: „Eine Philosophie, die um sicheres Wissen bemüht ist, kann sich bei ihrer Begründung nicht auf die Erfahrung von Welt, sondern nur auf die notwendige und zweifellose Sphäre des reinen Ichs und Ichlebens stützen.“

Nicht von ungefähr erachtet Thomas Zoglauer das Subjektive als das Gewisseste auf der Welt. Unter dem Titel *Der Mythos des Objektiven* kommt er zu dem Schluss: „Wenn die Wirklichkeit als unabhängig vom Bewusstsein *gedacht* wird, wird sie eben nur gedacht und ist somit abhängig von einem denkenden Bewusstsein. Insofern ist das Objektive ein Mythos, nicht das Subjektive.“

Unter dem Etikett des Descartschen „Ich denke“, erscheint für Elisabeth List jedoch lediglich jenes als Ursache, was tatsächlich die Wirkung des eigenen Tuns ist. Das Ich, mit großem „I“ geschrieben, ist eine Illusion, „eine für manche Zwecke nützliche, für Frauen insbesondere eine gefährliche“, schreibt sie in ihrem Beitrag *Kein Ich, nirgends. Schon gar kein weibliches.* Weil man Subjekt nur werden kann um den Preis der Unterwerfung, ist das Ich etwas, dessen man sich besser entledigen sollte, als es zu kultivieren, führt sie aus, denn „der Abschied von den Illusionen des Ichs, missverständlich dramatisiert zum ‚Tod des Subjekts‘, muss keineswegs tödlich sein. Er wird und soll uns vielmehr befreien von metaphyischen Lasten.“

Die Überzeugung, auf dem Weg nach innen höchste Selbstgewissheit und einen unerschütterlichen Grund für die eigene Existenz finden zu können, beruht Gerhard Gamm zufolge auf dem Irrtum, dass „die Subjektivität als feststehende, konstante Größe, als ‚stehendes und bleibendes Ich‘, wie es bei Kant und Fichte gleichlautend heißt, angesetzt“ wird. Subjekt oder Person, so schreibt er in seinem Beitrag *Chantals Gesichter – Über die Unerreichbarkeit des Selbst* weiter, sind jedoch keine „Substanz, kein in der Zeit sich durchhaltendes Seiendes ... Dasjenige, was die Identität stiftet, entzieht sich selbst der Bestimmung.“ Er kommt zu dem Schluss:

„Das Selbst verfehlt sich ständig.“

Ausgehend von der Frage, wie ein formal richtiges Denken, wie zum Beispiel das „Ich denke, also bin ich“ Descartes' oder das „Ich bin Ich“ Fichtes, ohne Verweis auf ein Absolutes Bezug nehmen kann auf eine Realität außerhalb der Vernunft, entwickelt Klaus Giel in seinem Beitrag *Das Ich zwischen Weltflucht und Weltbindung* die Philosophie von Walter Schulz. Das Ich der philosophischen Reflexion, so Giel, „ist einerseits das frei aufsteigende, sich aus allen Lebenslagen befreiende Ich ... das doch andererseits, in der Abhebung von allen Weltgehalten, sich in seiner Weltgebundenheit findet, ohne die es sich selbst entgleiten würde.“

„Das Ich ist nichts für sich selber, es ist nichts jenseits der Weltbindung und nichts ohne sie.“

Eine strikte Abgrenzung des eigenen Ichs, so der Schauspieler Klaus Maria Brandauer im Interview, kann es nicht geben: „Wenn man vom Ich spricht, dann denkt man: ich und die andern; genauer: wir und darunter auch ich ... Ich bin zutiefst davon überzeugt, dass alle, die gelebt haben, die jetzt leben und leben werden, meine Brüder und Schwestern sind ... Und nur dadurch bin ich in der Lage, meinen Beruf tatsächlich auszuüben." Sein Schluss: „Das Wichtigste ist, dass wir die Nähe haben, uns voneinander zu entfernen."

Dem gegenüber steht heutzutage der Homo oeconomicus, der egoistische, nur seinen wirtschaftlichen Interessen verpflichtete Mensch. Von den vor-modernen Krücken des Selbst – festen Bindungen an eine Religion, eine Nation, ein Geschlecht... – befreit, jeder festen Identität entkernt, bastelt sich das postmoderne Subjekt aus dem Supermarkt der Lebensentwürfe und Sinnstiftungsoptionen sein multiples Ich fortwährend neu zusammen. Gleichwohl bleibt auch der moderne Mensch seinem Erbe und Charakter nach ein Gemeinschaftswesen, schreibt Laurenz Volkmann in seinem Beitrag *Wir. Bausteine des Ich*. Bezug nehmend auf so unterschiedliche Denker wie Adam Smith, C. G. Jung, Michail Bachtin und Emmanuel Lévinas kommt er zu dem Ergebnis, dass der Mensch sein Selbst nur finden kann durch „das Wiederentdecken und Einüben von wechselseitigen gemeinschaftlichen Beziehungen mit dem Anderen".

Bazon Brock sieht im Mittelpunkt des Denkens nicht mehr den Egoisten oder dessen Widerpart, den sich für die anderen aufopfernden Selbstlosen, sondern, so heißt es in seinem Essay *Mihilismus. Selbstverwirklichungsboheme und Individualisierungsterror*, den Mihilisten – den Egoisten wider Willen: „Unter lauter Egoisten aus Überzeugung fristet er sein Dasein wohl wissend, dass das Konzept des Egoismus zwangsläufig zum Scheitern verurteilt ist."

Die Vorstellung, dass es eine ursprüngliche Verantwortung für den anderen gibt, dass die Menschlichkeit des Menschen in der Übernahme dieser Verantwortung besteht und dass gerade dies den Kern seiner unverwechselbaren Einzigkeit und Individualität ausmacht, steht im Zentrum der Philosophie von Emmanuel Lévinas. Weder darf zu Gunsten der Subjektivität das Sein verneint, noch im Namen des Seins auf die Subjektivität verzichtet werden. Eine Versöhnung des Subjekts mit dem Sein kann nur vermittels des anderen gelingen. Unter dem Titel *Das Ich und der andere in der Philosophie von Lévinas* schreibt Wolfgang Nikolaus Krewani: In letzter Konsequenz ist das Ich nur noch Untertan des anderen –

„die vollendete Form der Subjektivität besteht darin, ‚für den anderen zu sterben'".

Selbst- und Ich-Bewusstsein sind komplexe Eigenschaften höherer sozialer Organismen, die eine besondere Form des Wissens und der Zuschreibung ermöglichen. Zum Selbstbewusstsein, so Rüdiger Vass unter dem Titel *Selbstbewusstsein und Gehirn*, „gehört auch die Erkenntnis, dass es andere (Selbst-)Bewusstseine gibt. Insofern ist der Ich-Begriff auch nicht auf Gehirnaktivitäten allein reduzierbar." Gleichwohl kommt er zu dem Schluss, dass immer mehr darauf hindeutet, dass das Ich eine neuronale und soziale Fiktion ist und keine Seelensubstanz, auch wenn bisher noch keine Region des Gehirns bekannt ist, die immer beim Vollzug dessen, was wir Selbstbewusstsein nennen, aktiv wird –

„Mein Gehirn denkt, also bin ich".

Der Philosoph und Psychoanalytiker Slavoj Zizek sieht im Ich mehr als nur ein komplexes Zusammenspiel von Neuronen. Subjektivität ist für ihn auch mehr als das Prinzip der Autonomie. Im Innersten der Subjektivität, so sagte er im Interview, gibt es einen traumatischen Kern, der von der Philosophie gleichzeitig erzeugt und verdrängt wird. Im Zentrum des Interesses steht nicht das Individuum als solches, sondern die Frage:

„Was bin ich für den anderen?"

Die Autoren der folgenden Ausgabe des *blauen reiters* beschäftigen sich mit den philosophischen Aspekten der

## Sexualität

Angesiedelt zwischen biologischer Notwendigkeit und gesellschaftlicher Überformung ist die Sexualität noch vor der Religion eines der ältesten Mittel zur Erzeugung der Ekstase, des „Außersichseins", das den Menschen zur Verfügung steht. In Platons Dialog *Symposion* (*Das Gastmahl*) beschreibt Aristophanes das geschlechtliche Begehren als Sehnsucht nach ursprünglicher Einheit. Anfänglich waren die Menschen aus zwei Körpern zusammengesetzte Kugelwesen, die von Zeus wegen ihres Aufbegehrens gegen die Götter getrennt und zu ihrer heutigen Gestalt umgeformt wurden. Die Kraft des Eros, so Aristophanes,

„dies Verlangen eben und Trachten nach dem Ganzen (nach der verlorenen, wahren eigenen Hälfte) heißt Liebe".

In der 16. Ausgabe des *blauen reiters* lesen Sie unter anderem folgende Beiträge: *Nacktheit und Scham, Das Begehren, Sexualität und Sprache, Die Polarität der Geschlechter, Die Faszination des anderen Körpers, Gender – Das Geschlecht als soziales Konstrukt.*

Die Themen der darauf folgenden Ausgaben lauten: *Das Böse, Gerechtigkeit* und *Geschichte.*

Siegfried Reusch
Chefredakteur

Thomas Zoglauer

# Der Mythos des Objektiven

**Die Naturwissenschaft strebt danach, ein möglichst detailliertes und vollständiges Bild von der Welt zu erstellen, um zu erkennen, welche Teilchen und Kräfte die Welt im Innersten zusammenhalten. An diesem Forschungsprozess sind viele Menschen beteiligt. Jeder Forscher bringt seine eigenen Meinungen, Urteile und Vermutungen ein, diese Hypothesen werden durch Beobachtungsdaten und Experimente so lange geprüft, modifiziert und wieder getestet, bis daraus eine Theorie entsteht, die von der ganzen Forschungsgemeinschaft akzeptiert wird. Die Sätze der Naturwissenschaft sollen unabhängig von subjektiven Meinungen sein und sie sollen die Zusammenhänge in der Natur möglichst wirklichkeitsgetreu wiedergeben. Diese objektive Betrachtungsweise der Wissenschaft steht im Gegensatz zur subjektiven Sichtweise des einzelnen Menschen.**

Jedes Individuum betrachtet die Welt von einem eigenen Standpunkt aus. Diese Perspektivität ist nicht nur unserer Wahrnehmung, sondern unserem ganzen Denken, Urteilen und Werten zu eigen: Die Urteile jedes Menschen sind voreingenommen, irrtumsanfällig und beruhen manchmal auf Täuschungen. Das Ziel der Wissenschaft ist es, diese subjektive Gebundenheit und Perspektivität zu überwinden und die verschiedenen individuellen Beobachterstandpunkte durch eine einheitliche objektive Sichtweise zu ersetzen, die von dem amerikanischen Philosophen Thomas Nagel der „Blick von Nirgendwo" genannt wird. Dieses Nirgendwo ist kein bekannter, uns Menschen zugänglicher Ort. Es ist vielmehr ein fiktiver Ort; ein Ort, der unendlich weit von unserem heutigen Wissensstand entfernt ist und von dem aus man die Welt so sehen kann, wie sie an sich beschaffen ist. Der Blick von Nirgendwo ist ein perspektivloser und ganzheitlicher Blick, der nicht an ein denkendes Subjekt gebunden ist, nicht durch Vorurteile getrübt und nicht durch Erkenntnisgrenzen verstellt ist. Es ist ein Sehen ohne Augen, ein Denken ohne Gehirn, aber dennoch ein Erkennen der wahren Zusammenhänge.

Während das Subjekt nur sieht, wie ihm die Welt *erscheint*, will uns das objektive Wissen die Welt so offenbaren, wie sie *an sich*, unabhängig von unserem Erkennen ist. Wir glauben zur objektiven Erkenntnis zu gelangen, indem wir unsere Urteile gleichsam von allen subjektiven Zutaten reinigen und auf diese Weise objektivieren. Aber woher wollen wir wissen, welche Bestandteile eines Urteils subjektiven und welche objektiven Ursprungs sind? Setzt die Fähigkeit einer solchen Unterscheidung nicht bereits jenen objektiven Standpunkt voraus, den es erst zu erreichen gilt?

Der Glaube, dass es einen solchen subjektunabhängigen Standpunkt gibt, kennzeichnet den Mythos des Objektiven. Dieser Mythos nahm die Philosophie seit Platon gefangen. Es ist der Glaube, dass es ein Buch gibt (nicht notwendig ein Buch mit endlich vielen Seiten), in dem alle Wahrheiten, inklusive der moralischen Wahrheiten, stehen und es die Aufgabe der Wissenschaft und der Philosophie ist, dieses Buch, oder zumindest einige einleitende Kapitel, zu schreiben.

Platon erzählt den Mythos als Höhlengleichnis und drückt darin die Hoffnung aus, dass wir uns von den Fesseln subjektiver Meinungen befreien und aus der Dunkelheit des Nichtwissens in das Licht der objektiven Erkenntnis treten könnten. Platon beschreibt im siebten Buch der *Politeia* (Der Staat) den Weg der Wissenschaft von den Schattenbildern, welche die materiellen Gegenstände auf die Projektionsfläche unseres Geistes werfen, bis zum Erkennen der Ideen, die das Wesen der Dinge ausmachen. Die Ideen sind für Platon das wahrhaft Objektive. Sie existieren in einer Welt jenseits des sichtbaren Kosmos und können nur von der vom Leib befreiten und geläuterten Seele geschaut werden.

**Auch wenn die materielle Wirklichkeit eine Fiktion ist, ist sie dennoch eine unverzichtbare Fiktion.**

Im Mittelalter wird die Ideenwelt zum Reich Gottes. Während das menschliche Denken subjektiv, unvollkommen und irrtumsanfällig ist, ist allein Gottes Wissen wirklich objektiv, vollkommen und gewiss. Gott benötigt keine logischen Schlüsse, um zur Erkenntnis zu gelangen, er verfügt über ein unmittelbares Wissen, weil er die Ursache aller Dinge ist und die Dinge in ihrem Wesen erkennt. Er erkennt alles zugleich. Für Thomas von Aquin (ca. 1225–1274) ist Gott die Wahrheit schlechthin. Somit wird in der mittelalterlichen Theologie der erkenntnistheoretische Dualismus der platonischen Philosophie fortgesetzt: Das menschliche Wissen wird als subjektiv verunreinigt betrachtet, während nur Gott die Welt mit seinem „Blick von Nirgendwo" auf objektive Weise erkennen kann. Das Streben nach Objektivität wurde somit als Versuch betrachtet, dem Wissen Gottes nahe zu kommen.

Während man es im Mittelalter für unmöglich hielt, ein vollständiges objektives Wissen zu erlangen und sich bewusst war, dass man immer unendlich weit von der göttlichen Allwissenheit entfernt sein werde, strebt der moderne Materialismus nach einem vollständigen Wissen, einer Theorie für alles. Der Materialist glaubt, das ganze Universum aus wenigen Gesetzen und Prinzipien erklären zu können, ebenso wie die antiken Atomisten glaubten, dass sich die ganze Erscheinungswelt auf die Bewegung von Atomen zurückführen ließe. Das denkende Subjekt hat in diesem Weltbild keinen Platz. Der Materialismus versucht das Subjektive zu eliminieren, indem er das Subjekt als etwas von materiellen Objekten Bedingtes nachweist. Das Subjekt wird von seiner physikalischen Seite her erklärt, das Bewusstsein als Gehirnphänomen aufgefasst. Das Bewusstsein wird als Endglied einer Kausalkette begriffen, die von materiellen Objekten ausgeht und selbst nur das kausale Produkt von Prozessen darstellt, die im Gehirn ablaufen oder mit diesen gar identisch ist. Wahrnehmungen, Gedanken und Gefühle sind somit nichts anderes als ein komplexes Wechselspiel von Nervenzellen.

**Selbst wenn wir ein vollständiges Wissen über die Funktionsweise unseres Nervensystems besitzen, wissen wir nicht, wie Schmerz sich anfühlt.**

Eine Strategie zur Eliminierung des Subjektiven, die auf den griechischen Philosophen Demokrit (ca. 460–370 v. Chr.) zurückgeht, ist die Unterscheidung zwischen primären und sekundären Qualitäten. Sekundäre Qualitäten wie Farben, Töne, Wärme und andere Sinnesqualitäten existieren demnach nur im Bewusstsein des Betrachters, nicht aber in den Dingen selbst. Im Gegensatz dazu bezeichnen primäre Qualitäten wie Ausdehnung, Gestalt, Härte, Undurchdringlichkeit, Schwere, Bewegung und Ruhe Eigenschaften, die den Objekten selbst innewohnen und unabhängig von unserer Wahrnehmung sind. Dies schließt nicht aus, dass sekundäre Qualitäten möglicherweise objektiv fundiert sind, indem sie zum Beispiel eine Disposition (hier: Fähigkeit) des Objekts bezeichnen, eine bestimmte Sinneswahrnehmung im Beobachter hervorzurufen.

Bereits die griechischen Atomisten glaubten, dass unsere Geschmacksempfindungen von der Form der Atome abhängen, die wir auf der Zunge erfühlen. Runde Atome lösen einen angenehmen, süßen Geschmacksreiz aus, eckige Atome schmecken sauer oder bitter und Atome mit scharfen Spitzen ergeben einen entsprechend scharfen Geschmack. Die Sinneswahrnehmungen wurden durch materielle Bilder erklärt, die sich von den wahrgenommenen Körpern ablösen und in der Seele des Menschen, die selbst als ein materieller Körper aufgefasst wird, einen Abdruck hinterlassen. Alle sekundären Sinnesqualitäten ergeben sich somit aus den primären Eigenschaften der Atome. Subjektive Qualitäten werden auf objektive Qualitäten reduziert.

Der moderne Materialismus führt die sekundären Qualitäten oder Qualia, wie sie in der heutigen Terminologie genannt werden, auf physikalische Zustände des Gehirns oder Nervensystems zurück. Wenn ich zum Beispiel Schmerzen habe, so wird dies durch die Reizung einer bestimmten Art von Nervenfasern, so genannten C-Fasern, erklärt. Der Schmerz und die Reizung der C-Fasern sind somit nicht zwei verschiedene Dinge, sondern sind ein und dasselbe: Die Schmerzempfindung ist nichts anderes als dieser neuronale Zustand. Subjektive Qualitäten werden somit als Illusionen entlarvt: In Wirklichkeit existieren nur Atome und Elementarteilchen und deren Eigenschaften und sonst nichts.

Es darf jedoch bezweifelt werden, ob eine solche Eliminationsstrategie gelingen und das menschliche Bewusstsein physikalisch erklärt werden kann. Man mag mit Hilfe der Naturwissenschaften zwar den neuronalen Vorgang erklären können, der dem Bewusstseinsakt zugrunde liegt, aber nicht seine subjektive Qualität. Man mag zwar die physikalischen Ursachen für die Erregung eines Farbrezeptors identifizieren und die Bahn des Nervenreizes bis in den hintersten Winkel des menschlichen Gehirns verfolgen können, womit aber noch nicht erklärt ist, wie es ist, eine rote Farbe zu sehen, weil diese phänomenale Qualität in der ganzen wissenschaftlichen Beschreibung gar nicht vorkommt. Selbst wenn wir ein vollständiges physikalisches und biologisches Wissen über die Funktionsweise unseres Nervensystems und Gehirns besäßen, wüssten wir immer noch nicht, wie sich Schmerz anfühlt, wenn wir ihn nicht selbst gespürt haben.

**Der Materialismus versucht das Subjektive zu eliminieren, indem er das Subjekt als etwas von materiellen Objekten Bedingtes nachweist.**

Während der Materialismus das Subjektive eliminieren und auf objektive materielle Realitäten zurückführen will, verfolgt der Skeptizismus die umgekehrte Strategie, indem er alle vermeintlich objektiven Erkenntnisse als subjektive Meinungen und Glaubenssätze entlarvt. Jeder Meinung kann nach Auffassung des Skeptikers eine andere, gleichermaßen gut begründete Meinung entgegengesetzt werden. Dass zum Beispiel das Meer wirklich eine blaue Farbe hat, kann bezweifelt werden. Denn je nach Tages- und Jahreszeit und je nach den Lichtverhältnissen ändert das Meer seinen Farbton: einmal erscheint es bläulich, ein andermal eher grünlich oder türkisfarben. Man kann sogar bezweifeln, dass das Meer überhaupt eine Farbe hat, denn Wasser ist farblos. Dasselbe gilt auch für die anderen Sinnesqualitäten: Das Wasser schmeckt einmal süß, ein anderes Mal salzig. Oder man lege die linke Hand in kaltes, die rechte Hand in warmes Wasser, und nachdem man sich an die unterschiedlichen Wassertemperaturen gewöhnt hat, lege man beide Hände gleichzeitig in eine Wanne mit lauwarmem Wasser – man wird in beiden Händen eine unterschiedliche Wärmeempfindung haben. Diese Beispiele zeigen, dass unsere Sinne uns manchmal täuschen und falsche Informationen liefern. Der Skeptiker will aber noch mehr zeigen: Unsere Sinnesqualitäten sind weder wahr noch falsch, sie sagen nichts über die wahre Beschaffenheit der Dinge aus. Im Grunde genommen haben wir nur Vorstellungen von den Dingen, wissen aber nichts über die Dinge selbst.

Die Sinneswahrnehmungen sind in mehrfacher Weise relativ: relativ hinsichtlich der Wahrnehmung verschiedener Menschen (jeder Mensch hat eine andere Sinneswahrnehmung), relativ in Bezug auf die Umstände und Randbedingungen der Wahrnehmung (die Wahrnehmung von Farbe hängt beispielsweise von den Beleuchtungsverhältnissen ab) und vielleicht auch relativ in Bezug auf den sozialen und kulturellen Kontext. Und was für die angeblich objektiven Sinneswahrnehmungen gilt, gilt erst recht für moralische Urteile: Wertvorstellungen sind in vielerlei Hinsicht relativ, so dass man zweifeln kann, ob es überhaupt so etwas wie objektive Werte gibt.

Während der Wahrnehmungsskeptizismus nur die Objektivität einzelner Sinneswahrnehmungen bezweifelt, geht der radikale Skeptizismus noch weiter und stellt sogar die Realität der Außenwelt und die Existenz anderer Subjekte in Frage. Man spricht daher von einem *Außenweltskeptizismus* und einem *Other-Minds-Skeptizismus.* Der Außenweltskeptizismus besagt, dass alle unsere Wahrnehmungen in gewisser Weise falsch sind. Skeptische Argumente gegen die Existenz einer materiellen Außenwelt werden zumeist in Form fiktiver Geschichten vorgetragen. Meine Wahrnehmungen könnten zum Beispiel deshalb falsch sein, weil ich alles nur träume. Ich glaube, auf einer idyllischen Südseeinsel zu leben, in Wirklichkeit liege ich zu Hause im Bett und träume dies nur. Der französische Philosoph René Descartes (1596–1650) ersann die Möglichkeit eines Betrüger-Gottes, der mich fortwährend täuscht und mich glauben lässt, alles, was ich wahrnehme, sei real, während in Wirklichkeit alles ganz anders ist. Eine moderne Version des Traumarguments stammt von Hilary Putnam und handelt von Gehirnen in einem Tank, die an einen Computer angeschlossen sind, der falsche Sinnesdaten produziert und damit eine virtuelle Realität erzeugt, die uns aber so realistisch erscheint, dass wir uns einbilden, alles sei real. Wer kennt nicht das Holodeck von Raumschiff Enterprise, das eine so perfekte Scheinwelt erzeugt, dass die Helden manchmal nicht mehr wissen, ob sie sich in der harten Wirklichkeit oder in einem Computerprogramm befinden.

**Das Subjektive ist das Gewisseste auf der Welt.**

Auch der Other-Minds-Skeptizismus wird von Sciencefiction-Phantasien inspiriert: Vielleicht sind alle meine Mitmenschen nur geist- und gehirnlose Wesen, vielleicht bin ich von lauter Zombies oder Androiden umgeben, die menschliches Verhalten lediglich imitieren, die sich aber äußerlich nicht von wirklichen Menschen mit Bewusstsein unterscheiden. Ich könnte das einzige Wesen mit Bewusstsein im ganzen Universum sein – zugegebenermaßen keine sehr wahrscheinliche Hypothese, aber eben auch keine unmögliche. Aber diese Möglichkeit genügt schon, um den Other-Minds-Skeptizismus zu begründen. Wir können schließlich nicht vom Verhalten eines Menschen auf seine Bewusstseinszustände schließen. Wenn ein Schauspieler sich wie unter Schmerzen krümmt, heißt dies noch lange nicht, dass er auch wirklich Schmerzen hat. Noch schwieriger wird es, wenn wir Außerirdischen begegnen würden, die eine völlig fremdartige Physiologie besitzen, die sich aber ähnlich verhalten wie wir: Haben diese Wesen dieselben Bewusstseinszustände wie wir? Empfinden sie auch Freude und Schmerzen oder haben sie andere Empfindungen?

Ein Skeptizismus, der alles bezweifelt, ist jedoch auch nicht glaubhaft. Denn auch der Skeptiker benötigt ein festes Fundament, von dem aus er seinen Zweifel begründet. Es muss zumindest eine Realität geben, welche die Wahrnehmungen als Täuschung entlarvt. Denn eine Täuschung existiert nur, wenn es etwas gibt, über das man sich nicht täuschen kann. Descartes zeigte, dass wir an allem zweifeln können, aber nicht daran, dass wir zweifeln. In gewisser Weise ist das Subjektive das Gewisseste auf der Welt und von jedem Zweifel ausgenommen. Diese Gewissheit wurde von Descartes mit seinem berühmten Cogito-ergo-sum-Argument („Ich denke, also bin ich") begründet: Aus dem „Ich denke" folgt, dass ich als geistiges Wesen existiere. Jeder Zweifel an der Existenz des Ich führt in einen Selbstwiderspruch. Denn schon der Zweifel ist ein Denkakt und somit ein Beweis, dass es etwas gibt, das diesen Denkakt vollzieht. Da ich es bin, der zweifelt, muss ich auch als zweifelndes und damit auch denkendes und selbstbewusstes Wesen existieren. Die Existenz des eigenen Geistes ist etwas, das nicht bezweifelt werden kann.

Daraus lässt sich aber weder die Existenz einer materiellen Außenwelt noch die Existenz anderer Subjekte ableiten. Beides muss zweifelhaft bleiben. Der Außenwelt- und Other-Minds-Skeptizismus kann daher nicht widerlegt werden.

Für den Skeptiker sind die Wahrnehmungen nur als Wahrnehmungen gewiss, nicht aber die dahinterstehenden materiellen Gegenstände. Wenn ich zum Beispiel feststelle, dass der Honig süß schmeckt, so kann ich zwar zweifeln, dass der Honig an sich süß ist, aber ich kann nicht daran zweifeln, dass er für mich süß schmeckt, denn ich empfinde ja den süßen Geschmack. Ebensowenig kann ich daran zweifeln, dass ich Dinge wahrnehme, wohl aber daran, dass diese Dinge als solche existieren. Das Sein der Dinge besteht in ihrem Wahrgenommenwerden. Dies wird von George Berkeley (1685–1753) dadurch begründet, dass jeder materielle Gegenstand, sei es dieser Tisch, dieser Stuhl oder dieser Baum, zunächst einmal nur in unserer Wahrnehmung existiert, alles andere aber – zum Beispiel ob

**Im Grunde genommen haben wir nur Vorstellungen von den Dingen.**

er auch jenseits meiner Vorstellung existiert – nur eine Annahme ist oder auf einer Schlussfolgerung beruht. Das Subjektive ist somit erkenntnistheoretisch vorrangig. Es ist unmittelbarer, direkter und gewisser als das Intersubjektive. Es geht dem Objektiven voran und bildet zugleich die Grundlage, auf der all unsere Erkenntnis ruht. Daher wird es uns nie gelingen, das Subjekt zu eliminieren. Alle Versuche, sich aus den Fesseln des Subjektiven zu befreien, sind zum Scheitern verurteilt. Arthur Schopenhauer drückt dies in seinem Buch *Die Welt als Wille und Vorstellung* so aus: „Keine Wahrheit ist also gewisser, von allen andern unabhängiger und eines Beweises weniger bedürftig als diese, daß alles, was für die Erkenntnis da ist, also diese ganze Welt, nur Objekt in Beziehung auf das Subjekt ist, Anschauung des Anschauenden, mit einem Wort: Vorstellung."[1]

**Damit eine wissenschaftliche Erkenntnis überhaupt möglich ist, muss die Existenz einer äußeren Wirklichkeit und anderer Bewusstseine vorausgesetzt werden.**

Dieser Satz von Schopenhauer, der auch der „Satz der Phänomenalität" genannt wird, wird vom Materialismus und vom Realismus missachtet. Der Materialist geht vom Objektiven aus; er setzt die Existenz der Materie als Grundbedingung seiner ganzen Schlüsse voraus und will aus ihr das erkennende Subjekt hervorgehen lassen. Dabei ignoriert er, dass die Wissenschaft selbst von Subjekten gemacht wird, jede Erklärung in einem Bewusstsein stattfindet und damit bereits vor jeder Erklärung genau das vorausgesetzt ist, was es zu erklären gilt. Ganz treffend vergleicht Schopenhauer den Materialisten mit dem Freiherrn von Münchhausen, der zu Pferde im Wasser schwimmend mit den Beinen das Pferd und sich selbst an seinem Zopf in die Höhe ziehen will. Den gleichen Fehlschluss begeht der Realist, wenn er die Wirklichkeit als etwas vom Bewusstsein Unabhängiges denkt, dabei aber übersieht, dass das Denken selbst bereits ein Subjekt voraussetzt, das all die schönen philosophischen Lehrsätze produziert, die wiederum von einem denkenden Subjekt als objektive Wahrheiten verkauft werden. Gleichwohl, auch wenn die materielle Wirklichkeit eine Fiktion ist, ist sie dennoch eine für unser tägliches Leben notwendige und unverzichtbare Fiktion.

Der Vorrang des Subjektiven vor dem Objektiven sollte nicht als eine Reduktion objektiver Phänomene auf subjektive oder als eine Leugnung der Realität der Außenwelt oder anderer Menschen und Bewusstseine missverstanden werden. Wenn ich sage, „nur die Existenz meiner eigenen Bewusstseinszustände ist mir gewiss, alles andere – die Existenz einer Außenwelt oder die Existenz anderer Menschen – ist ungewiss", so heißt dies nicht, dass die Außenwelt nicht existiert. Damit eine wissenschaftliche Erkenntnis überhaupt möglich ist, muss ich die Existenz einer äußeren Wirklichkeit und anderer Bewusstseine (das Fremdpsychische) voraussetzen und anerkennen. Somit gibt es drei Elemente, die grundlegend für Erkenntnis sind: die eigenen mentalen Zustände, das Fremdpsychische und die Außenwelt.

Wie ein Landvermesser, der ein Gelände vermessen will, benötigt auch der Philosoph drei Bezugspunkte, um die Welt kartographieren zu können: das Subjektive (den Beobachter selbst), das Intersubjektive und das Objektive. Fehlt das Merkmal des Objektiven, bleibt das Wissen Meinung; leugnet man die Existenz anderer Subjekte, wird der Wissenschaft die kommunikative Grundlage entzogen, auf der Forschung funktioniert; und blendet man schließlich die subjektive Dimension aus, so bleibt eine Welt ohne Bewusstsein und Gefühle übrig.

Zweifellos kann das Subjekt sein Weltwissen nicht allein aus sich selbst schöpfen. Die Existenz anderer Subjekte und die Realität der Außenwelt sind regulative Prinzipien für unser Denken und Handeln. Doch das Subjekt ist ein zentraler Fixpunkt, auf den alle anderen Punkte bezogen bleiben. Das Subjektive ist in jeder Wahrnehmung und bei jedem Denkakt anwesend, während das Objekt immer erst durch den Denkakt erfasst werden kann. Im Gegensatz zur Welt unserer eigenen Bewusstseinszustände, die uns unmittelbar gegeben sind, ist die materielle Wirklichkeit unerreichbar fern und kann als etwas, das unabhängig von unserem Bewusstsein sein soll, nicht ohne Widerspruch gedacht werden. Denn wenn die Wirklichkeit als unabhängig vom Bewusstsein gedacht wird, wird sie eben nur gedacht und ist somit abhängig von einem denkenden Bewusstsein. Insofern ist das Objektive ein Mythos, nicht das Subjektive.

Thomas Zoglauer ist Privatdozent an der Brandenburgischen Technischen Universität Cottbus und vertritt zur Zeit den Lehrstuhl für Wissenschaftsphilosophie an der Universität Erfurt.

**Anmerkungen:**

1. Schopenhauer, Arthur: Die Welt als Wille und Vorstellung. Band 1, § 1. Suhrkamp Verlag, Frankfurt am Main 1986, Seite 31

**Literatur:**


- Davidson, Donald: Der Mythos des Subjektiven. Reclam Verlag, Stuttgart 1993
- Davidson, Donald: Dialektik und Dialog (hrsg. von H. F. Fulda). Suhrkamp Verlag, Frankfurt a. M. 1993
- Nagel, Thomas: Der Blick von Nirgendwo. Suhrkamp Verlag, Frankfurt am Main 1992
- Nagel, Thomas: Die Grenzen der Objektivität. Reclam Verlag, Stuttgart 1991
- Schopenhauer, Arthur: Die Welt als Wille und Vorstellung. 2 Bände. Suhrkamp Verlag, Frankfurt am Main 1986


**Das Höhlengleichnis**

In dem Dialog *Der Staat* entwirft Platon ein Gleichnis, um den Weg der menschlichen Erkenntnis von der subjektiven Meinung zum objektiven Wissen zu beschreiben. In einer Höhle befinden sich Menschen, die so gefesselt sind, dass sie sich nicht bewegen und immer nur geradeaus auf eine Höhlenwand blicken können. Hinter ihnen brennt ein Feuer, das die Schatten von Gegenständen auf die Höhlenwand projiziert. Die Gefangenen haben noch nie etwas anderes als diese Schattenbilder gesehen und halten diese darum für die Wirklichkeit. Wird einer von ihnen befreit und sieht das Feuer und die Gegenstände, wird er – von dem Feuer geblendet – die Gegenstände für unwirklich erachten. Auch wenn er aus der Höhle heraustritt und die Außenwelt im Tageslicht sieht, wird er zunächst von der Sonne geblendet und das Gesehene für eine Illusion halten. Nachdem er sich an das Licht gewöhnt hat, wird er als erstes die Schatten von Gegenständen und ihre Spiegelbilder im Wasser sehen, dann die Gegenstände selbst und zuletzt die Sonne. Er wird erkennen, dass er bislang in einer Scheinwelt lebte und nun der Wirklichkeit begegnet. Kehrt er in die Höhle zurück und berichtet den Gefangenen von seinen Erlebnissen, wird man ihm nicht glauben und ihn auslachen. Versucht er sie aber mit Gewalt zu befreien und aus der Höhle herauszuführen, besteht die Gefahr, dass man ihn tötet.

Gerhard Gamm

# Chantals Gesichter

## Über die Unerreichbarkeit des Selbst

**In der Regel sind sich die Menschen sicher, hinreichend Auskunft über das geben zu können, was „in" ihnen vorgeht, also über ihre Gefühle und Überzeugungen, ihre Erfahrungen und Erlebnisse. Sie glauben, mittels „Introspektion"[1] ein relativ vollständiges Bild davon entwickeln zu können, was sich in ihrem Inneren abspielt: Sein Bewusstsein scheint für das Subjekt transparent (durchsichtig) zu sein. Nicht nur in dem Sinn, dass es weiß, was sich in seiner inneren Welt ereignet, sondern auch in dem anderen, in dem es davon überzeugt ist, besser als jedes andere über sich und die (scheinbar zeichenlosen) Zustände seines Inneren informiert zu sein. Dass das Subjekt auf diesem Weg nach innen auch glaubt, höchste Selbstgewissheit, einen unerschütterlichen Grund für seine Existenz finden zu können, ist ein weiteres, für eine Reihe von Philosophen nicht uninteressantes Resultat.**

Stimmt das wirklich? Könnte es nicht sein, dass der Anschein trügt und unser Inneres, also das durch den Geist unendlich erhellte Selbstbewusstsein, weit weniger transparent ist, als wir glauben? Es geht bei dieser Frage wohlgemerkt nicht um die Vielzahl materieller oder psychologischer Ursachen bestimmter Bewusstseinszustände; diese Ursachen liegen zeitlich (und räumlich) weit außerhalb dessen, was wir im Augenblick unseres Blicks nach innen wahrnehmen und wissen können; sie stammen aus Bereichen, zum Beispiel dem Umkreis physiologischer Prozesse, die wir in diesen Momenten so wenig überblicken wie situative Zusammenhänge oder Ereignisse, die weit in die Kindheit zurückreichen und dennoch Einfluss auf unsere gegenwärtige Selbsterfahrung haben können.

Wenn die von den Menschen immer wieder aufgeworfene Frage nach Selbsterkenntnis und Selbstbestimmung nicht ins Leere laufen soll, muss ja die Voraussetzung erfüllt sein, dass wir wenigstens im Prinzip auf den Grund unserer selbst gelangen können, dass wir trotz eines sündigen oder täuschungsanfälligen Bewusstseins einen Durchblick auf das, was *wir sind* und *sein wollen*, gewinnen können.

Die Philosophie war lange Zeit von dem Vertrauen beseelt, dass in der bewussten Selbsterfahrung wirklich alles transparent sei oder doch, wenngleich unter Mühen, durchsichtig gemacht werden kann. So muss man wohl auch den Gedanken des Dichters Pindar aus dem 5. Jahrhundert v. Chr. verstehen: „Werde, der du bist, durch Erkennen deiner selbst." Diese Idee, auf den Grund seiner selbst zu kommen, sich wirklich in dem, wer oder was man ist, das heißt in seiner Autonomie zu erkennen, setzt eine Selbsttransparenz voraus, die ebendies auch ermöglicht.

> **Das Subjekt ist nicht so wichtig, es gibt keins.** S. Beckett

*Transparenz* und *Selbstgewissheit* des Subjekts werden aber – offen oder verdeckt – von einer anderen mächtigen Konstruktion/Idee supplementiert (unterstützt, ergänzt, überschritten), die im Hintergrund wirksam ist. Es handelt sich um die grundlegende wie selbstverständliche Annahme, dass dasjenige, was mit „Ich" oder „Subjektivität" bezeichnet wird, über *Identität* bestimmt ist. Man stellt sicher keine gewagte Behauptung auf, wenn man feststellt, dass in der philosophischen Tradition der Neuzeit (oder besser seit Augustinus) die Subjektivität als feststehende, konstante Größe, als „stehendes und bleibendes Ich", wie es bei Kant und Fichte gleichlautend heißt, angesetzt, dass sie durch *Selbstbewusstsein* (Selbstbezüglichkeit) und *Identität* (als das, was bei allem zeitlichen Wandel dasselbe bleibt) gekennzeichnet worden ist. „Der Zahl nach eins sind

diejenigen Dinge, deren Stoff einer ist", hatte schon Aristoteles in seiner *Topik*[2] geschrieben und damit den Begriff der Identität charakterisiert. Und eine lange Zeit hindurch haben Philosophie und Religion geglaubt, dass ein gleichsam substanzieller (unverlierbarer) Kern des Menschen nicht nur seine Individualität/Unverwechselbarkeit (nummerische Identität), sondern auch sein durch die Gattung bestimmtes Wesen (qualitative Identität) garantiere.

## I.

Nicht erst Freud, aber sein Begriff des Unbewussten vor allem, hat uns für die dem Bewusstsein grundsätzlich abgewandte Seite unserer Selbsterfahrung sensibilisiert. Bestimmte Formen klinisch auffälligen Verhaltens oder im Alltag zu beobachtende Fehlleistungen (Versprechen, Vergessen, Verlegen usf.) lassen sich nach Auffassung der Psychoanalyse nur aufklären, wenn wir eine zweite Welt unbewusster Motive

**Nur an den Widerständen und Entstellungen der Sprache zeigt sich das Unbewusste.**

hinter der unserem Bewusstsein zugänglichen postulieren. Ihre Realität lässt sich einzig über die Konfliktfolgen erschließen, die sich zwischen dem unbewussten Wunsch und seiner Abwehr (Verdrängung, Projektion usf.) in unseren sprachlichen Äußerungen oder auffälligen Verhaltensweisen einstellen. Nur an den Sinnbrüchen tritt das Verdrängt-Unbewusste in Erscheinung. Es liegt nicht wie ein „Schatz ewiger (archetypischer) Bilder" im untersten lichtlosen Schacht unseres Bewusstseins; das Unbewusste ist kein Museum, keine Sammlung interessanter Exponate (Szenen) einer vergangenen Geschichte. Seine Dynamik verschafft sich Zugang zum Bewusstsein dadurch, dass es sich auffällig-unauffällig unter die symbolische Ordnung des Bewusstseins, seine Sprach- und Wahrnehmungshandlungen schaltet. Diese werden dadurch aufgestört, dass sich Verpöntes, Nichterzählbares oder Traumatisches gegen die Intention (siehe Erläuterung im Anhang) des Bewusstseinsinhabers Einlass verschafft: Was unter der Decke der sozialen Konvention gehalten werden sollte, wird wider Willen entstellt zur Sprache gebracht – wie bei jenem Redner, bei dem ungewollt eine anstößige Sache nicht „zum Vorschein", sondern „zum Vorschwein" kommt. Der unterdrückte Triebimpuls, der durch die Maschen der Bewusstseinszensur schlüpft, gibt den Sprecher einer Zweideutigkeit preis; er überführt ihn einer Lüge im außermoralischen Sinn, die ihm, weil sie unverkennbar ein Stück Wahrheit ausplaudert, nur allzu peinlich ist.

Bei aller Skepsis gegenüber der Psychoanalyse – was noch am ehesten für die Psychodynamik unbewusster Prozesse spricht, ist ihre Bestätigung durch unsere Alltagserfahrung. Sie spiegelt sich zum Beispiel in einem Aphorismus Nietzsches, in dem es heißt: „‚Das habe ich gethan', sagt mein Gedächtniss. ‚Das kann ich nicht gethan haben' – sagt mein Stolz und bleibt unerbittlich. Endlich – giebt das Gedächtniss nach."[3]

Allgemeiner noch müsste man sagen, es ist diese Erfahrung, dass alles im Leben zwei, oft paradox miteinander verstrickte Seiten hat, und: Warum sollten wir selbst und unser Bewusstsein davon eine Ausnahme machen? Wie nicht selten die Zerstörung des anderen auch die Selbstzerstörung nach sich zieht, kein Verrat ohne Selbstverrat, kein Hass ohne Selbsthass bleibt – auf vergleichbare Weise scheinen Intentionen und Ideale, Strebungen und Äußerungen des bewussten Subjekts von bewusstseinsfernen Kräften heimgesucht. Sie lassen die klassische Vorstellung von der Transparenz und Autonomie des menschlichen Bewusstseins fraglich werden.

Aber es ist nicht die psychologische Subjektkritik allein, strukturgleiche Einwände erheben sich im 19. Jahrhundert auch auf zwei anderen Feldern menschlicher Existenz.

Vor allem Nietzsche zeigt, in welchem Umfang die aller menschlichen Intentionalität (siehe Erläuterung im Anhang) vorausliegenden *sprachlichen* Strukturen – semantische (die Wortbedeutung betreffende) Zusammenhänge und grammatische Schemata – zur Dekonstruktion (siehe Erläuterung im Anhang) des seiner selbst durchsichtigen und mächtigen Subjekts geführt haben. Auf dem Feld der *Gesellschaft* war es der politökonomische Diskurs von Karl Marx, der darlegt, wie eine Gesellschaft unter dem Regime kapitalistischer Konkurrenz – der Selbstverwertung des Werts – sich über die Einstellungen und Situationsdeutungen, welche die Individuen mit ihren Handlungen verbinden, „hinwegsetzt"; als „Träger von bestimmten Klassenverhältnissen und Interessen" folgen sie den anonymen, objektiven Gesetzmäßigkeiten der gesellschaftlichen Entwicklung, nicht dem, was sie an subjektiven Zwecken zu realisieren vermeinen: „Sie wissen das nicht, aber sie *tun es*"[4], lautet Marxens ideologiekritisches Fazit.

## II.

Im Roman *Die Identität* spricht Chantal, die Personalchefin eines Unternehmens, mit ihrem Geliebten über sich selbst:

*„Vergiss nicht, ich habe zwei Gesichter ... aber ich kann sie nicht gleichzeitig haben. Bei dir habe ich das Gesicht, das sich lustig macht. Wenn ich im Büro bin, trage ich das seriöse Gesicht. Ich bekomme die Unterlagen der Leute vorgelegt, die sich bei uns um eine Stelle bewerben. Ich muss sie empfehlen oder ein negatives Votum abgeben ... Einmal empfehle ich den, der mir sympathisch ist, einmal den, der gut arbeiten wird. Ich handle halb als Verräter an meiner Firma, halb als Verräter an mir selbst. Ich bin ein doppelter Verräter. Und diesen doppelten Verrat betrachte ich nicht als Niederlage, sondern als tolle Leistung. Wie lange denn werde ich noch in der Lage sein, meine zwei Gesich-*

*ter zu wahren? Das ist sehr anstrengend. Der Tag wird kommen, an dem ich nur ein einziges Gesicht haben werde. Das schlechtere von beiden natürlich. Das seriöse. Das zustimmende.*"[5]

Wer spricht über beide Gesichter? Wer verbindet sie? Wer oder was trennt sie? Wer weiß davon?

Wir sollten uns nicht an der relativen Armut von bloß zwei Gesichtern stoßen, zwei oder zwanzig Gesichter bedeuten gleich viel; auch nicht daran, dass Jean-Marc das Gesicht Chantals mehr liebt, durch das hindurch sie offen lacht, auch nicht daran, dass er womöglich glaubt, dies private, das geliebte, sei ihr wahres Gesicht. Wir sollten für den Augenblick auch davon absehen, dass es sich in dem einen Fall um eine Selbst-, im anderen Fall um eine Fremdbeobachtung, um eine Erzählung über sich beziehungsweise über den anderen handelt.

Wir tun uns schwer, anders zu denken, als dass es eine (geheime) Verbindung zwischen den beiden Gesichtern geben muss – selbst dann, wenn wir ihrer schrittweisen Verwandlung oder dem Übergang von dem einen zum anderen Gesichtszustand nicht zusehen können. Wie sollen wir diese Verbindung verstehen? Gehen wir davon aus, dass Chantal es ist, die über sie spricht; dass die Gesichter *ihr* gehören und einem körperlichen (fleischlichen) Substrat aufruhen; dass *sie* sie wie Masken auf- und absetzen kann. Dass *sie* sie auch wie zwei Folien übereinander schieben könnte – auch das ist möglich. Aber wem gehören sie? Durch wen oder was wird ihre Verbindung bewirkt?

Die Antwort lautet wie der Titel des Romans: *Identität.* Die Identität der Person steht für die Verbindung beider Gesichter. *Sie selbst* vertauscht sie bei Gelegenheit. Das *Sie selbst* deutet ganz offensichtlich auf das *Distanz-nehmen-Können* zu jedem Gesicht, auf Gesichts- oder Selbstdistanz. Die mögliche Rückzugsoperation von jedem Gesicht und „sie selbst" bedeuten dasselbe, die Identität wird *zwischen* den zwei oder zwanzig Gesichtern von Chantal gestiftet, sie liegt nicht als substanzieller Kern dahinter oder ihnen zugrunde, sie ist nichts weiter als diese synthetische (verbindende) Handlung im Moment ihres gesichtersetzenden (differenziellen) Vollzugs.

**Das Selbst verfehlt sich ständig.**

Versucht man den epistemologischen und ontologischen Status (siehe Erläuterungen im Anhang) dieses Dritten, dieser eigentümlichen Handlung zu klären, so könnte man sagen: Das ausgeblendete Dritte, welches beides – das öffentliche und das private Gesicht – vermittelt, *gibt es* und *gibt es nicht*, es ist eine Leerstelle, ein X, ein unerkennbares Vehikel, wie Kant annimmt, es ist die Übergangsmöglichkeit selbst, nicht wiederum ein weiteres Gesicht, sondern eine signifikante *Leere*, die mit allen möglichen Gesichtern besetzt werden kann. Schelling schreibt: „Macht man aber von allem Vorstellen sich frei, um seiner *ursprünglich* bewusst zu werden, so entsteht – nicht der Satz: *Ich denke*, sondern der Satz: *Ich bin*, welcher ohne Zweifel ein höherer Satz ist. In dem Satz: *Ich denke*, liegt schon der Ausdruck einer Bestimmung oder Affektion des Ich; der Satz: *Ich bin* dagegen ist ein unendlicher Satz, weil es ein Satz ist, der kein *wirkliches* Prädicat hat, der aber eben deßwegen die Position einer Unendlichkeit *möglicher* Prädicate ist."[6]

## III.

Das, was beide Gesichter verklammert, was die Zugehörigkeit zu ein und derselben Person stiftet, ist nichts

weiter als eine synthetische Handlung, die aber, sofern man sie selbst zu bestimmen versucht, *entschwindet*. Dasjenige, was die Identität stiftet, entzieht sich selbst der Bestimmung. So besehen hat man zu Recht von einem „verschwindenden Vermittler" gesprochen. Er selbst tritt nie anders in Erscheinung als über das, was er nicht ist. „Ich" oder besser „Selbst" bezeichnet diese paradoxe Struktur einer bestimmenden Unbestimmbarkeit, in der jeder Versuch ihrer Bestimmung durchkreuzt wird. Jedes Gesicht, das Chantal willentlich oder unwillentlich zeigt, verfehlt sie; nicht weil sie etwas zu verbergen oder ihr wahres Gesicht (noch) nicht gefunden hat, sondern weil diese signifikante (ausgezeichnete) Stelle, die sie ist, leer, frei, unbesetzt, unbestimmt bleiben muss für alle möglichen Gesichter oder Blicke, die auf ihrem Gesicht erscheinen. Es gibt kein Gesicht der Gesichter, keine Identität in Gestalt eines letzten (wahren) Gesichts der Gesichter, sondern nur eine unsichtbare Präsenz/Signifikanz des Selbst in jedem Gesicht.

**Die leere oder unbestimmte Mitte des Selbst kann durch keine Artikulation hinreichend erschöpft werden.**

Der Realitätsmodus von „sie selbst" beziehungsweise „ich selbst" beruht *in der Tat* auf einer *Gespenster-Ontologie* (siehe Erläuterung im Anhang), in der mittels der sprachlichen Ausdrücke von „ist" und „ist nicht", von „gibt es" und „gibt es nicht" auf zwei irreduzible Bedeutungen von „sein" reagiert wird: Wie sollen wir die unaufdringliche, abgedunkelte Präsenz des Dritten, des „ich selbst" verstehen, das uns in der Rede der ersten Person Singular so vertraut ist? Das Selbstsein von Chantal ist notwendig gebunden an die Gesichter, die sie (sich) aufsetzt, sie manifestiert sich in ihnen, sie setzt sie auf, um sich in dieser oder jener Hinsicht zu zeigen; aber in ihnen formiert sich gleichsam nur noch der Nachklang oder Schatten ihrer selbst; bei aller Lebendigkeit gefriert ihr Gesicht, sobald sie es aufsetzt, zur Maske, zur Rolle, zum konventionellen Ausdruck ihrer selbst, selbst dann, wenn sie ihm eine authentische Gestalt verleihen möchte.



Gleichgültig, ob öffentlich oder privat – in den kulturellen Markierungen ihres Gesichts können nur die Spuren eines anderen, des symbolisierten Allgemeinen, gelesen werden, nicht ihre eigenen. Gleichwohl kann die unsichtbare Präsenz des Dritten, die Identität, nicht außerhalb der Gesichter gesucht werden, sie steht nicht hinter ihnen, sie ist auch kein umfängliches Bewusstsein, das alle für Chantal relevanten Gesichter unter oder in sich versammelt; vielmehr meint Subjektivität *das Moment* des Heraustretens in dieses oder jenes Gesicht. Hat es denn seinen verstehbaren oder wiedererkennbaren sozialen Ausdruck („das Gesicht, das sich lustig macht") erreicht, auf den sie in der Rede über sich zurückkommt, ist der die Subjektivität bezeichnende (Handlungs-)Impuls auch schon verloren; er hat sich in die „undurchdringliche, atome Subjektivität" der Person (Hegel) entzogen. Dabei gehört der Gebrauch, den die anderen in Gestalt ihrer Deutungen von Chantals Gesichtern machen, wesentlich mit zu den Konstitutionsbedingungen ihrer Identität.

Sucht man diese Bewegung möglicher Selbsterfahrung in einem Begriff zusammenzufassen, so müsste man sagen: Ihre unwahrscheinliche Struktur besteht darin, dass in ein und derselben Hinsicht die Synthese (der Gesichter) nur durch ihre Differenz hindurch bewirkt und verstanden werden kann, dass sie durch das Heraustreten in beide Gesichter (Momente) zusammengehalten werden – nur in ihrer Unterschiedenheit zeugen sie von ihrer Identität, in ihrem Getrenntsein sind sie eins.

Subjekt oder Person ist also nicht Substanz, kein in der Zeit sich durchhaltendes Seiendes. Das Subjekt ist nicht; es ist nicht *etwas*, es ist nur dieser Impuls, diese Kraft des Überstiegs oder des Umsteigens auf ein neues Gesicht. „Subjekt" fällt daher nicht unter die herkömmlichen gegenstandskonstitutiven Bedingungen unseres nach Hinsichtnahmen (Kategorien) urteilenden Verstands. Subjekt, Ich-Identität, Selbst und so fort zielen nur in einem negativen Sinn auf die Bestimmung des Menschen.

In einer an die Sprachphilosophie der Gegenwart angelehnten Terminologie lassen sich die das Selbst betreffenden Verhältnisse auch so beschreiben: Die leere oder unbestimmbare Mitte des Selbst kann nicht unbesetzt bleiben, sie verlangt ständig nach dem, wodurch sie sich artikulieren, manifestieren oder repräsentieren kann, um gleichzeitig deutlich zu machen, dass sie durch keine Artikulation hinreichend erschöpft werden kann. Gleichgültig in welcher Form sie sich artikuliert, in welcher Rede sie über sich spricht oder in welcher Reflexion sie sich auf sich selbst bezieht, in welchen Kompetenzen oder Präferenzen, Überzeugungen oder Bindungen sie sich Ausdruck zu verschaffen sucht – stets bestreitet sie, dass sie je durch ein Prädikat unserer Sprache identifiziert werden kann. Das Selbst oder der Sprecher hat sich im Prozess der Prädikation (siehe Erläuterung im Anhang) immer schon in den unausdeutbaren Horizont seiner selbst entzogen. Denn jedes Prädikat, welches das Selbst sich zuschreibt, wird durch den Zuschreibenden in seinem Vollzug überschritten; der Sprecher tut etwas anderes als er sagt, aber indem er es sagt oder den Satz niederschreibt, hat er sich über seine Definition erhoben, weil sein Urteil einen Sprecher ins Spiel bringt, der im Vollzug seines Urteils (indem er sich bestimmt über sich äußert) immer schon vorausliegt. Der Sprecher ist in der Performativität, dem Vollzug seines Urteils präsent, ohne dass seine Präsenz im Urteil positiv artikuliert werden könnte. Ohne diese nicht positivierbare Präsenz käme keine Vermittlung der Glieder eines Satzes beziehungsweise eine Vermittlung der Gesichter zustande. Nur indirekt, rückbezüglich, über die Gedanken, wie Kant sagt, die seine Prädikate sind, bringt das Selbst seine in sich verrückte, gespensterhafte Existenz zu Bewusstsein.[7]

## IV.

Schon in dem antiken Begriff von Selbst und Selbsterkenntnis spielt das ethische Motiv der Selbstbestimmung und der Selbstdisziplin eine bedeutsame Rolle. Dies setzt sich fort und wird, wie Nietzsche moralkritisch ausführt, von einem sozialen Regime unterstützt, wenn nicht überhaupt begründet. Identität enthalte, so Nietzsche, einen fragwürdigen (ethischen) Imperativ: „du sollst erkennbar sein, dein Inneres durch deutliche und konstante Zeichen ausdrücken – sonst bist du (für die Herde) gefährlich." Als Mitglied der Gesellschaft musst du berechenbar sein, du darfst anderen und „dir nicht *verborgen* sein, du darfst *nicht* an deinen Wechsel glauben ... Also: Die Forderung der Wahrhaftigkeit setzt die *Erkennbarkeit* und die *Beharrlichkeit* der Person voraus."[8]

Etwas Ähnliches könnte Jean Starobinski im Sinn gehabt haben, wenn er in seiner Studie über Montaigne ebenso kritisch bemerkt: „Überall, wo ein Identitätsanspruch wirksam ist, ... ist eine Ethik präsent."[9]

Betrachtet man unsere Auffassung einer Nichtidentität oder Unausdeutbarkeit des Selbst vor diesem Hintergrund, muss man Starobinski ergänzen, der kritische wie programmatische Satz lautet dann: Überall, wo ein Nichtidentitätsanspruch wirksam ist, ist eine Ethik (erst recht) im Spiel. Diese Auffassung zieht nicht nur die Lehren aus der Moral- und Ideologiekritik von Montaigne bis Nietzsche: Sie dreht den Spieß um, sie macht nicht die Bestimmung des Menschen in dieser oder jener universellen Wesenheit zum Ausgangspunkt einer Ethik, sie begreift vielmehr seine Unbestimmbarkeit, seine die Subjektivität ständig erneuernde Dezentrierung als dasjenige, woraus sich seine ethischen Motive und Verpflichtungen speisen.

Die kleine Episode über Chantals Gesichter ist nämlich noch in anderer Hinsicht aufschlussreich. Sie fördert die Einsicht, dass der kommunikativ vermittelte symbolische Raum der Geschichten über den Wechsel der Gesichter immer schon von normativ (siehe Erläuterung im Anhang) gehaltvollen Urteilen und anderen wertbesetzten Überzeugungen durchzogen ist. Die Rede vom doppelten Verrat belegt das auf die nachdrücklichste Weise. Kein Bild entspricht der Exzentrizität (der Nicht-Feststellbarkeit) des Selbst, auch nicht das eigene – mag es noch so liebevoll mit Philosophie und Philologie, Kunst und einer fein gestaffelten Ästhetik der Existenz ausstaffiert sein. Das Selbst verfehlt sich ständig, es lebt und agiert unter der Diagnose chronischer Selbstentzogenheit. Niemals kann es in der Weise es selbst sein, dass es sagen könnte, „so bin ich eben", ohne zu bemerken, dass die Identifikation seiner selbst in einem *Faktischen augenblicklich eine Differenz oder Nichtidentität* mitkommunizierte, die den übrigen Lebewesen abgeht. Das heißt, auch die Hermeneutik der Selbstsorge (siehe Erläuterung im Anhang) reicht nicht in die Abgründe des Selbst: seiner Selbstsabotage als einer unbestimmbaren, „sich selbst zersetzenden Mitte" (Hegel) hinein. Und erst diese Bestimmung der Nichtidentität, der radikalen Dezentrierung des Selbst scheint die Quelle jener Normativität zu sein, welche in der moralischen Erfahrung wirksam ist, sie bricht in grundsätzlicher Weise mit der egozentrischen Perspektive einer Authentizität fordernden Ethik (Ästhetik) der Existenz.[10]

**Das Subjekt ist nicht; es ist nicht *etwas*, es ist nur Impuls.**

Diese radikale Offenheit des Selbst gegenüber der Welt ist zunächst und zuletzt auch die gegenüber dem/den signifikanten (bedeutsamen) anderen (aus dessen enger Umklammerung es sich in einem teils glücklichen, teils schmerzhaften Individualisierungsprozess durch Vergesellschaftung lösen muss). Sie kann unter anderem auch die Konsequenz haben, dass die moralische Adresse, die der andere an mich richtet, die Grundbegriffe meiner ethischen Selbstkonstitution scheitern lässt, er an (ausschließlich) meine Verantwortung appelliert, welche meine Pläne durchkreuzt und die Dramaturgie meiner Selbstwahl durcheinander bringt. „Offen halten" kann eben auch bedeuten: sich bestimmen lassen zu können/müssen – wobei diese Erfahrung als rein passive interpretiert, die wahren Verhältnisse unzulänglich verkürzt. Es würde nicht nur jenes Moment unterschlagen, welches das überdeterminierte Selbst dazu nötigt, diese Erfahrung des Ausgeliefert-sein- und Angesprochenwerden-Könnens zulassen zu müssen, sondern auch das andere, indem ich durch mein Sprechen und Handeln *exponiert* werde und für den anderen bedeutsam oder unvertretbar erscheine. Gerade in diesen (außergewöhnlichen) Augenblicken moralischer Individuation, in der ich meine Verantwortung für den anderen erfahre und eine auf ihn zugeschnittene Verhaltensantwort geben muss, bin ich am wenigsten für mich selbst erreichbar. Die moralische Adresse des anderen ist der Grund meiner Selbstentzogenheit; meine Dezentrierung folgt seinem moralischen Anspruch, dieser setzt meine Kontrollwünsche so gut wie meine Verständnisschemata außer Kraft.

**Die moralische Adresse des anderen ist der Grund meiner Selbstentzogenheit.**

Die Paradoxie ist an diesem höchsten Punkt einer Philosophie der Unerreichbarkeit des Selbst mit Händen zu greifen: Gerade in der Entfernung aus seinem Mittelpunkt, in seiner moralischen Dezentrierung erreicht das Selbst seine wirkliche Selbstbestimmung, eine Autonomie, die das Subjekt auch noch *von sich selbst* frei macht, eine subjektlose Subjektivität.

Gerhard Gamm ist Professor für Philosophie an der Technischen Universität Darmstadt.

**Anmerkungen:**

1. „Introspektion" oder „Selbstbeobachtung" ist ein grundlegender Methodenbegriff der frühen Psychologie bei Wilhelm Wundt (1832–1920) und auch der Würzburger Schule (Oswald Külpe, 1862–1915, Karl Bühler, 1879–1963, und anderen) gewesen. Dass diese Form der „Innenschau" eine lange philosophische Vorgeschichte hat, die bis in die Antike reicht und mit Augustinus und Descartes als *reditus in se ipsum* (dem „Weg nach innen") eine besondere Bedeutung gewonnen hat, soll nur erwähnt werden.
2. Aristoteles: Topik 103 a 8 ff.; vgl. Metaphysik 1016 b 32 f.
3. Nietzsche, F.: Jenseits von Gut und Böse. In: Sämtliche Werke. Kritische Studienausgabe in 15 Bänden, Band 5.Berlin/New York 1988, Seite 86
4. Marx, K.: Das Kapital. Kritik der politischen Ökonomie. In: Werke, Band 4. Darmstadt 1962, Seite 50
5. Kundera, M.: Die Identität. München/Wien 1998, Seite 29–31
6. Schelling, F. W. J.: System des transzendentalen Idealismus. In: Schelling, F. W. J.: Schriften von 1799–1801. Ausgewählte Werke. Darmstadt 1966 ff., Seite 367. Vergleiche dazu insgesamt: Gamm, G.: Der Deutsche Idealismus. Eine Einführung in die Philosophie von Fichte, Hegel und Schelling. Reclam, Stuttgart 1997
7. Vergleiche dazu: Gamm, G.: „Aus der Mitte denken". Die „Natur des Menschen" im Spiegel der Bio- und Informationstechnologien. In: Zeitschrift für kritische Theorie. Lüneburg 12/2001, Seite 29–51 und: Der unbestimmte Mensch. In: Lettre International. Berlin, Heft 57, II/2002, Seite 90–94
8. Nietzsche, F.: Nachgelassene Fragmente 1882–1884. In: Sämtliche Werke. Kritische Studienausgabe in 15 Bänden, Band 10. Berlin/New York 1988, Seite 657
9. Starobinski, J.: Montaigne. Denken und Existenz. Wien/München 1986, Seite 54
10. Vergleiche dazu: Gamm, G.: Nicht nichts. Studien zu einer Semantik des Unbestimmten. Frankfurt am Main 2000, Kapitel 10–12



**Dekonstruktion:**
vom französischen Philosophen J. Derrida eingeführter Begriff, der heute vielfach wegen seines doppelten Richtungssinns gebraucht wird: als *Destruktion*/Zerstörung im Sinne einer radikalen Kritik, nach der die herkömmliche Bedeutung eines Begriffs nicht mehr akzeptiert werden kann, und als *Konstruktion*: eine neue Bedeutung herausarbeiten, eine veränderte Sichtweise einführen, in einem Wort: dekonstruktiv die Grundbegriffe der Philosophie (Einheit und Unterschied, Begriff und Metapher, Stimme und Schrift...) *verschieben* und die in ihnen eingelagerten Herrschaftsbeziehungen (Hierarchien) unterlaufen.

**Epistemologie:**
von gr. *episteme*: auf das Wissen, die (Er)Kenntnis, die Wissenschaft und den *logos* (Vernunft, Sprache, Rede) bezogen; behandelt als philosophische Disziplin nicht die Erkenntnis der Gegenstände, Ereignisse... in der Welt (wie Physik oder Biologie), sondern die allgemeinen Grundlagen und Grenzen des Erkennens.

**Hermeneutik der Selbstsorge**
fasst ein wenig plakativ alle Positionen der Ethik zusammen, die das Maß der Ethik darin sehen, was der andere für mich bedeutet. Die Sorge um mich selbst steht im Mittelpunkt und die Deutung oder Auslegung der Welt erfolgt von diesem Punkt aus.

**Intensionalität:**
Dieser Terminus zielt auf die Bedeutung oder die inhaltliche Charakterisierung eines Begriffs im Unterschied zu seinem Umfang (Extension), das heißt der unter ihm befassten Gegenstände, Personen und Ereignisse. Auf das, *was* der Mensch ist – ein vernünftiges Lebewesen zum Beispiel –, darauf zielt der intensionale Ausdruck. *Wer* zur Klasse der Menschen dazugehört, das beschreibt die Extension. Die Intension des Begriffs war immer fraglich: Ist der Mensch ein „ungefiederter Zweibeiner mit abgeplatteten Nägeln" (Platon) oder doch das Ebenbild Gottes? Inzwischen ist auch die Extension umstritten: Gehören Embryos beziehungsweise befruchtete menschliche Eizellen zur Klasse der Menschen?

**Intention**
lat. intentio, von Ch. Wolff (1679–1754) mit *Absicht* übersetzt, bezeichnet in der Regel, auch umgangssprachlich, die bewusste Ausrichtung des Handelns auf einen Zweck, zum Beispiel absichtlich – im Unterschied zu unfreiwillig – jemanden verletzen.

**Intentionalität**
entstammt der philosophischen Fachsprache und soll ein Strukturmerkmal allen psychischen Lebens beschreiben: die Gerichtetheit des Bewusstseins auf einen Sachverhalt, der außerhalb seiner liegt. Nicht damit verwechselt werden sollte der Begriff

**Normativ**
sind Urteile, die etwas vorschreiben oder fordern. Im Fall moralischer Urteile zielt das Prädikat „normativ" auf eine Verpflichtung, die den Charakter einer unbedingten Forderung trägt, im Unterschied zu Konventionen (Tisch- und Esssitten), die einen geringeren Grad an Verbindlichkeit aufweisen.

**Ontologie:**
von gr. (to) on: (das) Seiende oder Sein, logos auch Lehre, die Lehre vom Seienden, insofern es ist; Wissenschaft vom Sein. Nachdenken über das, „was es gibt", über die grundlegenden Unterscheidungen/Unterteilungen des Seins.

**Prädikation**
ist eine *Urteilshandlung*, durch die innerhalb einer Aussage einem (Satz-)Subjekt ein Prädikatsausdruck zugeschrieben wird.

Rüdiger Vaas

# Selbstbewusstsein und Gehirn

**Selbst- und Ich-Bewusstsein sind komplexe Eigenschaften höherer sozialer Organismen, die eine besondere Form des Wissens, der Repräsentation und Zuschreibung ermöglichen. Die Entwicklung des Ich-Begriffs basiert nicht nur auf sozialem Austausch, sondern hängt auch ab von einer subjektiven, durch die Sinnesorgane vermittelten Wahrnehmung des eigenen Körpers und der Umwelt. Immer mehr deutet darauf hin, dass das Ich ein neuronales, soziales und erzählerisches Konstrukt ist und keine Seelensubstanz.**

„Wenn man uns aufschneiden könnte, so würde unser ganzes Leben vielleicht wie ein Ring aussehen, ... in seiner Mitte ist doch nichts, und doch sieht er genau so aus, als ob es ihm nur darauf ankäme", heißt es in Robert Musils Roman *Der Mann ohne Eigenschaften*, der philosophische Überlegungen von David Hume, Friedrich Nietzsche und Ernst Mach zum Wesen des Ichs literarisch pointiert: „Es ist eine Welt von Eigenschaften ohne Mann entstanden, von Erlebnissen ohne den, der sie erlebt, und es sieht beinahe aus, als ob im Idealfall der Mensch überhaupt nichts mehr privat erleben werde und die freundliche Schwere der persönlichen Verantwortung sich in ein Formelsystem von möglichen Bedeutungen auflösen solle ... Das Ich verliert die Bedeutung, die es bisher gehabt hat, als ein Souverän, der Regierungsakte erlässt", und wird zu einem „imaginären Treffpunkt des Unpersönlichen". Sobald man es zu analysieren beginnt, „löst es sich in Relationen und Funktionen auf". Allein die lückenlose Reihe hält diese Relationen noch zusammen: „Denn Gefühle leben nur in einer langen Kette anderer, einander haltend, und es kommt bloß darauf an, dass ein Punkt des Lebens sich ohne Lücke an den andern reiht, und es gibt hundert Weisen." Diese doppelte Auflösung der Ich-Identität geschieht einerseits von innen: nirgends ist eine Ich-Substanz auszumachen – und andererseits von außen: Selbsterkenntnis wird angesichts der flüchtigen Veränderungen, der perspektivischen Relativität und unbewussten Mechanismen zur Farce. Dies mutet nicht nur als radikalstmögliche Kränkung unseres Egozentrismus an, sondern scheint unserem Selbstverständnis förmlich jegliche Basis zu rauben.



**Selbstmodelle müssen nicht notwendig bewusst sein und setzen auch keine Sprache voraus.**

## Formen und Evolution von Selbstbewusstsein

Selbstbewusstsein ist ein mehrdeutiger Begriff, von dem es noch keine einheitliche Terminologie oder Theorie gibt. Auch existieren verschiedene Grade und Ausprägungen, wenn man etwa einen Säugling oder schwer Demenzkranken vergleicht mit einem Philosophen, der in immer abstrakteren Reflexionen über Subjekt und Objekt nachdenkt.

Man sollte mindestens drei verschiedene Bedeutungen von Selbstbewusstsein unterscheiden. Sie entsprechen auch logisch-hierarchischen, evolutionären und individualgeschichtlichen Stufen:

1. *Primäres, basales oder präreflexives Selbstbewusstsein*: Es ist implizit, nichtbegrifflich und durch eine phänomenale Meinigkeit gekennzeichnet – eine Art (Eigen)Sinn, sich selbst zu gehören.

2. *Höherstufiges oder reflexives Selbstbewusstsein*: Es ist explizit und begrifflich. Dazu gehören *Selbsterkennen*, *Selbstwissen* – ein spezifisches Wissen um die eigenen geistigen Zustände (Empfindungen, Gefühle und Gedanken), über das man sich nicht täuschen kann wie beispielsweise über Wahrnehmungen, die externe Fakten betreffen – sowie *Introspektion*. Eine besonders ausgereifte Form ist das an Sprache gebundene *Ich-Bewusstsein*, das eine Perspektive der ersten Person und somit eine explizite *Subjekt-Objekt-Trennung* ermöglicht und auf einem *Selbstmodell* basiert. Dadurch werden selbstbestimmte Handlungen möglich, die nicht bloß ein Reiz-Reaktions-Verhalten sind. Ich-Bewusstsein und Selbstbestimmung können hinreichend dafür sein, dass etwas zu jemand wird – also zu einer *Person*.

3. Das *Selbst* als Sammelbegriff für viele Aspekte von Individualität, Persönlichkeit, Selbstverständnis und so weiter. Es ist verkörperlicht sowie in ökologische und soziale Zusammenhänge eingebunden. Es hat eine individuelle Geschichte, an die es sich teilweise erinnern kann, und die für seine Identität wichtig ist.

Primäres Selbstbewusstsein ist im Tierreich vermutlich weit verbreitet. Nervensysteme, die solche rudimentären Formen des Selbstbewusstseins realisieren sowie psychische Fähigkeiten allgemein scheinen eine Voraussetzung für die Bewegungssteuerung vielzelliger Lebewesen zu sein. Sensomotorische Repräsentationen – also die „Abbildung" der Körperempfindungen und der eigenen Motorik – sowie die Fähigkeit, kurzfristige künftige Bewegungen von Objekten in der Umwelt vorauszusehen und bei der Steuerung des eigenen Verhaltens zu berücksichtigen, sind nämlich eine wesentliche Voraussetzung für die Ausbildung komplexer, zielgerichteter Bewegungen. Dadurch verbessern sich auch Verhaltensstrategien, etwa das Zurückweichen vor übermäßiger Hitze (Schmerz), das Suchen nach Wasser (Durst) und das Vermeiden, sich selbst zu verzehren anstatt der Beute (Unterscheidung von Selbst und Nichtselbst!). Ein Selbstmodell ist gleichsam die Zentralisierung dieser Verhaltenssteuerung. Die Erfordernisse der Motorik sind daher eine wesentliche Ursache der Ausbildung von Selbstmodellen im Lauf der Evolution.

Selbstmodelle müssen nicht notwendig bewusst sein und setzen auch keine Sprache voraus. Sie haben jedoch nicht erst beim Menschen eine reflexive Stufe erreicht. Im Verhalten zeigen sie sich etwa in der Fähigkeit, sich selbst im Spiegel zu erkennen. Die meisten Organismen verhalten sich zu ihrem Spiegelbild indifferent oder so wie zu einem Artgenossen. Nur bei Menschenaffen, nicht aber bei Affen, ist zuverlässig nachgewiesen, dass sie ihr Spiegelbild mit sich selbst identifizieren können: Einen unbemerkt auf ihrer Stirn angebrachten Farbfleck untersuchen sie nach dessen Entdeckung im Spiegel. Sie schneiden auch Grimassen, schmücken sich oder begutachten anderweitig nicht sichtbare Körperteile, etwa Zunge, Kinn oder Backen. Delfine widmen markierten Körperteilen in ihrem Spiegelbild ebenfalls besondere Aufmerksamkeit (nicht aber den Markierungen von Artgenossen). Menschliche Kleinkinder können sich in der Regel erst zwischen dem 18. und 24. Lebensmonat im Spiegel selbst erkennen, was in enger Verbindung mit ihrer sozialen Entwicklung steht. Denn in diesem Alter entwickelt sich auch das Einfühlungsvermögen in andere (Empathie). Menschenaffen, die isoliert aufwuchsen, erkennen sich im Spiegel nicht.

Höher entwickelte Formen des Selbstbewusstseins sind vor allem in sozialen Zusammenhängen bedeutsam und hatten, evolutionär betrachtet, einen Selektionsvorteil bei Arten, die in komplexen Sozialgefügen leben. Denn in solchen Gruppen wurden Kooperationen, Bündnisse, aber auch Lug und Trug sowie deren Erkennen von immer größerer Bedeutung und schlugen sich, statistisch gesehen, in einem höheren Rang oder besseren Ressourcen und letztlich mehr Nachkommen nieder. Ein solches „geistiges" Wettrüsten erklärt die rasche Volumenzunahme der Großhirnrinde unserer Ahnen. Damit einher ging ein „Intelligenzsprung", der letztlich auch komplexere Formen von Selbstbewusstsein ermöglichte. Denn ein großes Gehirn ist biologisch kostspielig. Obwohl es nur zwei Prozent der Körpermasse ausmacht, verbraucht das menschliche Gehirn, wenn der Körper in Ruhe ist, zirka 20 Prozent der Energie. Tatsächlich besteht ein direkter Zusammenhang zwischen dem Volumen der Großhirnrinde verschiedener Arten und deren Gruppengröße oder sozialer Komplexität. So zeigt sich schon bei Menschenaffen, dass ihre Handlungen von dem Wissen oder Wollen anderer Individuen abhängen (und nicht bloß von deren Verhalten) und dass sie anscheinend eine Art *intentionalen Standpunkt* einnehmen können, wie es Daniel Dennett genannt hat: Das heißt, sie unterstellen anderen Absichten und Wünsche und berücksichtigen dies bei ihren eigenen Handlungen. Dabei müssen sie auch ihre eigenen Absichten und Wünsche kennen, ihre Handlungen planen sowie deren Folgen abschätzen und bewerten. Höherstufiges Selbstbewusstsein bis hin zur Annahme von Willensfreiheit ermöglicht effizientere soziale Wechselwirkungen.

Dieses beständige Wechselspiel – gleichsam ein programmierender Dialog zwischen den Gehirnen – ist für die individuelle Entwicklung höherstufigen Selbstbewusstseins auch notwendig. Im Gegensatz zu dem überwiegend angeborenen primären Selbstbewusstsein hängt der Erwerb eines Ich-Begriffs entscheidend von der Umwelt ab, auch wenn uns dies auf Grund des Vergessens von Ereignissen, die in unserer Kindheit liegen, nicht selbst erinnerbar ist (kindliche Amnesie).



Zeichnung:
Jan Tomaschoff

**Menschenaffen, die isoliert aufwuchsen, erkennen sich im Spiegel nicht.**

## Der Ich-Begriff und die Sauerei im Supermarkt

Nach dem Reflexionsmodell des Selbstbewusstseins entsteht Selbstbewusstsein durch Selbstbezugnahme: Ein Subjekt betrachtet sich gleichsam selbst und ist sich so seiner selbst bewusst. Doch dieses Modell ist zirkulär, da es Selbstbewusstsein immer schon voraussetzen muss. Reflexion oder Introspektion ist daher keine hinreichende, sondern nur eine notwendige Bedingung für Selbstbewusstsein. Denn die Reflexion kann dieses nicht erschaffen, sondern nur erkennen oder konstatieren. Auch aus Reflexion und Bewusstsein entsteht noch kein Selbstbewusstsein, weil die Identität von Subjekt und Objekt dadurch noch nicht erfasst wird. Beispiel: Der Philosoph John Perry, der auf dem Boden im Supermarkt eine Zuckerspur erblickte und den Verursacher verfolgte, um der Sauerei Einhalt zu gebieten, bemerkte zunächst nur, dass die Spur immer dicker wurde, bis er erkannte, dass sie aus einer löchrigen Zuckertüte in seinem eigenen Einkaufswagen stammte, den er im Kreis herumschob – er war also selbst für die Sauerei verantwortlich. Selbstbewusstsein basiert also nicht nur auf der Identität von Subjekt und Objekt, sondern auch auf einem Bewusstsein oder Erfassen einer solchen Identität. Dies ist möglich, wenn ein Subjekt über einen *Ich-Begriff* verfügt. Dieser muss nicht notwendig sprachlich artikulierbar sein, aber er ermöglicht oder erzeugt Selbstbewusstsein – das heißt, dass sich das Subjekt über Gedanken, Meinungen, Erwartungen, Wünsche, Gefühle, Erinnerungen und so weiter als ihm zugehörig bewusst werden kann.

William James hat das „Ich“ (das Selbst als Subjekt, der Wissende) vom „Mich“ (das Selbst als Objekt, das Gewusste) unterschieden. Selbstwissen und das Selbstkonzept beziehen sich auf Letzteres. Und Ludwig Wittgenstein sprach vom Subjekt- und Objekt-Gebrauch des Worts „Ich“. Bei letzterem kann man sich täuschen: „Es ist möglich, dass ich, etwa bei einem Unfall, Schmerzen in meinem Arm spüre, einen gebrochenen Arm an meiner Seite sehe und denke, dass es mein Arm ist, wenn es in Wirklichkeit der meines Nachbarn ist.“ Dem gegenüber steht das selbst-zugeschriebene oder Erste-Person-Wissen des Subjekt-Gebrauchs, zum Beispiel: „Ich habe Schmerzen.“ Es ist immun gegen einen Irrtum durch Fehlidentifizierung: Man kann keinen solchen Gedanken fassen, ohne zu wissen, dass es der eigene ist. Dieses Selbstwissen ist unmittelbar, direkt (also ohne vermittelnde Zwischenzustände, identifikatorische Schlussfolgerungen, einem inneren Sinn oder inneren Wahrnehmungen) und in gewisser Hinsicht unfehlbar: Ich muss mich nicht rechtfertigen können und mit mir selbst identifizieren, wenn ich weiß, dass ich ein Walnusseis sehe, obwohl ich mich durchaus darüber täuschen kann, ob es ein Walnusseis ist. Der Ich-Begriff ermöglicht also reflexives Selbstbewusstsein.

## Das Ich als Erzählung

Der Ich-Begriff ist nicht angeboren, sondern entsteht in den frühkindlichen sozialen und ökologischen Wechselwirkungen. Selbstbewusstsein besteht beispielsweise nicht nur darin zu erkennen, „dass meine Schmerzen meine Schmerzen sind, sondern vielmehr darin, dass es Schmerzen gibt, die *nicht* meine sind“, wie es der Philosoph Michael Pauen pointiert hat. Zum Selbstbewusstsein gehört also außerdem die Erkenntnis, dass es andere (Selbst-)Bewusstseine gibt. Insofern ist der Ich-Begriff nicht auf Gehirnaktivitäten allein reduzierbar. Erst recht gilt dies für die Ausbildung von Individualität und Selbst-Konzepten, die immer auch biografische und soziale Konstrukte sind. „Das Ego konstituiert sich für sich selbst sozusagen in der Einheit einer Geschichte“, schrieb Edmund Husserl, und Daniel Dennett spricht bildlich vom Ich als „Zentrum der narrativen (erzählenden) Schwerkraft“. Zur Selbst- und Fremderklärung des Verhaltens einer Person scheint die Annahme eines solchen Koordinationszentrums mit Integrationsfunktion und als moralische Instanz sehr wichtig zu sein. Dass das Selbst Erzählungen produziert, heißt aber noch nicht, dass es auch allein durch solche hervorgebracht wird; vorgängig sind primäres und reflexives Selbstbewusstsein. Doch unserem Selbstverständnis steht das erzählende Selbst viel näher.

Die Kontinuität unseres Erlebens schließt die Gedanken und Empfindungen in eine Einheit, um die sich unser Ich zu hüllen scheint. Verantwortlich für diese Einheit und ebenso grundlegend für die Kontinuität ist unser Gedächtnis. Doch es ist, metaphorisch gesprochen, nicht starr, sondern ändert sich, verfestigt sich, schrumpft, verliert viele Teile, verfärbt andere, und es bleiben Inseln inmitten von Lücken, die wir oftmals kaum mehr ahnen und für die es keine Karten gibt: „Meine Person von heute ist nur ein aufgelassener Steinbruch, dem selber alles, was er enthält, untereinander gleich und monoton erscheint, während aus ihm jede Erinnerung gleich einem Bildhauer Griechenlands unzählige Statuen zieht", notierte Marcel Proust. Und: „Unser Ich besteht aus der Schichtung aufeinanderfolgender Zustände. Doch diese Schichtenbildung ist nicht starr wie eine Gebirgsformation. Immer wieder führen Ausbrüche im Innern alte Lagen an die Oberfläche empor." In Prousts *Suche nach der verlorenen* Zeit heißt es ferner: „Ich war nicht ein einziger Mensch, eine ganze Schar vielmehr, eine Armee, die aus vielen Wesen bestand, unter denen es Leidenschaftliche, Gleichgültige und Eifersüchtige gab ... In einer Menge können die einzelnen Elemente nacheinander, ohne dass man es bemerkt, durch andere ersetzt, diese aber durch wiederum neue so gründlich ausgeschaltet werden, dass schließlich ein Wechsel vollzogen ist, den man nicht begreifen könnte, wenn man ein einziger wäre." Nicht selten wird in der rasenden (Post-)Moderne die große Erzählung des Ichs zerschlagen oder löst sich auf: „In welchem Augenblick wir sie auch betrachten, immer hat unsere seelische Ganzheit nur einen beinahe fiktiven Wert trotz der umfangreichen Bilanz ihrer Reichtümer, denn bald stehen die einen, bald die anderen nicht zu unserer Verfügung, und zwar die effektiven Schätze ebenso wenig wie diejenigen der Einbildungskraft." Diese fiktionale Struktur des erzählenden Selbst bei seiner gleichzeitigen melancholischen Demaskierung hat auch Musils Mann ohne Eigenschaften im Blick, wenn er sagt, „dass das Gesetz dieses Lebens, nach dem man sich, überlastet und von Einfalt träumend, sehnt, kein anderes sei als das der erzählerischen Ordnung! Jener einfachen Ordnung, die darin besteht, dass man sagen kann: ‚Als das geschehen war, hat sich jenes ereignet!' Es ist die einfache Reihenfolge, die Abbildung der überwältigenden Mannigfaltigkeit des Lebens in einer eindimensionalen, wie ein Mathematiker sagen würde, was uns beruhigt; die Aufreihung alles dessen, was in Raum und Zeit geschehen ist, auf einen Faden, eben jenen berühmten ‚Faden der Erzählung', aus dem nun also auch der Lebensfaden besteht."

**Der Ich-Begriff ist nicht allein auf Gehirnaktivitäten reduzierbar.**

## Das Ich im Gehirn

Da die äußere, insbesondere soziale Umwelt notwendig ist für die Entstehung reflexiven Selbstbewusstseins und eines individuellen Selbst, lässt sich Selbstbewusstsein nicht auf Hirnprozesse allein zurückführen. Ein anderer Grund hierfür besteht darin, dass sich neuronale Repräsentationen (siehe Erläuterung) wie ja beispielsweise auch sprachliche Bedeutungen auf etwas außerhalb ihrer selbst beziehen. So referiert etwa die visuelle Wahrnehmung eines Baumes auf den Baum (und nicht bloß auf das Erregungsmuster der Netzhaut im Auge) oder ein Schmerz auf eine Gewebeschädigung im Arm. Bewusstsein ist daher nicht nur „vergehirnt", sondern eben auch verkörperlicht und ursächlich abhängig von der Umwelt. Selbstbewusstsein ist nicht identisch mit bestimmten Gehirnzuständen oder -prozessen, sondern wird streng genommen von diesen lediglich realisiert.

Trotzdem sind die Erkenntnisse der Hirnforschung für ein Verständnis des (menschlichen) Selbstbewusstseins unerlässlich. Bisher jedoch ist keine einzelne Hirnregion bekannt, die immer beim Vollzug dessen, was wir Selbstbewusstsein nennen, aktiv wird – und schon gar kein Sammelsurium von Ich-Neuronen, wie noch Sigmund Freud spekulierte. Vielmehr sind weit verteilte Netze und Aktivitätsmuster für die verschiedenen Aspekte von Selbstbewusstsein notwendig. Dies kann in mancherlei Hinsicht beeinträchtigt werden – mithin auch das subjektive Erleben von Meinigkeit, Selbstheit, Perspektivität, Individualität oder Personalität –, wenn die neuronalen Integrationsprozesse misslingen. So ist beispielsweise bei einigen Patienten mit Capgras-Syndrom die Einheit des Selbst und der personalen Identität gestört: Sie ordnen Fotos von sich selbst betrügerischen Doppelgängern zu. Andere Schäden führen zu bizarren Verlusten: des Körpergefühls, der Empfindung bestimmter Körperteile als der eigenen, der Kontrolle von Handbewegungen. Bei Ich-Störungen (Depersonalisationserscheinungen, bestimmte Formen von Schizophrenie) werden sogar Gedanken oder Handlungen nicht mehr als die eigenen erfahren, sondern als von außen eingespeist oder fremdgesteuert. Solche nicht selten gespenstisch anmutenden Störungen zeigen auf sehr tragische Weise, wie sehr das sich in idealistischen oder dualistischen Theorien so unantastbar und abgehoben gebärdende Ich in Wirklichkeit von der schnöden Materie abhängt.

Wesentlich für das Funktionieren eines Selbstbewusstseins ist eine wechselseitige Verschaltung verschiedener Großhirnregionen – das heißt ein beständiger Dialog im zentralen Nervensystem. „Die während der Evolution von Primatengehirnen hinzugekommenen neuen Areale der Großhirnrinde stehen mit den bereits vorhandenen so in Verbindung wie letztere mit den Sinnesorganen", schreibt der Neurobiologe Wolf Singer. „Die neu hinzugekommenen Areale nehmen gewissermaßen die Funktion eines inneren Auges wahr. Sie können dies, ohne weiterer eigener Sinnesorgane zu bedürfen, weil die zu verarbeitenden Signale bereits in der Sprache der Großhirnrinde kodiert sind."

**Bisher ist keine Hirnregion bekannt, die immer beim Vollzug dessen, was wir Selbstbewusstsein nennen, aktiv wird.**

Inzwischen sind zahlreiche Hirnregionen bekannt, deren Aktivität einhergeht mit autobiografischen Erinnerungen, Selbstberührungen, dem Erkennen des eigenen Gesichts, selbstbezüglichen reizunabhängigen Gedanken, Selbstbeschreibungen, Selbstkontrolle, Körperwahrnehmung und so weiter. Es gibt jedoch keinen Ort im Gehirn, an dem gleichsam alle Wahrnehmungen, Erinnerungen und Gefühle zusammenkommen, beziehungsweise von dem alle Bewegungen des Selbst ihren Ausgangspunkt nehmen. Ein solches „cartesianisches Theater" würde ja auch einen Betrachter dieser metaphorischen Leinwand im Kopf erfordern und womöglich einen Betrachter dieses Betrachters und immer so weiter.

Mit Computern lässt sich das Konzept verteilter Repräsentationen mittels so genannter neuronaler Netze simulieren. Im Gehirn sind es Aktivitäten von Nervenzellverbänden, die miteinander wechselwirken, sich in einer nicht linearen Dynamik selbst organisieren, parallel verarbeitet und durch räumliche und zeitliche Kopplungen miteinander verknüpft werden. Unser geistiges Erleben ist dementsprechend kein ungeordneter Haufen frei schwebender Wahrnehmungen, wie David Hume glaubte, sondern basiert auf einem zusammenhängenden, außerordentlich komplex strukturierten Geflecht neuronaler Aktivitäten. Durch deren vielstimmiges, teilweise synchronisiertes Konzert sowie durch ein flirrendes Muster biochemischer Reaktionen entsteht die Symphonie unseres Bewusstseins.

Auch das Ich wird von dem Reigen der neuronalen Repräsentationen konstituiert. Thomas Metzinger zufolge erzeugen sie ein mentales Selbstmodell, das in ein durch Wahrnehmungen und Gedächtnis ständig aktualisiertes Weltmodell eingebettet ist. Dieses Selbstmodell ist eine episodisch aktive repräsentationale Einheit, deren Gehalt Eigenschaften des Systems selbst sind. Es wird so schnell und zuverlässig aktiviert, dass es von uns beziehungsweise vom Gehirn gar nicht als Modell erkannt werden kann. Es ist ihm nicht möglich, seine eigenen Repräsentationen als seine eigenen Repräsentationen zu repräsentieren. So entsteht ein „naivrealistisches Selbstmissverständnis": Wir sind Systeme, die ihr eigenes Selbstmodell nicht als ein solches erkennen können, und insofern bleiben wir in einer stabilen, kohärenten und nicht überwindbaren Ich-Illusion gefangen.

Wenn dies zutrifft, ist die cartesianische Vorstellung vom Deus ex Machina (siehe Erläuterung) überflüssig geworden. Selbstbewusstsein ist nicht von Anfang an vorhanden, sondern entwickelt sich ausgehend von angeborenen Dispositionen im komplexen Wechselspiel mit der physischen und sozialen Umwelt. Reflexives Selbstbewusstsein basiert auf einem Ich-Begriff, der sich auf ein basales, nicht begriffliches und unbewusstes Selbstbewusstsein bezieht. Dazu gehört ein konstantes „Hintergrundkörperbewusstsein", basierend auf einer genetisch vorherbestimmten Anordnung von Nervenzellen im Gehirn, die ein kontinuierliches Körperempfinden und die zugehörige „Meinigkeit" erzeugen (und nach Amputationen Phantomwahrnehmungen von nicht mehr vorhandenen Gliedmaßen hervorbringen). Diese körperliche Eigenwahrnehmung erfolgt zum Beispiel mithilfe von Informationen über Druck, Temperatur, Gelenkstellung und -bewegung, Gleichge-wicht und Körperhaltung, Muskelermüdung, Rei- bung von Rezeptoren auf der Haut und unter der Hautoberfläche sowie körperlichen Störungen (via Schmerzrezeptoren). Würden sowohl dieser Eigen-Sinn als auch sämtliche sensorischen Inputs ausbleiben, dann bräche das Selbstmodell des Gehirns wahrscheinlich rasch zusammen – harmlosere Versuche in Isolationstanks mit minimalen äußeren Reizen deuten in diese Richtung. Unser Ich gründet also auf einer allerdings nicht beliebigen Konstruktion des Gehirns und mag sogar als eine (ja niemandes!) Illusion gelten – aber nur in der Zurückweisung cartesianischer Ego-Theorien (siehe Erläuterung). Da unser Alltagsverständnis daran jedoch nicht notwendig gebunden ist, werden weder Selbstbewusstsein noch Personalität geleugnet oder als Trugbilder entlarvt.

Das neuzeitliche „Cogito, ergo sum" („Ich denke, also bin ich") des René Descartes war revolutionär, weil es den Menschen von dem metaphysischen Ballast des Mittelalters befreite, seine Autonomie einforderte und auf dem Boden eines erkenntnistheoretischen Skeptizismus gedieh. Doch es hat sich als Wunschdenken und neuer Ballast erwiesen, der sich im kalten, scharfen Licht ebendieser skeptischen Haltung als untragbar zeigte. Georg Christoph Lichtenberg brachte es auf den Punkt: *„Es denkt*, sollte man sagen, so wie man sagt: *es blitzt*. Zu sagen *cogito* ist schon zu viel, sobald man es durch *Ich denke* übersetzt. Das *Ich* anzunehmen, zu postulieren, ist praktisches Bedürfnis." Mein Gehirn denkt, also bin ich.

Rüdiger Vaas studierte Biologie, Germanistik und Philosophie in Hohenheim, Stuttgart und Tübingen. Er arbeitet als Philosoph und Publizist sowie als Redakteur bei der Monatszeitschrift *bild der wissenschaft*.

### Literatur (Auswahl):


- Churchland, P. S.: Self-Representation in Nervous Systems. Science 296, 308–310 (2002)
- Damasio, A. R.: Ich fühle, also bin ich. List, München 2000
- Frank, M. (Hrsg.): Analytische Theorien des Selbstbewußtseins. Suhrkamp, Frankfurt am Main 1994
- Hofmann, F.: Natur und Begriff des Bewußtseins. Mentis, Paderborn 2002
- LeDoux, J.: Synaptic Self. Viking, New York 2002
- Llinás, R.: I of the Vortex. MIT Press, Cambridge 2001
- Metzinger, T.: Being No One. The Self-Model Theory of Subjectivity. MIT Press, Cambridge 2003
- Newen, A., Vogeley, K. (Hrsg.): Selbst und Gehirn. Mentis, Paderborn 2000
- Vaas, R.: Why Neural Correlates Of Consciousness Are Fine, But Not Enough. Anthropology & Philosophy 3, 121–141 (1999). Online: http://www.swif.uniba.it/lei/mind/texts/t0000009.htm
- Vaas, R.: Evolving language, I-consciousness and free will. In: Dessalles, J.-L., Ghadakpour, L. (Hrsg.): Evolution of Language. Ecole Nationale Supérieure des Télécommunications, Paris 2000, 230–235. Online: http://www.infres.enst.fr/confs/evolang/actes/_actes73.html
- Vaas, R.: Persönlichkeit und Personalität; Sprache; Willensfreiheit; Willkürmotorik. In: Lexikon der Neurowissenschaft. Spektrum Akademischer Verlag, Heidelberg/Berlin 2001, Band 3, Seiten 53–63, 282–296, 450–463
- Vaas, R.: Der Intelligenzsprung. bild der wissenschaft Nr. 8, Seite 30–39 (2002)
- Zahavi, D. (Hrsg.): Exploring the Self. John Benjamins, Amsterdam/Philadelphia 2000


**Cartesianisches Ego**
(von lat. ego: Ich und lat. Cartesius: Descartes): René Descartes (1596–1650) bestimmt das Ich als „denkendes Ding" beziehungsweise als „denkende Substanz" (res cogitans). Das Einzige, an dem der Mensch nicht zweifeln kann, so Descartes, ist die Tatsache, dass er es ist, der zweifelt. Hieraus folgert Descartes: cogito sum – Ich denke, ich bin.

**Deus ex Machina**
(lat.: Gott aus der Maschine): Im antiken Theater der durch eine Maschine herabgelassene „Gott", welcher die aussichtslos erscheinenden Verwicklungen der Dramenhandlung auflöst.

**Repräsentation**
Bezugnahme eines Systems auf reale oder fiktive Gegenstände und Sachverhalte. Dies kann beispielsweise abbildend, symbolisch oder begrifflich geschehen und hat sowohl ursächliche als auch funktionale und informationelle Aspekte. Ein Tachometer etwa informiert vermittels der Umdrehungen der Räder pro Sekunde über die Geschwindigkeit eines Fahrzeugs. Natürliche Repräsentationen sind nicht geplant, sondern beruhen auf Evolution. Es sind zum Beispiel neuronale Repräsentationen, das heißt Aktivitätsmuster von Nervenverbänden. Für manche Philosophen sind *alle* bewussten Zustände und Prozesse repräsentational.

Klaus Giel

# Das Ich zwischen Weltflucht und Weltbindung

## Bemerkungen zur Philosophie der Subjektivität nach Walter Schulz

**Durch ihre Emanzipation von der Theologie findet die Philosophie sich vor die Frage gestellt, wie wahre Erkenntnis ohne vorgängige Offenbarung möglich sei. Auf die Sinneserfahrung ist kein Verlass, da sie, wie jedermann weiß, täuscht und ihre Zeugnisse trügen. Mit der Radikalisierung des Anspruchs auf kritische Prüfung aller Zeugnisse und Erkenntnisquellen erhebt Descartes die Vernunft zur letzten und einzigen Instanz in der Erkenntnisfrage. Diese ihre Absolutsetzung ist für Descartes legitim, weil die Vernunft sich selbst in reiner Selbstgegebenheit – im „Ich denke, ich bin" – gegeben ist. In allen ihren Erscheinungsformen ist sie sich selbst das unbezweifelbar Gewisse. Damit wird ein Ideal aller Erkenntnis errichtet: Wahr ist nur die Selbstgegebenheit des Seienden. Um sie zu erreichen, müssen im methodisch angesetzten Zweifel alle durch Tradition und ungeprüften Glauben an die Dinge herangetragenen Verstellungen abgeräumt werden. Mit dem Ideal der Selbstgegebenheit konstituiert die Vernunft sich zum Raum allen Gegebenseins: sie ist die absolute Voraus-setzung allen Verstehens und Begreifens.**



In dieser Voraus-setzung erhebt (konstituiert) die Vernunft sich zur „res" (Substanz), in der alle cogitationes – das heißt das Zweifeln, Erinnern, Vorstellen und so weiter – in entaktualisierter, die Zeit überdauernder Form aufgehoben sind. Die Vernunft begreift sich als res cogitans (denkende Substanz, denkendes Ding), in der das cogito me cogitare (ich denke mich denkend) vermittelt ist. Was aber ein denkendes „Ding" in seiner das Denken begründeten Substanz ist, und wie die Vernunft sich über das aktuelle Denken und Vorstellen hinaus als res cogitans konstituiert, wird nicht weiter erklärt.

**Der Mensch ist und bleibt ein Fremdling auf dieser Erde – und nach drüben ist die Aussicht ihm durch die unaufhebbare Faktizität des Todes verbaut.**

Die res cogitans bleibt von der anderen res, von der auch nicht ausgemacht ist, wie sie eine res extensa (eine ausgedehnte Substanz) sein kann, vollkommen getrennt. Darin liegt die eigentliche Problematik der Philosophie der Subjektivität.

Die Lösung, oder besser: der Ausweg, den Descartes zu finden glaubte, ist bekannt: Die Vernunft findet in sich die Idee Gottes, die ihr mit der gleichen Klarheit und unbezweifelbaren Deutlichkeit gegeben ist wie die Grundsätze und Operationen der Mathematik. In dieser Idee, in der eine höhere, nicht aus der Vernunft stammende Macht bezeugt ist, ist die Vernunft mit der Realität außer ihr vermittelt. In der Wirklichkeit Gottes findet die Vernunft ihre Rechtfertigung als Subjekt der Wirklichkeit. In der Idee Gottes transzendiert (übersteigt) sie ihre Immanenz (In-sich-Sein).

### Die Voll-endung der Philosophie der Subjektivität in den Spätwerken des Idealismus

Die Selbsttranszendenz der Vernunft war, wie Walter Schulz in glänzenden Interpretationen und Analysen herausgearbeitet hat, zum Grundproblem in den Spätwerken Fichtes und Schellings geworden. Es sei darin im Sinne eines unvordenklichen Ermächtigtseins der Vernunft durch eine höhere Macht behandelt worden. In der Rückbindung – re-ligio – der Vernunft an diese höhere Macht, dem Inbegriff der in sich selber ruhenden Realität, wird es der Vernunft allererst möglich, die Formen, in denen sie ihr Selbstverhältnis entfaltet, als Kategorien (Formen, in denen das Denken auf die Realität bezogen ist) auf die Wirklichkeit außer ihr zu beziehen und in gegenständlichen Formen zu begreifen. Allein durch diese, in ihrer Selbsttranszendenz begründeten Gegenständlichkeit befreit die Vernunft sich aus ihrer immanenten Selbstverstrickung: aus der Selbstbefangenheit, in welcher der „Geist" voller Entsetzen seine eigene Nichtigkeit entdeckt. In *Die Bestimmung des Menschen* von 1800 hat Fichte diesem Entsetzen beredten Ausdruck verliehen: „Es gibt überall kein Dauerndes, weder ausser mir, noch in mir ... Ich weiss überall von keinem Seyn, und auch nicht von meinem eigenen. Es gibt kein Seyn. Ich selbst weiss überhaupt nicht und bin nicht. Bilder sind: sie sind das Einzige, was da ist, und sie wissen von sich, nach Weise der Bilder: – Bilder, die vorüberschweben, ohne dass etwas sey, dem sie vorüberschweben ... Alle Realität verwandelt sich in einen wunderbaren Traum, ohne ein Leben, von dem geträumt wird ... in einen Traum, der in einem Traume von sich selber zusammenhängt" (II 245).

Das Problem, das Fichte hier aufwirft, erschüttert die Selbstverständlichkeit, mit der die Erkenntnisleistung des Denkens angenommen wurde. Wie aber kann die Vernunft sich aus der Verstrickung in ihre Immanenz befreien? Die Form, in der die Vernunft sich als Subjekt der Wirklichkeit ergreift, ist die Ichheit. In dieser Form beansprucht die Vernunft sich als ein Absolutes. Sie versteht sich als in und durch sich selbst und durch nichts außer ihr bestimmt: nur für mich selber bin ich Ich, nur ich kann zu mir Ich sagen. In dieser Form unterscheidet die Vernunft sich prinzipiell von allen anderen Möglichkeiten der Seinsbestimmtheit. In der und durch die Unterscheidung von allem anderen bringt die Ichheit mit sich selber den Satz der Identität hervor. Damit erhebt sie sich zum Inbegriff aller Realität (Sachhaltigkeit); denn: als „real" gilt, was in einem bejahenden Urteil ausgedrückt „gesetzt" wird. So begreift sich das sich selbst setzende Ich als Ursprung (Quelle und Hervorgang) aller möglichen (Realitäts-)Setzungen. In diesem Sinne behauptet das mit sich selber identische Ich sich als reiner Anfang, als principium, das mit sich selbst beginnt.[1] Nun ist allerdings das Selbstverhältnis der Vernunft nur in der Reflexion zu erfassen: Das Ich „gibt" es nur in der Selbstreflexion. Darin liegt, wie Fichte hervorhebt, eine gewisse Gebrochenheit der Ichheit. Das Ich verdoppelt und spaltet sich gewissermaßen in der Reflexion und durch sie. Daher kann die ursprüngliche Genesis (Entstehung) immer nur als eine bereits geschehene erfasst werden. Die Reflexion ist ja kein erzeugender, hervorbringender Akt und setzt immer schon voraus, worauf sie sich bezieht. So erscheint die Ichheit in der Reflexion als in Sein (ursprüngliches Hervorbringen) und Denken (Erfassen des Seins) gespalten. Das denkende und das seiende Ich sind zwar „dasselbe", aber die Selbigkeit des Denkens und des Gedachten kann nicht mehr von dem immer schon abgespaltenen Denken erfasst werden. Alles in allem genommen: In der Ichheit ist die Vernunft auf ihre eigene Anfänglichkeit bezogen, die ihr aber immer schon im Rücken liegt. Die Philosophie Fichtes beginnt somit mit einer Paradoxie: Um sich vollendet begreifen zu können, muss die Vernunft mit dem Begriff des Absoluten operieren; das Absolute aber ist das schlechthin Unbegreifliche, das jeder möglichen Form der Attribuierung (Zuschreibung von Eigenschaften) entzogen ist. Nach Fichte kann diese Paradoxie nur im Begriff des Bildes aufgelöst werden. In der Struktur der Ichheit ist die Vernunft auf ihre anfängliche Genesis in der Weise des Bildes bezogen. In der Ichheit erscheint die Vernunft als der Akt eines ursprünglichen Bildes: als Urbild, in dem die Bildhaftigkeit vor allen realisierten Bildern hervorgebracht wird. Die sich als Urbild verstehende Vernunft verweist nur eben auf das Absolute, ohne es an ihm selbst fassen zu können. Nun ist das Bild aber dadurch charakterisiert, dass es „etwas" zur Gegebenheit bringt; es vergegenwärtigt und entbirgt etwas, ohne sein zu können, was es präsentiert. Die produktive Leistung des Urbilds liegt somit im Sichtbarmachen des (an ihm selbst) Unsichtbaren, nicht Gegebenen. Es ist somit als der Akt des Bildens zu verstehen, in dem die Schemata, die generativen (erzeugenden, hervorbringenden) Muster des Sichtbarmachens ausgelegt werden. Nun sind Bilder aber immer auch nur Formen, in denen das darin sichtbar Gemachte sich auf eine geheimnisvolle Weise entzieht. Darin liegt die Tiefe des originalen Bildes: die eigentümlich anziehende, faszinierende Wirkung, mit der das Dargestellte im Bild präsent ist. Im Bezug auf diese Tiefenwirkung wird die im Generieren von Bildern (Urbild) aufscheinende, an ihr selbst nicht fassbare Realität von Fichte das „göttliche Leben" genannt.

Zusammengefasst heißt das also: Die Formen, in denen die Vernunft ihr Selbstverhältnis (Ichheit) entfaltet, erweisen sich als die generativen Muster, in denen die Vernunft eine in sich selber ruhende Realität sichtbar macht, ins Bild setzt. Gegenstände sind für Fichte nichts anderes als die Begriffe, mit denen die Vernunft ihre eigene Bildhaftigkeit (gegenständlich) interpretiert. Alles begriffliche Denken ist daher nur eine Interpretation der (bildhaften, bilderzeugten) Anschauung.

### Der Neuansatz von Walter Schulz

Die Philosophie der Subjektivität, wie sie sich in der Metaphysik der Neuzeit ausgebildet hat, kommt, um die Wirklichkeit im Ganzen zu begreifen, offensichtlich nicht ohne die Vor-aussetzung eines ens realissimum (Seienden, das die Realität im Ganzen in sich enthält) aus. Der Gott der neuzeitlichen Metaphysik

ist nun allerdings nicht der Gott Isaaks und Jakobs. Das „kraftvolle Leben“, als das Fichte seinen Gott begreifen wollte, erweist sich bei Lichte besehen als eine durch nichts gerechtfertigte Inanspruchnahme religiöser Erfahrungen und der Traditionen, in denen sie sich entfaltet haben. Hat die Philosophie also den Gott Isaaks und Jakobs usurpiert? Ist der Gott der Philosophen also nur ein Ausdruck der Not und Ausweglosigkeit, in welche die Philosophie der Subjektivität gerät, wo sie sich der Wirklichkeit uno actu zu versichern sucht: durch die Erhebung der Vernunft zum absoluten Subjekt?

**Nicht die Wirklichkeit bestimmt über die Bilder, sondern umgekehrt: in den Bildern wird die Wirklichkeit bestimmt.**

Es ist dies die Not, in welche die Philosophie immer dann gerät, wenn sie den reinen Anfang sucht, das schlechthinnige Prinzip, um darin die Voraussetzungslosigkeit des (wissenschaftlichen) Denkens zu begründen. Demgegenüber ist die moderne wissenschaftliche Forschung gerade durch den Verzicht auf das Vernunftprinzip der Voraussetzungslosigkeit des Denkens gekennzeichnet.

Es gibt keinen reinen Anfang mehr. Der Mensch kann sich aus der Wirklichkeit, in die er auf vielfältige Weise verstrickt ist, nicht befreien. So ist auch die wissenschaftliche Objektivität nicht an die Voraussetzungslosigkeit geknüpft. Vielmehr erreicht sie die Objektivität dadurch, dass die unaufhebbaren Voraussetzungen reflektiert und kontrolliert werden. Es werden also nicht mehr Gegenstände exploriert, sondern die Wirkung von kontrollierbaren und planbaren Eingriffen. Die wichtigste Form der Ojektivierung von Eingriffen, Garant ihrer Kontrollierbarkeit und Wiederholbarkeit, ist das Experiment. „Und in den nicht unmittelbar wahrnehmbaren Bereichen der Natur wird das Naturgesetz mehr und mehr nur eine Angabe über die Möglichkeit und den Ausfall von Experimenten; ein Gesetz unserer Fähigkeit, Phänomene hervorzubringen. Auch dieses Gesetz ist objektiv, denn mit bestimmten Mitteln lassen sich auch nur bestimmte Phänomene erzeugen. Aber was hier objektiv geregelt ist, ist nicht mehr ein Sein, sondern ein Wechselspiel von Handeln und Wahrnehmen.“ (Weizsäcker 1949, 173) Wissen, also Aussagen über Sachverhalte, ist nicht mehr das Explikat von Gegenständen, sondern in seiner Substanz Antwort auf kontrollierte, instrumentierte und arrangierte Fragestellungen.

## Verantwortung als Grundbegriff einer umfassenden philosophischen Theorie der Wirklichkeit

Das Verstricktsein des Menschen in seine Wirklichkeit ist immer nur negativ beschrieben worden: als eine Situation, in der die Grenzen zwischen Subjekt und Objekt verschwimmen („blurred“, schreibt Max Born). Es gelte jedoch zu sehen, dass das Verschwimmen der Grenzen nur ein Ausdruck der Ungesichertheit der menschlichen Stellung in der Welt ist. Das Verhältnis zu seiner Wirklichkeit und mit ihm die Konstitution der Wirklichkeit ist letztlich nur in der Verantwortung für diese Wirklichkeit gegeben. Im Bewusstsein seiner Verantwortung für das Verhältnis zur Welt und ihrer wissenschaftlich-politisch-technischen Gestaltung ist der Mensch als Subjekt gefordert. Das Selbstverhältnis der Subjektivität liegt jetzt in der Verantwortung für die Welt. Allein: Die Subjektivität kann nicht mehr in ontologisch-metaphysischen Begriffen gedacht werden. So rückt in der *Philosophie in der veränderten Welt* die Ethik in das Zentrum der Philosophie; einer Philosophie, die zum ersten Mal eine systematisch entwickelte Verantwortungsethik vorlegt. In der Verantwortung für die Welt wird dem Menschen die Subjektivität zugemutet, kontrafaktisch auferlegt. Der Mensch *ist* nicht mehr Subjekt seiner Welt; dass er sich nicht als Subjekt begreifen und verstehen kann, darin liegt die entscheidende (und schneidende) Schärfe der ethischen Bestimmtheit der Subjektivität. Dass die Subjektivität auferlegt, gefordert ist, liegt in der Machtlosigkeit des Einzelnen begründet. Es ist nicht nur an dem, dass die Subjektivität keine Rückendeckung mehr in einer höheren Macht findet, sondern dass die Gestaltungsmöglichkeiten dem Menschen in die Anonymität von „Großstrukturen“ der wissenschaftlich-technisch-politisch-wirtschaftlichen Zivilisation entglitten sind. Dass die Subjektivität eine Bestimmtheit des Gefordertseins, des Sollens und nicht des Seins ist, erinnert an den frühen Fichte, für den das Ich seine Bestimmung im Sollen erfährt. Das Sollen war jedoch im Können fundiert: du sollst, denn du kannst, heißt es bei Fichte. Nach der Trennung von Können (Macht) und Sollen bleibt der philosophischen Rede vom verantwortlichen Subjekt nur noch die Form des Appells: eines Appells, der für Schulz immer auch mit dem politischen Aufruf zur Ermächtigung, das heißt der Sorge um Gestaltungsmöglichkeiten, verknüpft ist.

**Nur für mich selber bin ich Ich, nur ich kann Ich zu mir sagen.**

## Die philosophische Reflexion

Der Appell setzt jedoch, um wahrgenommen zu werden, die Subjektivität bereits voraus. Will sagen: Die Struktur des ethischen Subjekts bleibt im Dunkel. Mit dem Unbehagen an der appellativen Rede in der Philosophie rückt das Problem der Methode des philosophischen Denkens in den Blick. Im Unterschied zum wissenschaftlichen Denken ist das philosophische durch die Reflexion vermittelt. In der Frage der Reflexion aber knüpft Schulz wieder ausdrücklich an Descartes an.

Die Notwendigkeit, über die Methode des philosophischen Denkens zu reden, ergibt sich für Schulz aus der Tatsache, dass die philosophische Tradition zwei sich widersprechende, obzwar in sich schlüssig begründete Formen des Zugangs zum Subjekt hervorgebracht hat. Bereits in der nachidealistischen Philosophie beginnt sich eine Tendenz durchzusetzen, die das Subjekt nur noch als Durchgangsstation objektiver Mächte gelten ließ. Es ist dies die Macht der Geschichte bei Marx, Dilthey und Gadamer, des Seins bei Nietzsche, Heidegger und Derrida, von natürlichen Kräften bei Freud und in den zeitgenössischen, in den neueren Wissenschaften fundierten Entwürfen zur Philosophie „des Geistes". Die andere, an der vernünftigen Selbstbestimmung festhaltende Richtung hatte ihre Hochzeit in der Existenzphilosophie (siehe Erläuterung), und sie wirkt weiter in den Entwürfen zur Ethik in der Gegenwart.

**Das Ich ist nichts für sich selber, es ist nichts jenseits der Weltbindung und nichts ohne sie.**

Zur Klarheit und begrifflichen Auflösung dieses Grundwiderspruchs kann, so Schulz, nur die Besinnung auf die Methode des philosophischen Denkens führen. Er erinnert an den cartesischen Zweifel und schließt ganz ausdrücklich daran an. Es wird keine der überlieferten Positionen für wahr gehalten, und das besagt: Das Räsonnement bescheidet sich nicht – als ein im strengen Sinn rhetorisches – im Beibringen von Argumenten, welche die Annahme einer gegebenen Position stützen. Als eine philosophische löst sich die Reflexion aus allen Lagen und Situationen, in denen der Mensch reflektiert oder zu reflektieren gezwungen ist. Die alltägliche Reflexion kann sich beispielsweise auf die Angemessenheit der Mittel in Handlungssituationen richten, auf die Richtigkeit der Ziele unter angenommenen Zwecken oder auf den Wert und die Geltung der Zwecke. Die philosophische Reflexion dagegen richtet sich zwar auch auf „Vorgegebenes", abstrahiert aber von allen inhaltlichen Bestimmungen des Handelns und Denkens, kurz: der inhaltlichen Bestimmungen der normalen menschlichen Situationen, in denen immer mit „etwas" umgegangen wird, und sei es mit der inhaltlichen Bestimmtheit der eigenen Person. So findet die Reflexion – in ihrer Formalität und Abstraktheit – ein Reflektierendes, das sich immer schon an welthafte Inhalte gebunden hat. Im Absehen von allen inhaltlichen Bestimmungen ist die philosophische Reflexion eine modellierende Konstruktion, in der die inhaltlichen Bestimmungen des menschlichen Verhaltens im Begriff der Weltbindung – allgemein und abstrakt – gefasst werden.

In seiner Abstraktheit ist der Vollzug der philosophischen Reflexion jedoch immer auch ein Vollzug und eine Aktualisierung der menschlichen Freiheit in ihrer extremsten Form: Ich kann mich von allen inhaltlichen Bindungen lossagen, aus ihnen heraustreten, und so tun, als gäbe es sie nicht. Im Aspekt des Sich-lossagen-Könnens von allen Bindungen erweist die philosophische Reflexion sich dann als die Modellierung des Selbstverhältnisses, in dem der Mensch, in allen seinen Weltverhältnissen und durch sie hindurch, sich zu sich selber verhält. Die philosophische Reflexion modelliert das Selbstverhältnis, das die alltägliche Reflexion immer schon durchwaltet: wenn der Mensch sein Denken und sein Verhalten kontrolliert, an Maßstäben prüft und über Wert und Geltung dieser Maßstäbe räsoniert. Das bedeutet aber auch: Die philosophische Reflexion beruft sich nicht auf eine absolute Reflexion, in der sie sich zu begründen versucht, so dass sie als deren Vollzug erscheint. Sie bezieht sich nicht mehr auf das Selbstverhältnis der Vernunft, die in ihrem Selbstverhältnis die Wirklichkeit im Ganzen umfasst und ihr gegenständliches Erscheinen begründet. So ist das Ich der philosophischen Reflexion für Schulz eine leere Vorstellung, eine reine, das heißt inhaltsleere Form. Eine Form allerdings, die nur in einer grundlegenden Paradoxie darzustellen ist. Das Ich der philosophischen Reflexion ist einerseits das frei aufsteigende, sich aus allen Lebenslagen befreiende Ich – die Philosophie ist ganz eigentlich Nicht-Leben, zitiert Schulz Fichte – das doch andererseits, in der Abhebung von allen Weltgehalten, sich in seiner Weltgebundenheit findet, ohne die es sich selbst entgleiten würde. Das Ich ist nichts für sich selber, es ist nichts jenseits der Weltbindung und nichts ohne sie. In der Modellierung durch die philosophische Reflexion erscheint das Ich also als die Beziehung einer grundlegenden, nicht zu vermittelnden Differenz. Es erscheint so als elementare Struktur, in der Weltbindung und Transzendenz (Weltflucht, nennt Schulz sie) unauflöslich aneinander gekettet sind. Weltflucht und Weltbindung sind indes, wie Schulz ausdrücklich betont, Konstrukte, Momente einer Modellierung. Es werden mit den beiden Begriffen keine Grundbefindlichkeiten beschrieben, in denen der Mensch sich selbst gegeben ist. Die beiden Tendenzen der Weltbindung und der Weltflucht haben deshalb auch nicht den Charakter von „gebenden" Phänomenen, die, wie Heidegger es in „Sein und Zeit" konstruiert hatte, ihren „Begriff" enthalten und das Verstehen begründen. Im Unterschied zu Heidegger ist Schulz ein sich von Descartes her verstehender Rationalist.

Modellbildungen sind sinnlos, wenn sie nicht als Instrumente zur begrifflichen Verarbeitung von Erfahrungen taugen. Die Grunderfahrung, auf die das Modell des ichhaften Selbstverhältnisses sich bezieht und seine konkrete Erfüllung findet, ist die Erfahrung des Todes: Es ist das Bewusstsein des Todes, in dem die Weltbindung in der Weise des Abschiednehmenmüssens transzendiert und als immer schon gebrochener Weltbezug zum Vorschein gebracht wird.

## Philosophie als Theorie der Wirklichkeit

Es hat sich gezeigt: Schulz versteht (konstruiert) das Ich nicht mehr als die Form, in der die Vernunft sich, wie noch bei Fichte, in einer „Tathandlung" als Subjekt der Wirklichkeit hervorbringt. Die Weltbindung ist, wie Schulz immer wieder betont, ein Konstrukt: im Begriff der Weltbindung wird keine wie auch immer geartete innerweltliche Ligatur (Verbindung) gefasst, sei es die der Freundschaft, der Liebe, der Mitgliedschaft in Gruppen oder Verbänden oder die einer inhaltlichen Obsession. Desgleichen wird der Mensch unter der Bezeichnung der Weltbindung nicht als „innerweltlich Seiendes" begriffen: als Organismus, als Produkt der Evolution. Organismus ist der Mensch freilich immer auch; aber er ist es gleichsam jenseits seines Selbstverhältnisses und im Sinne von transzendenten Voraussetzungen – ohne funktionsfähiges Gehirn ist Denken nicht möglich.

In der theoretischen Konstruktion der philosophischen Reflexion erfährt die Weltbindung ihre Bestimmtheit durch den Bezug zur Weltflucht; wie umgekehrt die Weltflucht (Transzendenz) sich von der Weltbindung her bestimmt. Schulz spricht daher immer von der Gebrochenheit des Weltbezugs. Will sagen: Die Welt ist nicht die Heimat des Menschen, der auch nichts vom Vorschein einer jenseitigen Heimat weiß. Der Mensch ist und bleibt ein Fremdling auf dieser Erde – und nach drüben ist die Aussicht ihm durch die unaufhebbare Faktizität des Todes verbaut. Zusammengenommen bedeutet dies: Die Weltbindung ist nur aufgrund der Fähigkeit möglich, Fuß fassen, Grund nehmen zu können in einer Wirklichkeit, für die der Mensch im eigentlichen Sinne nicht geschaffen ist. Dieses Fuß-fassen-Können versucht Schulz im Begriff des „Vermögens" zu beschreiben. Seine Philosophie der Subjektivität mündet schließlich in eine Renaissance der klassischen Vermögenslehre (siehe Erläuterung), die an Kant anschließt: Von der Vernunft kann nur im Sinne von unterschiedenen Vermögen die Rede sein. Für Schulz sind es im wesentlichen die klassischen Vermögen, in deren Rahmen der Mensch als vernünftiges Subjekt seine Möglichkeiten ergründet und Fuß fasst in einer fremden Wirklichkeit: Denken, Fühlen und Wollen. Das Denken wird als Vermögen beschrieben, in dem der Mensch sich frei macht von dem unmittelbaren Druck der Wirklichkeit, dem er, das nichtangepasste Tier, ausgesetzt ist.

**Das Ich ist nichts für sich selber, es ist nichts jenseits der Weltbindung und nichts ohne sie.**

Durch die Ablösung von der Unmittelbarkeit der Bezüge wird der Mensch frei zu modellhaften, konstruktiven Entwürfen, die der Erfahrung sozusagen unterlegt werden. Gleichzeitig bindet der Mensch sich an die Wirklichkeit, indem er in seinen Konstruktionen praktisch wird, also in die Wirklichkeit eingreift und Phänomene auf kontrollierbare Weise erzeugt. So entscheidet der empirische Gehalt seiner Konstruktionen über den Wert des Denkens. Die Empirie (faktische Erfahrung) ist allerdings eine Funktion des Denkens; nicht sie fundiert das Denken, sondern umgekehrt, sie ist immer schon eine auf dem Hintergrund von unterlegten Konstruktionen „gelesene", dechiffrierte Empirie. Die Wirklichkeit des Denkens ist eine gedachte, eine in begrifflichen Konstruktionen repräsentierte. Sie „gibt" es somit nur in dem denkend konstituierten Innen- und Binnenraum (des Verstands). In diesem „Binnenraum" wird die gedachte Wirklichkeit durch die Zeit hindurch getragen: als – relativ – unveränderlich. Als Vermögen ist das Denken eine spezifische Weise des Fuß-fassens in der Wirklichkeit, in dem spezifische Möglichkeiten der Subjektivität ergründet werden. Als spezifisches Vermögen der vernünftigen Subjektivität bleibt das Denken auf die anderen Vermögen bezogen. Im Unterscheiden und Aufeinanderbeziehen der Vermögen durchmisst die Philosophie die Subjektivität des Menschen und etabliert sich als umfassende Theorie der Wirklichkeit.

## Schlussbemerkung

Die Philosophie ist die begriffliche Konstruktion des Selbstverhältnisses der Subjektivität. Das Ich (Subjekt) erscheint darin als eine Struktur, in der die Bestimmungen (Weltflucht und Weltbindung) in und durch ihre Unterscheidung aufeinander bezogen sind. Weltflucht und Weltbindung werden nicht als Grundbefindlichkeiten, in denen das menschliche Dasein sich selber „gegeben" ist, phänomenologisch (siehe Erläuterung) also, behandelt, sondern als Momente in der Bewegung der begrifflichen Konstruktion. Nach Schulz ist es die unersetzbare Leistung der Kunst, dem, was die Philosophie abstrakt konstruieren muss, durch die künstlerische Form eine von der Philosophie und ihrer Begrifflichkeit unabhängige Fasslichkeit verleihen zu können. Die künstlerische Form lebt gewissermaßen aus sich selber, ist in nichts außer ihr begründet, sie ist so gesehen „antigrav" (schwerelos) und vermag „etwas" in die schwerelose Schwebe zu bringen. So vermag es die Kunst auch, Weltflucht und Weltbindung ohne die Bewegung der begrifflichen Konstruktion, gleichsam in einem ungeteilten Zugleich, zu präsentieren: als ein Schweben. Die Kunst ist so wenig in der Philosophie fundiert, wie diese in jener: als Mensch findet der Philosoph jedoch in der Kunst und durch sie eine befriedigende Bestätigung.

Klaus Giel ist Universitätsprofessor (Erziehungswissenschaften) im Ruhestand. Er ist Mitbegründer und langjähriger Geschäftsführer des Humboldt Studienzentrums für Philosophie und Geisteswissenschaften an der Universität Ulm.

**Anmerkungen:**

1. In der Wissenschaftslehre von 1804 „ersetzt" Fichte die Ichheit durch den Begriff der Genesis.

**Literatur:**


- Schulz, Walter: Der Gott der neuzeitlichen Metaphysik. Neske Verlag, Pfullingen 1957
- Schulz, Walter: Philosophie in der veränderten Welt. Neske Verlag, Pfullingen 1972
- Schulz, Walter: Ich und Welt. Philosophie der Subjektivität. Neske Verlag, Pfullingen 1979
- Schulz, Walter: Metaphysik des Schwebens. Untersuchungen zur Geschichte der Ästhetik. Neske Verlag, Pfullingen 1985
- Fichte, Johann Gottlieb: Sämtliche Werke. Herausgegeben von Immanuel Hermann Fichte. Band II, Berlin 1845/46
- Breuninger, Renate: Philosophie zwischen Metaphysik und Wissenschaft. Zur Philosophie der Subjektivität von Walter Schulz. Verlag Klett-Cotta, Stuttgart (im Druck)


**Existenzphilosophie:**
Eine philosophische Strömung des 20. Jahrhunderts, die, im Rückgriff auf Kirkegaard, nicht mehr nach dem Sein oder dem Wesen des Menschen fragt, sondern nach den Weisen seines Existierens, in denen er immer schon auf die Wirklichkeit außer ihm (In-der-Welt-Sein) bezogen ist. Existierend überschreitet (transzendiert) der Mensch sich selber: Die Existenz geht der Essenz (dem Wesen) voraus.

**Vermögenslehre:**
In der Tradition der philosophischen Seelenlehre werden – in der Regel – drei grundlegende Fähigkeiten der Zuwendung zur Wirklichkeit unterschieden: Denken, Fühlen und Wollen. Diese Fähigkeiten sind nach der überkommenen Lehre im Sein der Seele selbst begründet. Für Walter Schulz hingegen gibt es sie nur als Ausdruck der Einwurzelung des Menschen in die Wirklichkeit, als Formen des unergründlichen Könnens des Menschen.

**phänomenologisch:**
Form der Beschreibung, welche die Sachhaltigkeit (realitas) von allen interessebedingten Vorstellungen zu befreien und „rein" als solche zu fassen versucht. Der sachliche (gegenständliche) Gehalt der Bewusstseinserlebnisse soll herausgearbeitet werden.

SYBILLE
ONNEN

SYBILLE
ONNEN

Laurenz Volkmann

# Wir

## Bausteine des Ichs

**Das Konstrukt des frei und unabhängig von anderen existierenden Einzelmenschen, des Homo clausus, ist zum Idealbild der postmodernen Multioptionsgesellschaft geworden. Doch der Mensch kann und muss auch anders definiert werden: Er ist abhängig von soziokulturellen und psychischen, historisch sich stets unterschiedlich ausformenden Bedingungen. Je nach Blickwinkel erscheint er dabei als willenlose Marionette, als unbedeutender Mitspieler oder doch zumindest als aktiver Interpret seiner vorgeformten Existenzschablone. Immer aber bleibt er seinem Erbe und Charakter nach ein Gemeinschaftswesen.**

Das postmoderne Subjekt hat sich seiner vor-modernen Krücken des Selbst entledigt – wie der festen Bindung an eine Religion, eine Nation, ein Geschlecht, eine Klasse. Zugleich jeder festen Identität entkernt, bastelt es sich bekanntlich sein multiples Ich kontinuierlich neu zusammen. Dem Gott Proteus (siehe Erläuterung) gleich, erkennt es die große Chance, im Supermarkt der Lebensentwürfe und Sinnstiftungsoptionen die jeweils angesagtesten Modelle auszuwählen. Das andere interessiert nur in seiner Funktion als Ergänzungs- beziehungsweise Erweiterungsangebot für das Selbst.



Der Utopieentwurf dieser schönen neuen postmodernen Welt ist zugleich, so mischen sich kritische Stimmen in den Jubel der Ich-Gesellschaft, der einer schönen neuen Warenwelt: Ein derartiger menschlicher Idealtypus scheint dem Wunschdenken der Ökonomen entsprungen, weist er doch eine große Ähnlichkeit auf zum Idealkonstrukt dieser „schrecklichen Wissenschaft" (wie sie in ihrer Gründerzeit der englische Philosoph Thomas Carlyle nannte) – dem *Homo oeconomicus*. Er hat sich zur Leitfigur kapitalistischer Gesellschaftsformen und damit zum global wirkenden Menschenmodell erhoben – dieser Typus des zweckrational denkenden und operierenden Einzelwesens, das vor allem auf Profitmaximierung, Selbstbereicherung und Eigennutz aus ist und dabei den Egoismus im Gewand des schrankenlosen Individualismus immer offener auf sein Banner schreibt. Nicht allein sanktioniert, sogar mit dem Heiligenschein der Gemeinnützigkeit versehen wird dabei das Prinzip des Selbstinteresses mit dem Verweis auf die vom Einzelnen oftmals nicht beabsichtigte Anhebung des nationalen und sogar globalen Reichtums vermittels der Eigendynamik, welche durch das fleißige Wirken gegensätzlich erscheinender (Wirtschafts-)Kräfte entsteht. Die wirtschaftlichen Erhebungskriterien von Soll und Haben, Angebot und Nachfrage, Profit und Verlust werden angewendet auf Bereiche der menschlichen Existenz, welche sich bisher aus Rücksichtnahme auf sittliche und moralische Tabus dem kalten Blick der Ökonomie entzogen: Das „Humankapital", der Mensch, wird in seinen alltäglichen kommerziellen Angelegenheiten – wie etwa bei der Frage nach dem Marktwert einer Partnerschaft – taxiert und kategorisiert, unter konsequenter Anwendung der Logik ökonomischer Nutz- und Effizienzkategorien.

Das postmoderne Subjekt fügt sich in diesen Horizont des *Homo oeconomicus* problemlos ein. Seine Patchworkidentität verlangt konzentriertes Auswählen aus dem Angebot der von der Warenwelt zur Verfügung gestellten Sinnentwürfe. Seine Absage an den Versuch, die eigene Biografie und Persönlichkeit als Einheit zu verstehen, verlangt nach stets neu zu erstehendem Spielmaterial des Selbst. Das Leben als munteres Perpetuum mobile des Selbstverwirklichens und Selbsterfindens jenseits sozialer Bindungen und Normen drängt auf übersichtliche, uneingeschränkte, geografisch und sozial aufgelöste Märkte, welche dem ökonomischen Subjekt eine glatte, entgrenzte Spielfläche gewährleisten (Perpetuum mobile: Maschine, die ohne Zufuhr von Energie arbeitet). Rücksichtnahme auf oder Verpflichtungen gegenüber einer Gemeinschaft erscheinen hierbei eher als Sand im Getriebe und damit wiederum als kontraproduktive Elemente bei der durch individualistisches Handeln ausgelösten und getragenen gesamtgesellschaftlichen Entwicklung.

Allmählich hat sich damit eine Umkehrung des traditionellen Verhältnisses von Individuum und Gemeinschaft durchgesetzt. Das vorherrschende Menschenbild von Platon bis Thomas von Aquin war das des *Zoon politikon*, das heißt die Vorstellung des Menschen als Gemeinschaftswesen. Das Einzelwesen hatte sich dem Gesamtinteresse unterzuordnen. Sein Denken und Handeln war am öffentlichen Wohl orientiert, nach den Maximen von Mäßigung, Ausgeglichenheit und Ganzheit. Abweichendes Verhalten gefährdete die Stabilität des gesellschaftlichen Organismus und den spirituellen Kern des Individuums selbst.

### Das ambivalente Menschenbild des Homo oeconomicus

Zum geistigen Ziehvater des neuen Leitmodells *Homo oeconomicus* wurde der schottische Moralphilosoph und Volkswirtschaftler Adam Smith (1723–1790) erkoren. Dessen ökonomisches Meisterwerk *Wohlstand der Nationen* (1776) verkündete im selben Jahr, in dem die amerikanische Unabhängigkeitserklärung das Recht des Einzelnen auf den *pursuit of happiness* (Streben nach Glück) propagierte, die natürliche Veranlagung des Menschen zum Handeln, Sich-Bereichern und damit zum Egoismus. In einer oft zitierten Sentenz formulierte Smith das Prinzip des Eigeninteresses:

> *„Nicht vom Wohlwollen des Metzgers, Brauers und Bäckers erwarten wir das, was wir zum Essen brauchen, sondern davon, daß sie ihre eigenen Interessen wahrnehmen."*[1]

In Schach gehalten werden die sich widersprechenden Bestrebungen der Akteure durch die Wechselwirkung ihrer Aktionen innerhalb eines sich selbst regulierenden Systems. Einer „unsichtbaren Hand" gleich, fügt dieser Mechanismus das Wirken der Individuen zu vorteilhaften Gesamtresultaten zusammen. Adam Smith selbst erkannte durchaus die Problematik dieser rein auf den Eigennutz und das Ökonomische reduzierten Sichtweise, die in verkürzter und popularisierter Form zur ideologischen Rechtfertigungsformel der Vertreter des Neoliberalismus (siehe Erläuterung) von Hayek bis Reagan und Thatcher werden sollte. Schon bei seinem geistigen Paten, der im übrigen Professor für Moralphilosophie an der Universität Glasgow war, steht dem *Homo oeconomicus* als Modell des individualistischen Menschen ein Gegenpart zur Seite, der *man of feeling*. Dieser „Mensch des Gefühls" ist ausgestattet mit dem Korrektiv der Sympathie gegenüber den Mitmenschen. Die Sympathie ist bei Smith eine natürliche Veranlagung, die als gesellschaftlicher „Kitt" fungiert. Sie nimmt in Smith' bezeichnenderweise meist nicht rezipierten Parallelwerk *Theorie der ethischen Gefühle* (1759) eine zentrale Stelle ein. In ihm betont er die angeborene Fähigkeit, das eigene Denken und Handeln aus der Perspektive der anderen zu betrachten und es entsprechend danach auszurichten; dem entspricht ein Bildungsideal, welches Selbstbeherrschung und Feingefühl fördert:

> *„Wir stellen uns selbst als die Zuschauer unseres eigenen Verhaltens vor und trachten nun, uns auszudenken, welche Wirkung es in diesem Lichte auf uns machen würde. Dies ist der einzige Spiegel, der es uns ermöglicht, die Schicklichkeit unseres eigenen Verhaltens einigermaßen mit den Augen anderer Leute zu untersuchen."*[2]

Die bei Adam Smith gegebene Aufspaltung des Subjekts in die widersprüchlichen Modelle des gewissenhaften, einfühlsamen Altruisten (Selbstlosen) und des rational seinen eigenen Vorteil suchenden Utilitaristen (siehe Erläuterung) zeugt von der bis heute anhaltenden Schwierigkeit im akademischen Diskurs, sich auf ein gemeinsames, verbindliches Menschenbild zu einigen. Darüber hinaus zeigt im Fall des *man of feeling* die Aufteilung des Ich in ein erlebendes und betrachtendes Ich, welches das Selbst aus der Außenperspektive gleichsam im Sinne einer dämpfenden Gewissensinstanz reflektiert, dass das Individuum keinen Status als autonomes Subjekt besitzt, sondern stets als mehrschichtig und außengerichtet zu verstehen ist. Entsprechendes spiegelt sich auch im Menschenbild der kultur- und literaturwissenschaftlichen Disziplinen unseres Zeitalters, welche den Menschen als flüchtiges Zentrum sich widersprechender gesellschaftlicher und psychischer Bedingungen verstehen.

## Die vier Kränkungen des Individuums

Nicht ganz uneitel dozierte Sigmund Freud in seiner Vorlesung über *Die Fixierung an das Trauma, das Unbewußte* im Jahre 1917:

> *„Zwei große Kränkungen ihrer naiven Eigenliebe hat die Menschheit im Laufe der Zeiten von der Wissenschaft erdulden müssen. Die erste, als sie erfuhr, daß unsere Erde nicht der Mittelpunkt des Weltalls ist, sondern ein winziges Teilchen eines in seiner Größe kaum vorstellbaren Weltsystems. Sie knüpft sich für uns an den Namen Kopernikus ... Die zweite dann, als die biologische Forschung das angebliche Schöpfungsvorrecht des Menschen zunichte machte, ihn auf die Abstammung aus dem Tierreich und die Unvertilgbarkeit seiner animalischen Natur verwies. Diese Umwertung hat sich ... unter dem Einfluß von Ch. Darwin, Wallace und ihren Vorgängern nicht ohne das heftigste Sträuben der Zeitgenossen vollzogen. Die dritte und empfindlichste Kränkung aber soll die menschliche Größensucht durch die heutige psychologische Forschung erfahren, welche dem Ich nachweisen will, daß es nicht einmal Herr ist im eigenen Hause, sondern auf kärgliche Nachrichten angewiesen bleibt von dem, was unbewußt in seinem Seelenleben vorgeht."*[3]

Nach der kopernikanischen Wende, dem Darwinismus und der Psychoanalyse erhielt die Menschheit schließlich in der zweiten Hälfte des 20. Jahrhunderts ihre vierte „Kränkung" durch den französischen Strukturalismus (siehe Erläuterung). Namentlich der Anthropologe Claude Lévi-Strauss reduzierte menschliches Denken und Handeln auf ein System binärer Oppositionen, dessen Inhalt zu Gunsten einer Formanalyse zu vernachlässigen sei (binär: zweiwertig; auf zwei Werte begrenzt. Zum Beispiel: 0 und 1). Damit brach er nicht nur die Grenze zu den Logikmustern von Computern und künstlicher Intelligenz auf, sondern auch die Trennlinien zwischen „zivilisiertem" und „wildem" Denken. Das Individuum ist damit aufgelöst in einem System sich endlos verzweigender Sinnmuster.

Noch einen Schritt weiter als die Strukturalisten geht schließlich der französische Poststrukturalist Jacques Derrida: Bei ihm ist das System der binären Sinnoppositionen (weiß vor schwarz, moralisch vor unmoralisch …) als freies, der letztgültigen Prinzipien und jeglicher Form von Zentriertheit enthobenes Endlosspiel definiert: Gleichsam das abendländische Denken auf den Kopf stellend, führt er die Bevorzugung eines der Pole dieser binären Oppositionen auf die Neigung westlichen Denkens zum Logozentrismus (siehe Erläuterung) zurück. So wie dieser Sinn konstruiere, wo keiner gegeben ist, schaffe das Individuum sich selbst Bedeutung durch die Verwendung willkürlicher, lediglich im Herkömmlichen verankerter Deutungsmuster.

## Individuation als Ganzwerden bei Carl Gustav Jung

Unbehaust und zwittrig erscheint dem Menschen angesichts dieser Kränkungen seine eigene Existenz. Wie können diese Erschütterungen des Selbst abgefedert werden? Anders als Sigmund Freud, der dem Subjekt eine resolute Absage an „ozeanische Gefühle" (Empfindungen von Grenzenlosigkeit und Ewigkeit) nahe legte und den einsamen Weg zum zivilisierten Individualismus als menschheitsgeschichtliche Notwendigkeit erkannte, riet Freuds abtrünniger Schüler Carl Gustav Jung zur Überwindung der verlorenen Ganzheit menschlicher Existenz. Insbesondere in seinem bahnbrechenden Aufsatz *Über die Archetypen des kollektiven Unbewußten* (zuerst 1934) entwickelte er ein von Freud abweichendes dreiteiliges Persönlichkeitsmodell. In diesem ist unterhalb der Bewusstseinsebene das persönliche Unterbewusste eingebettet in die tiefere Schicht des archaisch-mythologischen „kollektiven Unbewußten". Entwicklungsgeschichtlich vorgegeben, ist jenes ein Archiv der vor- und überindividuellen Ur-Bilder, der Archetypen, die der gesamten Menschheit als Kollektiv eigen waren und sind.

> *„Der Archetypus stellt wesentlich einen unbewußten Inhalt dar, welcher durch seine Bewußtwerdung und das Wahrgenommensein verändert wird, und zwar im Sinne des jeweiligen individuellen Bewußtseins, in welchem er auftaucht."*[4]

Archetypen sind vieldeutige mythologische Figuren einer kollektiven Psyche, welche im Unbewussten des Einzelnen wirken und die Alltagserfassung beeinflussen. Als bedeutsame Strukturelemente der Seele seien hier die Archetypen von Animus und Anima sowie der Schatten genannt. Der Animus beziehungsweise die Anima stellt dabei eine Projektion auf das andere Geschlecht dar, im Auftreten einer Gestalt, welche gegensätzliche Züge aufweist. So stellt also für die Frau die Projektionsfigur des Animus die Repräsentation des Männlichen im weiblichen Unbewussten dar. Auch der Schatten wirkt als Projektionsfläche, in diesem Fall für alle in der eigenen Person abgelehnten Seiten; er ist die zweite, gleichsam amputierte und einem anderen Menschen zugewiesene Hälfte des Selbst, mit der es sich zu versöhnen gilt. Archetypen treten in Träumen auf, aber auch in Ritualen, in Tagträumen und Halluzinationen, im Wahnsinn. Man erkennt sie in der Malerei, in Märchen und Mythen und dem aus ihnen entstandenen Medium der Literatur. Überhaupt ist die „aus der Seele der Menschheit schöpfende" Kunst reich an archetypischen Symbolen.

Da die Archetypen keine abstrakten Formen sind, sondern sich in unterschiedlichen historisch-kulturellen Erscheinungsformen konkret äußern und im individuellen Leben wirken, kann die Unterdrückung dieser starken seelischen Lebensmächte psychische Krankheitserscheinungen erzeugen. Sie verhalten sich dann wie vernachlässigte oder misshandelte Körperorgane und sorgen dafür, dass sie zur Geltung kommen. Dabei erzeugen sie individuelle wie auch kollektive Neurosen (etwa bei einer blinden Verehrung von Rationalität und Fortschritt), verursachen seelische Verkümmerung oder treten gar explosiv und zerstörerisch an die Existenzoberfläche. Gegen das Freud'sche Programm der zivilisatorisch wirksamen Sublimation (Umsetzung von Trieben/Begierden in künstlerische, kulturelle, sportliche... Leistungen) stellt Jung das Prinzip der Reintegration (Wiedereingliederung) archaisch-mythischer Impulse in das Zentrum seiner Seelenkunde. Demnach gehört beispielsweise die Auseinandersetzung mit der jeweils gegengeschlechtlichen Elterngestalt zur zentralen Entwicklungsaufgabe des Heranwachsenden, um zu einer eigenen Geschlechtsrollenidentität zu gelangen. Für Frauen etwa bedeutet dies einerseits die Ablösung von dem durch den eigenen Vater verkörperten Animus, andererseits die schwierige Reintegration des männlichen Prinzips in die eigene Identität. Der Weg zum eigenen Selbst, die Individuation, ist bei Jung paradoxerweise keine individualistische Selbstverwirklichung, sondern ausgleichende, heilende Berücksichtigung kollektiver „Rücksichten und Verpflichtungen":

*„Individuation ... bedeutet geradezu eine bessere und völligere Erfüllung der kollektiven Bestimmungen des Menschen."*[5]

Erst die Teilhabe an der – im Prozess der Zivilisation und der Entwicklung von Individualität verloren gegangenen – Totalität menschlicher Existenz ermöglicht eine Überwindung der dabei erfahrenen seelischen Verarmung und Entfremdung des Menschen.

## Begrenzungen des Subjekts im Prozess der Zivilisation

Mit seinem ganzheitlichen Ansatz hat C. G. Jung wohl zum letzten Mal ein auf Homogenität des Ich abzielendes Modell des Menschen entworfen, welches in verschiedenen esoterischen Bewegungen immer wieder gerne aufgegriffen wird. In den Literatur- und Kulturwissenschaften hat sich die akademische Diskussion eher in eine andere Richtung bewegt: In ihr erscheint das Individuum vor allem als Objekt der auf es einwirkenden soziokulturellen Kräfte, welche es zugleich verinnerlicht. In seiner Hauptstudie *Über den Prozeß der Zivilisation* (zuerst 1939) beschreibt der Soziologe Norbert Elias die Automatismen der Ausbildung einer gesellschaftlich und individuell wechselwirkenden Kontrollapparatur des modernen Menschen. Gesellschaftliche Zensur wird verinnerlicht und gerät damit zu

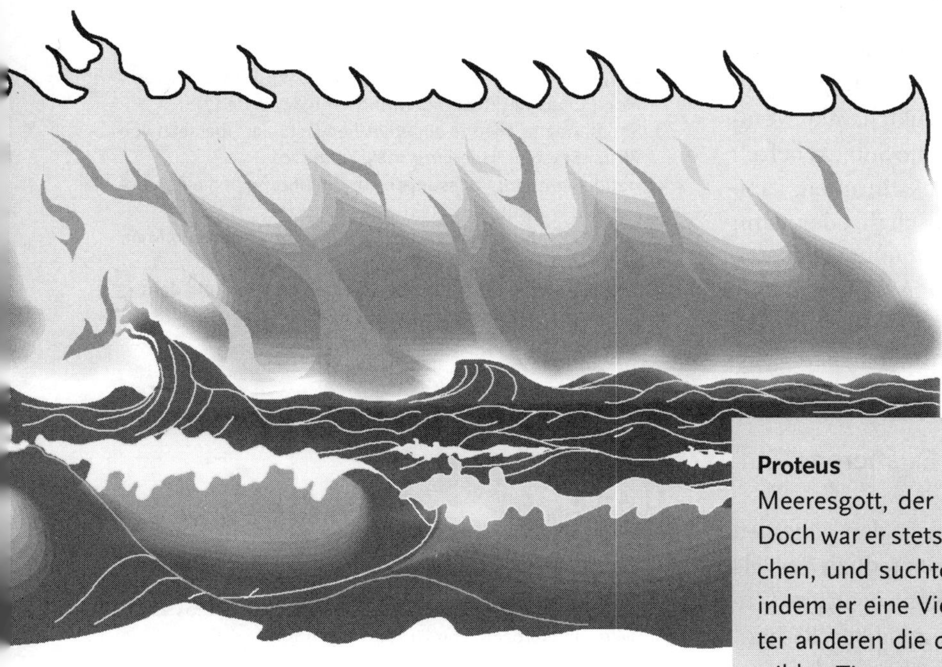

**Proteus**
Meeresgott, der die Gabe der Weissagung besaß. Doch war er stets abgeneigt, Offenbarungen zu machen, und suchte den Fragenden zu entkommen, indem er eine Vielzahl von Gestalten annahm, unter anderen die des Feuers, des Wassers oder von wilden Tieren.

Selbstzwang, Eigenkontrolle und Triebdämpfung in der Annahme der gesellschaftlich verordneten Normen und Werte. Während Elias den Wandel der Affekt- und Kontrollstrukturen des Menschen, insbesondere in Form des Vorrückens der Scham- und Peinlichkeitsschwellen, noch als Teil des Zivilisationsprozesses erkennt, leugnet etwa der Anthropologe Hans Peter Duerr in seinen materialreichen Studien die Vorstellung von der zunehmenden Affektkontrolle des abendländischen Menschen. Zu deutlich seien noch existente und neu ausbrechende triebbestimmte und zerstörerische Tendenzen aufzuspüren.

Während Elias und Duerr mit unterschiedlichen Ergebnissen die Auswirkungen zivilisatorischer Triebdämpfungsmechanismen aufzeigen, erkennen die Vertreter neuester wissenschaftlicher Richtungen die Entwicklung des Subjekts vor allem in der Abgrenzung gegenüber dem anderen. Der russische Literaturwissenschaftler und Kulturtheoretiker Michail Bachtin sowie der französische Philosoph Emmanuel Lévinas betonen die dialogische Existenz des Subjekts. Nur im Aufeinander-bezogen-Sein könne das Subjekt sich erfahren und erschaffen. Dies kommt bei beiden Theoretikern einer Aufforderung zur Dezentrierung des eigenen Denkens gleich, mit dem Ziel, den Totalitätsanspruch des Ichs zu korrigieren.

Weniger Appellcharakter weisen die Theorien in der Tradition Michel Foucaults auf. In ihnen gerät der Mensch erneut zum Marx'schen „Ensemble der gesellschaftlichen Kräfte". Er schafft sich seine Identität mit den verschiedenen „Bausteinen" von Ethnie, Schichtzugehörigkeit und soziokulturell bestimmten Vorstellungen von Geschlechtlichkeit (im Englischen haben sich die knappen Begriffe *race, class, gender studies* für diese Interpretationsrichtungen durchgesetzt). Identität geschieht innerhalb dieser Konstellation (zu der bisweilen noch die Kategorie der sich zwischen Globalisierung und Lokalisierung auflösenden nationalen Identität hinzugezählt wird). Das Ich kreiert sich dabei vor allem in Form von Grenzziehungen, von Prozeduren der Ausschließung. Diese Mechanismen der Ausschließung sind zum zentralen Forschungsgegenstand geworden, und da ihr Konstruktcharakter entlarvt wurde, erscheint das postmoderne Subjekt befreit von den Schablonen der männlich bestimmten, kapitalistischen, logozentrischen Gesellschaft oder kann zumindest mit den vorgefundenen Identitätsbausteinen und genormten kulturellen Lebensskripten dieser Gesellschaft sich als gewitzter *bricoleur* (Bastler) die persönliche Lebenserzählung zusammenstellen.

## Aufhebung fragmentarischen Existierens

Dennoch erscheint das Individuum in den gängigen Kulturtheorien allzu oft als ein allseits reduziertes, als „mittelpunktsloses Netzwerk aus Kontingenzen (Zufällen)" (so der amerikanische Pragmatiker Richard Rorty). Es ist eingespannt in das Gewebe der Macht, in ihre feinsten sozialen Verästelungen; das Modell der autonomen (selbstständigen, unabhängigen) Persönlichkeit ist atomisiert. Die Forschung interessiert primär das Diskontinuierliche, Differente. Die Brüche und die Vereinheitlichungsversuche im Identitätsentwurf gilt es herauszupräparieren. Überlieferte Vorstellungen von einheitlicher, stabiler Identität haben sich verschoben in Richtung des Konzepts einer nicht festzulegenden, fragmentarischen, nicht selbstständigen Identität, die eingespannt ist in die jeweiligen historisch-kulturellen Zeitläufte. Jenseits des augenzwinkernden oder zynischen Eingeständnisses dieser Bedingtheiten des postmodernen Menschen bleibt ihm dennoch die uralte Forderung des *Gnothi seauton*, das heißt die Forderung, sich selbst zu erkennen, als Bedürfnis nach einer Aufhebung seines fragmentarischen Existierens als Subjekt. Im Sinne so unterschiedlicher Denker wie Adam Smith und C. G. Jung, Michail Bachtin oder Emmanuel Lévinas kann der Mensch als in sich abgeschlossene (fensterlose), unteilbare, sich selbst genügende Einheit (Monade) nicht existieren. Vielmehr ist er als Mängelwesen aufgefordert, nach der verlorenen Ganzheit als Weg zur Selbstwerdung zu suchen. Damit erscheint die Überwindung des Selbst als ein nie endgültig abschließbarer Arbeitsauftrag, auch für postmoderne Lebensentwürfe. Und dies bedeutet das Wiederentdecken und Einüben von wechselseitigen gemeinschaftlichen Beziehungen mit dem anderen. Erst dadurch findet sich das Individuum selbst.

Laurenz Volkmann ist Privatdozent am Institut für Anglistik/Amerikanistik der Universität Würzburg. Seine umfangreiche Untersuchung *Homo oeconomicus. Studien zur Modellierung eines neuen Menschenbilds in der englischen Literatur vom Mittelalter bis zum 18. Jahrhundert* erscheint 2003 im C. Winter Verlag, Heidelberg.

**Anmerkungen:**

1. Smith, Adam: Der Wohlstand der Nationen. Übersetzt von Horst Claus Recktenwald. München 1988, Seite 17
2. Smith, Adam: Theorie der ethischen Gefühle. Übersetzt von Walter Eckstein. Hamburg 1985, Seite 170
3. Freud, Sigmund: Vorlesungen zur Einführung in die Psychoanalyse. Frankfurt am Main 1984, Seite 226
4. Jung, C. G.: Bewußtes und Unbewußtes. Frankfurt am Main 1957, Seite 13
5. Jung, C. G.: Die Beziehungen zwischen dem Ich und dem Unbewußten. Zürich/Stuttgart 1966, Seite 65

**Literatur:**


– Baumann, Zygmunt: Ansichten der Postmoderne. Hamburg 1995
– Duerr, Hans Peter: Nacktheit und Scham. Der Mythos vom Zivilisationsprozeß. Frankfurt am Main 1988
– Elias, Norbert: Über den Prozeß der Zivilisation. Soziogenetische und psychogenetische Untersuchungen. 2 Bände. Frankfurt am Main 1976
– Fietz, Lothar: Fragmentarisches Existieren. Wandlungen des Mythos von der verlorenen Ganzheit in der Geschichte philosophischer, theologischer und literarischer Menschenbilder. Tübingen 1994
– Foucault, Michel: Die Ordnung des Diskurses. Frankfurt am Main 1998
– Jung, C. G.: Bewußtes und Unbewußtes. Beiträge zur Psychologie. Frankfurt am Main 1957
– Lévi-Strauss, Claude: Mythologiques. 4 Bände. Paris 1964–71
– Lévinas, Emmanuel: Totalität und Unendlichkeit. Freiburg 1987
– Nünning, Ansgar (Hrsg.): Metzler Lexikon Literatur- und Kulturtheorie. 2. Auflage. Stuttgart/Weimar 2001
– Streminger, Gerhard: Adam Smith. Reinbek bei Hamburg 1989

**Postmoderne:**
*Anything goes* (Alles ist möglich) ist wohl das bekannteste Schlagwort der Postmoderne: Als philosophische, stark lebenspraktisch ausgerichtete Richtung versteht sich die Postmoderne vor allem als Abschiedserklärung an Großtheorien (so genannte Meta-Erzählungen wie Christentum, Marxismus, Feminismus ...), welche für eine letztlich nicht erklärbare Erfahrungswirklichkeit totalisierende, einheitliche Erklärungsmuster bereitstellen. Dem stellt die Postmoderne ihr Konzept der radikalen Pluralität entgegen, der konsequenten Bejahung von Entgrenzungs- und Überbrückungsmomenten. Ihr Programm verheißt Toleranz, Akzeptanz von anderen Positionen, Vorstellungen und Lebensweisen; es verkündet für den Einzelnen die Möglichkeit, sich ohne überlieferte Einschränkungen den individuellen Lebensentwurf zusammenzustellen. Kritiker der Postmoderne bemängeln ihr Konzept der Offenheit als positionslos, oberflächlich und beliebig – verbindliche moralische Standards seien in der Postmoderne verloren gegangen.

**Utilitarismus**
(von lat. utilitas: Nutzen): Theorie, derzufolge der moralische Wert einer Handlung ausschließlich nach ihren Folgen bewertet wird. Bewertungskriterium ist der größtmögliche Nutzen für die größtmögliche Anzahl von Menschen.

**Neoliberalismus**
Neuere Richtung in der Volkswirtschaftslehre, die an den Liberalismus anknüpft. Unter dem Oberbegriff **Liberalismus** werden diejenigen politischen Strömungen zusammengefasst, die den Staat auf die freie Übereinkunft von Individuen gründen und dessen Zweck lediglich in der Sicherung von größtmöglicher Freiheit und persönlichem Besitz erblicken. Daraus ergibt sich die Forderung nach weltanschaulicher Neutralität des Staates und größtmöglicher Zurückhaltung der staatlichen Gestaltungs- und Regelungstätigkeit.

**Logozentrismus**
(von gr. lógos: Rede/Wort und kéntron: Mittelpunkt eines Kreises): logozentrisch im weiteren Sinn ist ein Denken, das davon ausgeht, dass die Welt von einem ordnenden geistigen Prinzip durchzogen wird. Jacques Derrida zufolge geht man im Logozentrismus – der für Hauptströmungen des westlichen Denkens charakteristisch sei – davon aus, dass dieses Prinzip (zum Beispiel Gott) zwar der Sprache ihre Bedeutung gibt, aber selbst nicht sprachlich ist. Sprache werde damit zum bloßen Mittel degradiert. Weiterhin kritisiert Derrida den Vorrang des gesprochenen Worts als Sinnträger vor der Schrift.

**Strukturalismus**
Ende der vierziger Jahre aufkommend, entwickelt sich der Strukturalismus bis zum Ende der sechziger Jahre zur bestimmenden Denkschule in den französischen Geistes- und Humanwissenschaften. Die Vertreter unterschiedlicher Disziplinen wie Ethnologie/Anthropologie (Claude Lévi-Strauss), Psychoanalyse (Jacques Lacan) oder Philosophie (Louis Althusser) eint dabei die Vorstellung, dass ihr jeweiliger Gegenstand – sei es nun das Unbewusste oder die Verwandtschaftsverhältnisse oder die Problemstellungen der Philosophen – strukturiert sei wie eine Sprache. Sprache wird dabei in Anlehnung an die Sprachwissenschaftler de Saussure, Trubetzkoj und Jakobson als ein System von materiellen Bedeutungsträgern (Signifikanten) und sich durch deren Differenz einstellenden Bedeutungen (Signifikate) gedacht. Die sprachlichen Zeichen stehen demnach in einem zufälligen, aber strukturierten und bestimmten Regeln unterworfenen Verhältnis zu dem, was sie bezeichnen. Die Strukturalisten sehen ebensolche Strukturen und Regeln auch hinter anderen Sachverhalten menschlicher Kultur wirken.

### Eine Collage aus Gesprächsnotizen mit Maxim Biller

# „Ich, sagt ihr immer nur, ich – ich – ich!“

### und Zitaten aus seinem Roman *Die Tochter*

*„Als sie auf die Autobahn kamen, trat die Dämmerung mit einem einzigen großen Schritt zurück, alles Dunkle schob sich nach oben, die Wolken wurden in ein noch dichteres Schwarz, Blau und Braun getaucht, und dafür erschien am Horizont, in einem endlosen schmalen Streifen, ein silbern strahlendes Licht. Motti lächelte, und seine Lippen zitterten dabei ganz leicht. Er mußte – seit damals zum ersten Mal – an die rasanten Sonnenaufgänge im Negev denken, die ihn während seiner Rekrutenzeit jedesmal wieder überrascht hatten, und obwohl er wußte, daß es vollkommener Unsinn war, wartete er nun darauf, daß der Lichtstreifen sich gleich langsam von unten rot zu verfärben begann, er wartete auf die Rufe der anderen, er wartete auf die Befehle der Offiziere und auf das Rattern der schweren Tankmotoren. Dann sah er, immer noch lächelnd, auf die Uhr. Es war halb fünf. Sonntags, das wußte er noch, ging der letzte El-Al-Flug immer abends um sechs...“*
(*Die Tochter*, Seite 86)

Der Individualismus ist heute nichts anderes als Uniformität. Es existiert ein Scheinindividualismus, der sich zum Beispiel im Freizeitverhalten äußert. Schauen Sie sich an, wie die Leute sich selbst verwirklichen: Tai-Chi-Kurse, Reisen nach Thailand, Malkurse... Das liegt alles außerhalb des Bereichs, der gesellschaftlich und politisch wichtig ist. Überall dort aber, wo es wirklich um Entscheidungen geht, politische, gesellschaftliche, wirtschaftliche, herrscht ein absoluter Kadavergehorsam, eine absolute Uniformität und Jasagerei – mehr als sicherlich noch vor 20 Jahren. Die angeblich neue Jugend Deutschlands: Einer ist gleicher als der andere. Dabei sind es lauter Narzissten, die glauben, dass sie alle etwas ganz Besonderes, Spezielles und Einzigartiges darstellen.

*„Ein paar Kilometer weiter wandte sich Motti noch einmal um, weil er sehen wollte, ob sich hoch oben an dem wie mit Schiefer bedeckten Abendhimmel als letzter Gruß vielleicht die hellorangefarbenen Lichter der Stadt spiegelten, die er nun für immer verließ, aber da war nichts, gar nichts, und das war ihm dann auch egal ... Er würde, fiel ihm plötzlich ein, einfach eine Rechnung aufmachen. Das war doch eine Idee! Er würde auf der einen Seite alles Gute, das ihm hier widerfahren war, auflisten, auf der anderen Seite alles Schlechte, und dann würde er das eine vom anderen abziehen, und das, was zum Schluß übrigbliebe, wäre das Ergebnis dieser Zeit. Ja, genau das würde er tun, das war genau die richtige Art, Abschied zu nehmen.“*
(*Die Tochter*, Seite 89)

Eine der Grundsubstanzen der menschlichen Seele ist die Angst. Für sich allein zu stehen, ist die am weitesten verbreitete gesellschaftliche Angst. Die meisten haben das Gefühl, dass sie im öffentlichen Auftreten, im Auftreten mit Freunden, im Beruf, nicht gut genug sind. Das heißt, dass sie immer nach Geborgenheit in einer Gruppe suchen, weil die Gruppe hilft, durchzukommen.

*„Und das Schlechte? Was war das Schlechte gewesen an dieser nun endlich zu Ende gehenden Zeit?“*
(*Die Tochter*, Seite 91)

Wir haben immer den Konflikt zwischen dem Einzelnen, der oft genug bereits in der Kindheit seelisch gebrochen wird, und der Gruppe. Die meisten lernen schon im Kindergarten, dass sie nur eine Nummer sind, und zwar nicht nur in totalitären Systemen, sondern auch in einem Land wie der Bundesrepublik. Wir haben auf der einen Seite die uniformierte Gruppe und auf der anderen Seite den Einzelnen, und wir haben den Konflikt zwischen beiden. In totalitären Systemen, wie es die Sowjetunion oder die Tschechoslowakei gewesen sind, war das einfacher zu durchschauen, aber es kostete auch viel mehr Kraft, dagegen anzukommen. Dieser Konflikt zwischen dem Menschen, der unbedingt er selbst bleiben möchte, und der Masse verdichtet sich bei Künstlern besonders stark.

*„Nein, er war kein Student, er war es nie geworden, aber zu Hause hätte er sich bestimmt früher oder später für etwas eingeschrieben, schon weil seine Eltern so lange auf ihn eingeredet hätten, bis er nachgegeben hätte. Doch hier hatte es niemanden interessiert, was er tat, zumindest hatte Sofie ihn nie danach gefragt, ob er glücklich war mit seinem Laden oder ob er lieber etwas anderes machen würde, so wie sie auch sonst nie Fragen stellte.“*
(*Die Tochter*, Seite 92)

Ich bin extrem freiheitsliebend und halte es nicht aus, wenn man mich beherrschen will, wenn man mir sagen will, wie ich etwas zu machen habe. Wenn man mich aber lässt, dann sehe ich vieles schon von selbst ein. Ich bin dann sehr viel vernünftiger, kann auf die Bedürfnisse des anderen eingehen und fühle mich in meinem Individualismus, der dem Freiheitsdrang gleichzusetzen ist, nicht eingeschränkt. Ich habe auch nicht diese Angst, als Einzelner dazustehen, weil ich glaube, dass ich genug Fähigkeiten habe, mich zu behaupten. Ich muss die Worte eines anderen Menschen nicht fürchten. Ich muss den anderen nur fürchten, wenn er mich körperlich verletzen will – ansonsten kann ich mich einfach umdrehen und weggehen.

*„Als er dann in der Gemeinde anfing, bei der Sicherheit, schien es für sie ebenfalls das Selbstverständlichste auf der Welt zu sein, daß er sich gerade für diese Arbeit entschieden hatte. Wieder stand er stundenlang wie ein nutzloser Dummkopf herum, er hörte seinen Kollegen dabei zu, wie sie sich über Basketball, die Armee und ihre deutschen Frauen unterhielten, er machte den alten Polinnen und Polen stumm die Sicherheitsschleuse auf und versuchte ohne Erfolg mit ihren verzogenen und zugleich so seltsam in sich gekehrten, depressiven Kindern ins Gespräch zu kommen, und nur wenn irgendein fremder Deutscher auftauchte, der ins Gemeinderestaurant im dritten Stock wollte, wurde Mottis Arbeit für ein paar Minuten interessant. Er fragte ihn aus wie beim Securitycheck am Flughafen, er wollte wissen, von wem er käme und zu wem er wollte, er erkundigte sich grob, obwohl er das nicht sollte und auch nicht durfte, nach seinem Wohnsitz und Beruf. Am meisten gefiel ihm, wie ängstlich und bereitwillig ihm die Leute antworteten, und genau das war es zugleich auch, was er daran so haßte."* (*Die Tochter*, Seite 92/93)

Was ich hasse, ist Stolz. Stolz ist die Untugend der Ängstlichen, der Feigen, die einfach nichts haben, außer sagen zu können: Du hast meine Mutter beleidigt. Ich bin nicht stolz, ich führe keinen Kampf, den ich nicht führen muss. Ich habe kein Konkurrenzgefühl. Es macht mich nicht unsicher, dass ich Fehler mache. Aber das können sich nur die leisten, die, warum auch immer, denken, sie seien stark.

*„Später, viel später, als er anfing Religionsunterricht zu geben, war es so ähnlich gewesen: Die meisten seiner Schülerinnen legten, auch wenn er mit manchen von ihnen jahrelang lernte, nie ihre beklemmende Unsicherheit ab, sie hatten Angst zu versagen, die verrückten Streberinnen genauso wie die, die alles nur wegen ihrer jüdischen Männer auf sich nahmen. Egal wieviel sie über die Feiertage, die Gebete, die Rolle der Frau erfuhren, egal wie fundiert im Lauf der Zeit ihre Kenntnisse wurden – sie blieben auf immer eingeschüchtert von dieser neuen Welt, die sie doch unbedingt betreten wollten, sie erschien ihnen ebenso dunkel und abweisend wie das betongraue, häßliche Gebäude der Gemeinde in der Reichenbachstraße all jenen vorkam, die irgendwann zum allerersten Mal davor standen und von einem herablassenden Wichtigtuer wie ihm ins Kreuzverhör genommen wurden."* (*Die Tochter*, Seite 93)

Es wird gesagt, und das ist nicht ganz falsch, dass die Deutschen eine verspätete Nation seien. Damit ist gemeint, dass sie die Früchte der Zivilisation noch nicht wirklich probiert haben.

*„Vielleicht, dachte er, hatten ja darum so viele von seinen Schülerinnen mit ihm geschlafen, weil sie glaubten, auf diese Weise würden sich für sie alle Rätsel lösen. Sie hatten es natürlich niemals zugegeben, aber das lag bestimmt nicht daran, daß es ihnen nicht bewußt gewesen wäre – es hatte, das wurde ihm nun klar, einzig und allein damit zu tun, daß in Sofies Totenland, wo man sich vor lauter Scheu und Rücksichtnahme gegenseitig immer nur schonte, selten das gesagt wurde, was wirklich war."* (*Die Tochter*, Seite 93)

Da die Menschen erst einmal ungeschlacht sind, haben viele Kulturen gelernt, durch Formen miteinander so zu kommunizieren, dass man den anderen nicht fürchten muss. Wenn sich zum Beispiel jemand in Frankreich in einer Wirtschaft von Ihrem Tisch einen Stuhl holt, dann fragt er Sie. In Deutschland fragt man Sie sehr oft nicht. Man nimmt ihn sich einfach. Warum? Man könnte sagen, weil man schlecht erzogen ist. Was steht aber hinter einer schlechten Erziehung? Die Furcht, einen Fremden ansprechen zu müssen. Das heißt, die Zivilisation hilft einem Franzosen zu fragen, und sofort ist ein Kontakt zwischen Menschen da, der hilft, die Angst zu überwinden. Alle Menschen haben Angst. Nur – in anderen Kulturen haben die Menschen gelernt, damit umzugehen.

*„Ach, Sofie – immer wollte sie ihre Ruhe haben, das war das einzige, was sie interessierte. Sie wollte bloß keinen Ärger, sie hatte, wie sie fand, mit ihrem eigenen Leben Probleme genug, und wenn sie sich auch noch mit seinen Sorgen hätte beschäftigen müssen, wäre der Streß für sie zu groß gewesen. Streß. Streß! Wie sehr haßte Motti dieses Wort. Immer war alles Streß für Sofie, Studieren war Streß, Arbeit war Streß, Erkältungen waren Streß, Wegfahren war Streß, Zurückkommen war Streß, Erwartungen waren Streß, Ausgehen war Streß, Reden war Streß, Erziehen war Streß, mehr als zwei Leute an einem Tisch waren Streß. Wäre sie ihm jetzt nicht so fremd und gleichgültig gewesen, dann hätte er sie bestimmt gefragt, ob Liebe für sie eigentlich auch Streß sei."*
(*Die Tochter*, Seite 263/264)

Deutsche Eltern sind sehr hart zu ihren Kindern. Wie soll sich jemand mit einem Fremden wohl fühlen, der sich schon vor seinen Nächsten unwohl fühlt? Die Entwicklung des eigenen Ichs beginnt mit dem ersten Tag, in der allerersten Minute. Kinder sollten mehr dazu erzogen werden, sie selbst zu sein.

In unserer Familie wurde ständig laut geredet und alles durchdiskutiert. Niemand hatte das Gefühl, dass er vernichtet wird, bloß weil man nicht seiner Meinung war. Jeder wusste, dass er geliebt wird. Öffentliche Diskussionen sind in Deutschland so schwer zu führen, weil die Leute immer gleich furchtbar beleidigt sind. Die verstehen nicht, dass man leidenschaftlich für etwas eintreten kann und trotzdem den, den man an-

greift, interessant oder nett oder was auch immer finden kann. In einer jüdischen Familie ist es sehr oft so, dass die Fetzen fliegen, und man trotzdem zusammenhält. Ich möchte es nicht idealisieren, weil jede Familie ein Sauhaufen ist, aber man lernt, scharf zu sein, und ist nicht bei jeder Kleinigkeit beleidigt. Das ist Stärke. Das ist die Stärke des Ichs – zu wissen, dass man geliebt wird.

*„...hier war doch immer allen alles egal, jeder ließ den anderen machen, was er wollte, damit man ihm selbst auch nie etwas verbieten konnte, Kinder und Eltern, Frauen und Männer, jeder war immer nur mit sich selbst beschäftigt, jeder dachte immer nur über sich selbst nach, und vielleicht redeten sie in Wahrheit hier deshalb miteinander so wenig, vielleicht herrschte hier deshalb diese ewige Stille, ja, genau, ganz genau, das war es, diese Stille, die unendliche, kalte Stille, ja, das war es, was am Ende unter dem Strich bei seiner Abschiedsrechnung übrigbleiben würde, was denn sonst...“*
(*Die Tochter*, Seite 95)

Ich weiß oft genug, dass ich mich schrecklich benehme. Ich finde das meiste von dem, was ich geschrieben habe, nicht besonders gut, aber ich bin trotzdem ich. Wenn es jemanden gibt, der immer derselbe ist, dann bin ich es. Ich bin, seit ich drei Jahre alt bin, immer derselbe geblieben. Ich kenne niemanden, der sich so wenig verändert hat, wie ich selbst, und ich bin auch nicht der Meinung, dass der Satz „nur wer sich ändert, bleibt sich treu“ ein kluger Satz ist. Ich halte das für den größten Schwachsinn, weil es bedeutet, dass man Fehler machen darf. Und wenn man davon ausgeht, dass man Fehler machen darf, dann muss man sich nie richtig benehmen, dann kann man immer sagen, ich habe etwas dazugelernt. Was moralische Fragen angeht, muss man immer richtig handeln, schon als Achtzehnjähriger. Jeder Mensch merkt, wenn neben ihm Unrecht passiert – das merkt man schon auf dem Schulhof. Man weiß immer, wenn etwas richtig oder wenn etwas falsch ist. Für mich war die Freude über die Opfer des RAF-Terrorismus in den 70ern sehr prägend. Wie kann man sich freuen, wenn Schleyer ermordet wird?

*„Wer glücklich sein will, du protestantische Besserwisserin, braucht vielleicht gar keinen tieferen Grund für seine Handlungen zu kennen, der will und muß immer alles nur gut und richtig machen, ganz allein, ohne Gott, und das sollte dir eigentlich viel klarer sein als mir.“*
(*Die Tochter*, Seite 284)

Viele freuen sich wirklich daran, wenn es jemandem schlecht geht. So gesehen ist die spießige Gesellschaft auch ganz gut dafür, die Bestien ein bißchen zu vermenschlichen. Die Kollektivierung des Individuums hat den Vorteil, dass die Bestien Regeln befolgen. Was sich so im Laufe der Jahrtausende zurecht gerüttelt hat, nenne ich Bürgerlichkeit – dass Leute auf der Straße dem anderen nicht einfach die Jacke ausziehen, weil sie diese gerade haben wollen.

Individualität heißt ja nicht nur, ein großer genialer Künstler zu sein. Ein Pausenhofraudi, der alle kleinen Jungs verprügelt, oder ein Skinhead sind genauso individuell. Die Art von Kollektiv, in der wir leben, sorgt zumindest dafür, dass es hier halbwegs friedlich zugeht, aber der Preis, den wir dafür bezahlen, ist der einer irrsinnigen Langeweile.

*„Sie wollte Jüdin werden – das hatte sie öfters gesagt –, damit wir eine Familie gründen konnten, und so hatte sie die Konversion mit derselben zweckorientierten Zielstrebigkeit betrieben, mit der sie als Späteinsteigerin ihr Studium absolviert oder sich beim Bayerischen Rundfunk durchgesetzt hatte. Ich aber wollte, daß sie Jüdin wird, damit sie keine Deutsche mehr sein kann, ich wollte, daß sie endlich aufhört, ihr ganzes Leben als Kampf zu betrachten, ich wollte, daß sie mehr ist als eine zwanghafte Alltagsmaschine, die regelmäßig unter den selbstgesteckten Ansprüchen winselnd zusammenbricht, ich wollte, daß sie ihre verfluchten Schlaftabletten wegwirft, die sie seit Jahren hortete, um jederzeit aussteigen zu können, wie sie es ausdrückte, ich wollte, daß sie nie wieder ‚Und tschüs‘ sagt und ‚Laß man lieber‘, ich wollte, daß sie nicht immer nur Liebe erwartet, sondern auch gibt.“*
(*Die Tochter*, Seite 403)

Das Leben eines Menschen besteht eigentlich aus nichts anderem als aus schönen und schlechten Erfahrungen. Auch ein Volk hat gute und schlechte Erfahrungen und entwickelt sich allmählich. Wenn man die Deutschen mit einem Mann von fünfzig Jahren vergleichen würde, würde man sagen: Der ist eigentlich schon fertig, der wird sich nicht mehr ändern. Wenn wir zum Beispiel die Situation betrachten, in der die Ausländer in Deutschland heute sind, dann muss man sagen, dass die Deutschen aus ihrer Geschichte sowohl gelernt als auch nicht gelernt haben.

Die Deutschen verhalten sich wie jedes andere Volk, das sich moralisch beschmutzt hat. Aber, und da muss ich leider ganz klischeehaft eine Floskel wiederholen: Mit deutscher Gründlichkeit bereuen sie auch ihre Taten. Es hat sich noch nie ein Volk so sehr mit den eigenen Taten beschäftigt, und wenn man ganz böse ist, kann man sagen, dass die Deutschen ihre bösen Taten lieben. Ich erinnere mich an Bilder von Inseln, auf denen Atombomben gezündet worden waren. Irgendwann begannen dort wieder Blumen zu wachsen. Darüber schreibe ich: Ist Deutschland wie eine dieser Inseln? Ich habe zehn Jahre lang über die Deutschen geschrieben, weil ich gehofft habe, sie werden sich ändern, aber sie werden sich einfach nicht ändern. Es ist nach wie vor schwer, in Deutschland ein Ausländer zu sein, weil die Deutschen nichts von Ausländern lernen wollen. Man hält einen Ausländer einfach nicht aus, weil er anders ist oder einen verunsichert, weil man Angst vor ihm hat.

Die Deutschen werden immer ein Problem haben, weil sie immer noch nicht bei sich angekommen sind. Die Deutschen sind einfach immer noch fremd in der Welt, weil sie zu spät angefangen haben, das zu machen, was die anderen gemacht haben: die richtigen Bücher zu schreiben und zu lesen, das richtige Essen zu kochen...

*„Dann nahm sie mein Gesicht in ihre Hände und küßte mich lange und zart auf den Mund, und ich dachte, mein Gott, sie hat gar nichts verstanden. Ich küßte sie auch, und auf einmal kam ich mir wie Motti vor – wirklich, genau wie er –, denn mir wurde in diesem Moment klar, daß ich nie mehr aus Deutschland wegkommen würde."*
(*Die Tochter*, Seite 401)

Ich will einfach zu Hause sein. Wäre ich in Deutschland geboren und wüsste nicht, dass ich Jude bin, hätte ich die ganze Zeit irgendwelche schwäbischen Geschichten geschrieben oder was auch immer. Vielleicht hätte ich dann auch das Problem, nicht verstanden zu werden. Aber das wäre mehr das Problem, dass der Prophet im eigenen Land nichts gilt, ein Gefühl von Einsamkeit. Aber weil ich mit zehn Jahren aus der Tschechoslowakei nach Deutschland gekommen bin, weil ich Jude bin und so weiter, weil ich anders schreibe als die meisten deutschen Autoren, entsteht das Gefühl, unbeachtet und heimatlos zu sein.

*„Sie hörte auf zu schreiben, für zwei, drei Sekunden hielt sie den Füller regungslos in der Luft, dann drückte sie ihn wieder auf das Papier, und die Sätze flogen noch schneller als zuvor dahin. ‚Wie jeder, der keinen Ort seinen Ort nennen kann', schrieb sie, ‚hört er nie auf, nach ihm zu suchen. Sein Ort ist das Wort.'"*
(*Die Tochter*, Seite 345/346)

Das Schreiben ist bei mir ein physiologischer Vorgang. Wenn ich nicht schreibe, dann geht es mir nicht gut, und wenn ich schreibe, dann geht es mir auch nicht gut. Das ist bei mir eine Droge, eine Sucht – keine besonders angenehme Sucht. Ich bin komplett unreligiös, aber ich stelle mir jemanden vor, der jeden Tag zum Gottesdienst geht und hofft, dass er eines Tages in der Kirche einmal Gott hören wird. So ist es mit dem Schreiben: Ich setze mich hin und hoffe, dass ich eines Tages plötzlich befreit werde oder glücklich werde oder was auch immer.

*„So also fing meine Motti-Geschichte an, damals, als ich Marie noch gar nicht kannte, an diesem viel zu warmen Münchener Februarmorgen. Sie war plötzlich in meinem Kopf, so klar wie ein Bild, das ich seit Ewigkeiten kannte, aber kurz darauf vergaß ich sie wieder, weil die Zeit für sie noch nicht reif war, und ich erinnerte mich erst an sie, als ich in dieser schlecht beleuchteten, nach Bier und Desinfektionsmitteln riechenden Bahnhofskneipe Motti beim Essen gegenübersaß und im Geist seine wirren Worte zu meinen eigenen, klareren Worten machte."*
(*Die Tochter*, Seite 408)

Wenn ich schreibe, spielt der Andere überhaupt keine Rolle. Ich habe fünf Jahre lang an dem Roman Die Tochter geschrieben und kein Mensch hat gewusst, was ich tue. Das hat nichts mit Aberglauben zu tun. Wenn ich jemand anderem von einer Geschichte erzähle, dann entweicht für mich selbst das Geheimnis dieser Geschichte, so dass ich sie dann nicht mehr weiter erzählen will. Wenn Sie so wollen, erzähle ich eher mir selbst.

Als nicht typisch deutscher Schriftsteller – obwohl ich deutsch schreibe – würde ich gerne viel besser von meinem Publikum oder von dem Land, in dem ich lebe, verstanden werden. Erstens weil es schön ist, und zweitens damit ich wiederum eine Anregung bekomme, damit etwas zurückkommt. Wenn Sie sich die Rezensionen meiner Bücher anschauen, sind die bis auf ein paar Ausnahmen so ähnlich wie die deutsche Berichterstattung aus dem Nahen Osten. Was die Medien betrifft, muss ich sagen: Das ist eine enttäuschte Liebe, die ich erlebe.

Mit Maxim Biller sprachen Monika Reutter, Frank Augustin und Siegfried Reusch.

Alle Zitate sind dem Roman *Die Tochter* von Maxim Biller (Deutscher Taschenbuch Verlag, München 2001) entnommen, so auch der Titel dieses Beitrags „Ich, sagt ihr immer nur, ich – ich – ich!" (Seite 52).
Von Maxim Biller sind außerdem erschienen: die Erzählbände *Wenn ich einmal reich und tot bin* (1990) *Land der Väter und Verräter* (1994) und *Harlem Holocaust* (1998), die Essaysammlungen *Die Tempojahre* (1991) und *Deutschbuch* (2001) sowie das Drama *Kühltransport* (2001).
Maxim Biller lebt und arbeitet als Schriftsteller in Berlin-Mitte.

Klaus Günther

# Die Kontinuität der Person im Recht

**Ohne die stillschweigende Voraussetzung der Kontinuität eines Ichs oder Selbst wäre das Recht undenkbar. Allerdings kommt keiner der beiden Begriffe als solcher im Recht vor. Stattdessen ist stets von Personen die Rede.**

Spätestens im römischen Recht wird der Begriff der Person zum *Terminus technicus.* Dass das Recht nicht von einem Ich oder einem Selbst, sondern von Personen handelt, könnte daran liegen, dass dieser Begriff innerhalb des Rechts gerade die Zweifel an der Beständigkeit eines Ichs oder eines Selbst auszuschließen erlaubt. Mit dem Begriff der Person wird deren Dauer-

haftigkeit stillschweigend vorausgesetzt. Möglicherweise ist dieser Begriff überhaupt nur zu dem Zweck geschaffen worden, Zweifel an der Kontinuität zu vermeiden – so wie die Maske des Schauspielers (lat.: persona), die den wortgeschichtlichen Ursprung des Begriffs der Person markiert, die Kontinuität der dargestellten Person für die Dauer des Theaterstücks sicherte.

Die Unterstellung der Kontinuität einer Person ist für das Recht elementar, soweit eine Person Inhaber von *Rechten* ist. Wer Eigentümer eines Hauses ist, bleibt dies so lange, wie er oder sie nicht den gegenteiligen Willen erklärt und vollzieht. Das subjektive Recht auf Eigentum bleibt das Recht dieser Person unbeschadet aller Sinneswandlungen und körperlichen Veränderungen, denen das Ich dieser Person im Laufe der Zeit unterliegen mag. Mit „Vollendung der Geburt" (§ 1 Bürgerliches Gesetzbuch) bis zum leiblichen Tod bleibt die Person innerhalb des Rechts dieselbe Inhaberin des Rechts auf Eigentum. Im Recht wird von allen anderen Eigenschaften, Zuständen und Verhältnissen des konkreten Menschen abstrahiert. Im Konfliktfall interessiert nur, wie diese Person Eigentümerin geworden ist, weil davon abhängt, ob sie rechtmäßige Eigentümerin ist.

**Der ganze Streit über die Frage, ob auch dem vorgeburtlichen Leben die Qualität einer Person zukomme oder nicht, wird durch eine schlichte Definition erledigt – durch § 1 des Bürgerlichen Gesetzbuchs.**

Während die Unterstellung der Kontinuität eines Ichs bei der Inhaberschaft von Besitzrechten kaum eine Rolle spielt, verhält es sich anders überall dort, wo Rechtsänderungen und Rechtsverhältnisse ohne diese Unterstellung gar nicht denkbar wären. Dies ist vor allem bei Verträgen und Delikten der Fall, also dort, wo eine Person einer anderen etwas schuldet. Das Schuldverhältnis ist eine der Weisen, in denen die Kontinuität, freilich mit anderen Begriffen, zum ausdrücklichen Thema des Rechts wird.

Wenn ich heute jemandem verspreche, morgen eine bestimmte Leistung zu erbringen – eine Ware zu liefern oder ein Werk zu erstellen –, und der andere mein Versprechen annimmt, dann binde ich meinen

Willen gegenüber dieser Person für die Zukunft. Dies vermag ich jedoch nur, weil ich weiß, dass ich mich morgen an die heute gegebene Zusage erinnern werde und dass ich morgen dieselbe Person sein werde wie heute. Der Empfänger meines Versprechens vertraut ebenfalls darauf, dass ich morgen, wenn der Zeitpunkt der Erfüllung des Versprechens gekommen ist, nicht behaupten werde, ich sei doch nun eine andere Person als gestern und der Schnee von gestern ginge mich heute nichts mehr an. Er oder sie wird zum „Gläubiger". Für den Fall, dass ich meinen Sinn ändere, kann ich durch das Recht an mein Versprechen gebunden und zur Erfüllung notfalls gezwungen werden – aber dies nur deshalb, weil das Recht auf der unausgesprochenen Erwartung fußt, dass es berechtigt ist, mich als dieselbe Person zu behandeln, die gestern ein Versprechen gegeben und damit ihren Willen an den Gläubiger gebunden hat – obwohl ich doch während dieser

Zeit älter geworden bin, mein Körper sich verändert hat, ich neue Erfahrungen gemacht habe und meine Bewusstseinszustände von gestern nicht die von heute sind. Ich werde auf diese Weise zum „Schuldner“ – diese Kennzeichnung sichert die Kontinuität zwischen meinem vergangenen und meinem gegenwärtigen Willen, bindet diesen an die vergangene Erklärung. In einigen archaischen Rechtsordnungen wie etwa in den Frühphasen des antiken Athens oder Roms wurde diese Bindung des Schuldners an den Gläubiger noch als eine unmittelbar persönliche verstanden: Der Schuldner verfiel dem Gläubiger in Schuldknechtschaft, wenn er die geschuldete Leistung nicht erbrachte.[1]

Ähnliches gilt auch für den Fall, dass jemand nicht dadurch zum Schuldner wird, dass er oder sie eine Leistung verspricht, sondern ein Unrecht „verschuldet“, für das er oder sie haftet, indem ein Ausgleich (zum Beispiel Schadenersatz) geleistet oder eine Strafe verbüßt wird. Auch hier setzt das Recht stillschweigend die personale Kontinuität des Schuldigen voraus. Ein vergangenes Ereignis, ein materieller Schaden, der durch die Verletzung einer fremden Sache (zum Beispiel der beim Zurücksetzen mit dem Pkw demolierte Kotflügel eines anderen Autos) oder eine Verletzung des Körpers entstanden ist, wird einer Person als Folge ihrer Handlung zugerechnet. Diese Zurechnung findet aber immer erst zu einem späteren Zeitpunkt statt, also *nach* dem das Unrecht begründenden Ereignis. Um heute jedoch einer Person ein Ereignis zurechnen zu können, das gestern stattgefunden hat, muss man voraussetzen, dass die Person, die gestern jenes Ereignis verursacht hat, dieselbe ist wie heute. Wie fragwürdig diese Unterstellung ist, wird immer dann deutlich, wenn zwischen einem Verbrechen und dem über die Zurechenbarkeit entscheidenden Strafverfahren fünf, zehn oder fünfzig Jahre vergangen sind. Je enger die zeitliche Nähe zwischen Zurechnung und Schadenereignis, desto selbstverständlicher erscheint den Beteiligten die Annahme, dass sich die Person nicht verändert hat, sondern dieselbe geblieben ist.

Die Vergangenheit und Gegenwart verbindende Zurechnung eines Versprechens oder eines Verbrechens zu einer kontinuierlichen, in der Zeit mit sich identischen Person muss sich freilich auf etwas beziehen, wovon gesagt werden kann, dass es diese Kontinuität trägt. Welche Eigenschaften sind für das Recht ausschlaggebend, um im Rechtssinne von einer Person zu sprechen? Und nach welchem Kriterium lässt sich entscheiden, ob jemandem diese Eigenschaft zukommt oder nicht? Von den Antworten auf diese Fragen hängt es ab, wer rechtlich als eine Person zu behandeln ist, der Handlungen oder Äußerungen mit Rechtswirkung zugerechnet werden können.

Ein Verbrechen ist von außen betrachtet nichts anderes als eine physikalische und/oder biologische Verkettung von körperlichen Ursachen und Wirkungen (zum Beispiel der Tod eines Menschen durch einen Messerstich), ebenfalls verursacht durch weitere physikalische, psychische, soziale Umstände, deren Ursachenkette unendlich weit in die Vergangenheit reicht. Diese unabschließbare Fülle von Ursachen und Wirkungen wird im Recht dadurch reduziert, dass man sich auf einen bestimmten Bereich konzentriert: auf Menschen, denen Handlungen zugeschrieben werden. Diese Handlungen werden nach den Normen des Rechts bewertet, und zwar derart dass jene Menschen dafür *verantwortlich* gemacht werden.

**Rechte sind ebenso wie Rechtspersonen „institutionelle Tatsachen“, das heißt, sie existieren nur dadurch, dass sie nach bestimmten grundlegenden Regeln erzeugt werden.**

Die Zurechnung bezieht sich freilich nicht auf den Menschen in seiner ganzen biologischen Komplexität und lebensgeschichtlichen Individualität, sondern nur auf einen sehr kleinen Ausschnitt. In einem elementaren Sinne muss der Mensch das Ereignis, dessen Zurechnung fraglich ist, zumindest äußerlich verursacht haben; er muss beispielsweise den Abzugshebel einer Schusswaffe betätigt haben. Aber schon bei der Beschreibung dieser Körperbewegung zeigt sich, dass sich eine Sprache nicht vermeiden lässt, die solche Vorgänge als Handlungen charakterisiert, die Absichten und damit ein Bewusstsein der Person von ihren Handlungen oder Äußerungen enthalten.

Es ist nicht abwegig, diese Unterstellung als eine auf das Bewusstsein gegründete Identität der Person mit sich selbst zu bezeichnen, wie das zuerst John Locke in dem berühmten Kapitel über „Identität“ in seinen *Untersuchungen über den menschlichen Verstand* getan hat.[2] Locke vermutete bereits, dass es sich bei der Identität von Personen um einen Begriff handelt, welcher der Sphäre des Gerichts entnommen ist (forensischer Begriff), in der es um die Zurechnung von Handlungen und deren Belohnung oder Bestrafung gehe.

Zeichnung:
Jan Tomaschoff

Zeichnung: Jan Tomaschoff

Ob es sich dabei tatsächlich um eine nachweisbare Eigenschaft und Fähigkeit des Menschen handelt oder nur um Deutungen und Konstruktionen, die wir in unserer okzidentalen Kultur bei der alltäglichen Kommunikation über unser Verhalten verwenden und die sich das Recht zu Eigen macht, indem es sie für seine spezifischen Zwecke zurechtlegt und definiert – diese Frage kann für das Recht offen bleiben. Schon Locke war sich des Problems bewusst, dass die Kontinuität des Bewusstseins allein für das Recht nicht ausreichend sein kann, weil diese ausschließlich der betroffenen Person selbst zugänglich ist – nämlich so weit, wie ihre Erinnerung reicht. Dann könnte sich aber ein Straftäter vor Gericht damit entlasten, dass er behauptet, sich an das von ihm begangene Verbrechen nicht mehr erinnern zu können, etwa, weil er zum Zeitpunkt der Tat betrunken war – und schon wäre die allein über das Bewusstsein vermittelte Kontinuität unterbrochen. Locke bezieht daher seine Behauptung, die Identität der Person sei ein im Gerichtsverfahren beheimateter Begriff, vor allem auf das Weltgericht am Ende aller Tage, weil vor diesem Gericht im Angesicht Gottes das Gewissen nicht lügen könne.[3]

Einer der wichtigsten Fälle, in denen das Recht auf jene Fähigkeiten oder auf deren Deutungen Bezug nimmt, ist § 20 des deutschen Strafgesetzbuchs, der die Bedingungen festlegt, unter denen ein Mensch zu einer Strafe verurteilt werden darf: „das Unrecht der Tat einzusehen und nach dieser Einsicht zu handeln“. Diese Fähigkeit wird auch als *Schuld-* oder *Zurechnungsfähigkeit* bezeichnet. Dabei handelt es sich um

**In der politischen Theologie des Mittelalters wurde die Person des Königs als aus zwei Körpern bestehend gedacht: aus dem öffentlichen, von Gottes Gnade beseelten, unsterblichen Amtskörper und aus dem sterblichen Körper des individuellen Menschen.**

allgemeine Voraussetzungen (die ungefähr mit dem übereinstimmen, was Locke als das Bewusstsein beschrieben hat), aus denen der Richter schließt, dass es sich um eine normale Person handelt, welcher Kontinuität und Identität unterstellt und infolgedessen Zurechnungsfähigkeit zugeschrieben werden kann. Soweit in der Rechtsprechung diese Fähigkeiten und ihre Deutungen in Anspruch genommen und Menschen darauf reduziert werden, spricht man nicht von „Menschen“, sondern von „Personen“.

In einigen Rechtskulturen wurde diese gewaltige Abstraktion von der Komplexität eines Menschenlebens noch weiter gesteigert: Man konnte sich vorstellen, dass eine Person für eine andere eine Erklärung abgeben kann, die deren Willen bindet und ihr zugerechnet wird, als würde diese Person selbst sich äußern und handeln – die Stellvertretung.[4] In ähnlicher Weise ließ sich auch die Fähigkeit, einen Willen zu bilden, zu erklären und mit Bindungswirkung versehen zu können, gänzlich von einer Person an eine andere delegieren: Petrus und seine jeweiligen Nachfolger im Papstamt sind die Vertreter Christi auf Erden, sie repräsentieren ihn.[5] In der politischen Theologie des Mit-

telalters wurde die Person des Königs als aus zwei Körpern bestehend gedacht: aus dem öffentlichen, von Gottes Gnade beseelten, unsterblichen Amtskörper und aus dem sterblichen Körper des individuellen Menschen.[6]

Hat man diese Abstraktionsschritte weg von dem individuellen, mit einem Bewusstsein von sich selbst begabten Menschen erst einmal getan und zur Selbstverständlichkeit verfestigt, dann lässt sich auch eine unbestimmte Menge von Personen durch eine einzige Person oder eine Versammlung von Personen (zum Beispiel ein Parlament) repräsentieren. Deren Entscheidungen sind für die repräsentierten Personen unmittelbar verbindlich, auch wenn sie nicht nach ihrer individuellen Zustimmung gefragt wurden. Für die neuzeitliche Staatslehre ist der Souverän schon eine künstliche Person: „Hierin liegt das Wesen des Staates, der … *eine Person* ist, *bei der sich jeder einzelne einer großen Menge durch gegenseitigen Vertrag eines jeden mit jedem zum Autor ihrer Handlungen gemacht hat, zu dem Zweck, daß sie die Stärke und Hilfsmittel aller so, wie sie es für zweckmäßig hält, für den Frieden und die gemeinsame Verteidigung einsetzt.* Wer diese Person verkörpert, wird *Souverän* genannt und besitzt, wie man sagt, *höchste Gewalt*, und jeder andere daneben ist sein *Untertan*.“[7]

Wenn der Staat eine Person sein kann, dann auch private Personenverbindungen wie Vereine oder andere Gesellschaften – es sind dann keine natürlichen, sondern juristische Personen, denen Willenserklärungen ebenso zugerechnet werden können wie die Verantwortlichkeit für Schädigungen. Spätestens hier wird deutlich, dass im Recht der Status einer Person so weit von konkreten Menschen und Kollektiven abgelöst werden kann, dass schließlich durch das Recht festgesetzt wird, wer oder was als Rechtsperson angesehen wird. Das gilt schon für die natürliche Person, da nach

§ 1 des deutschen Bürgerlichen Gesetzbuchs einfach verfügt wird: „Die Rechtsfähigkeit des Menschen beginnt mit der Vollendung der Geburt." Der ganze Streit über die Frage, ob auch dem vorgeburtlichen Leben die Qualität einer Person zukomme oder nicht, wird durch eine schlichte Definition erledigt. Auf gleiche Weise wird im Recht festgesetzt, dass auch eine Aktiengesellschaft oder eine Gesellschaft mit beschränkter Haftung juristische Personen mit eigener Rechtspersönlichkeit darstellen, das heißt: Sie können Rechte – vor allem Eigentums- und Forderungsrechte – erwerben und veräußern. Als eine solche Rechtsperson wird die Gesellschaft gegenüber ihren Mitgliedern, die ja jeweils für sich als natürliche Personen ebenfalls Rechtspersonen sind, verselbstständigt. Während die Vorstellung bei den natürlichen Personen sich noch auf die körperliche Existenz eines Menschen, auf seine manifesten Körperbewegungen und sprachlichen Äußerungen sowie auf die Kontinuität eines Äußerungen und Handlungen begleitenden Bewusstseins bezieht, ist die Realität einer Aktiengesellschaft eine bloße Fiktion. Menschen tun so, als ob die Aktiengesellschaft ein reales Dasein hätte, und sie ziehen aus dieser Vorstellung reale Konsequenzen, vor allem materielle, wenn sie Aktien dieser Gesellschaft erwerben und sie mit Gewinn oder Verlust wieder veräußern. Die Verdinglichung solcher Fiktionen ist allerdings keine Besonderheit des Rechts, sondern sein Existenzgrund. Das Eigentumsrecht wird so behandelt, als ob es eine reale Entität, also etwas wirklich Seiendes, sei – obwohl man es nicht so anfassen kann wie die Sache, an der dieses Recht „haftet". Rechte sind ebenso wie Rechtspersonen „institutionelle Tatsachen", das heißt, sie existieren nur dadurch, dass sie nach bestimmten grundlegenden Regeln erzeugt werden.[8]

Sieht man zu, wie das Recht gleichsam Personen kreiert und ihnen Kontinuität und Identität zuschreibt, so liegt die von Locke geäußerte Vermutung sehr nahe, dass personale Kontinuität möglicherweise überhaupt nur deswegen unterstellt wird, weil dies für die Zurechnung von Handlungen und Äußerungen und damit vor allem für das Recht notwendig ist. Personale Kontinuität wäre gleichsam funktional für die gesellschaftliche Praxis der Zurechnung von Handlungen und Äußerungen, für die Praxis des Verantwortlich-Machens. Wenn man bedenkt, wie tief diese Zurechnungspraxis in den westlichen Kulturen verankert ist – nicht zuletzt durch die nach wie vor bestehenden religiösen Vorstellungen vom Weltgericht am Ende aller Tage, der Tradition der Beichtpraxis und der Gewissenserforschung –, dann drängt sich der Schluss auf, dass das Recht in unserer abendländischen Kultur daran angeknüpft hat. Aber auch dort, wo die Kontinuität des individuellen Bewusstseins keine Rolle für die Zurechnung spielt, hängt die Unterstellung personaler Kontinuität aufs Engste mit den Notwendigkeiten der gesellschaftlichen Zurechnungspraxis zusammen: Eine komplexe Arbeitsteilung ist ohne die verlässliche Unterstellung, dass Personen ihre Leistungsversprechen über einen längeren Zeitraum einhalten, nicht denkbar. Eine noch viel wichtigere Rolle hat diese Unterstellung vermutlich in der Entwicklung des modernen Kreditwesens gespielt: Wer würde ein Darlehen gewähren oder gar Geld in ein Unternehmen investieren, wenn er oder sie sich nicht darauf verlassen könnte, dass der Darlehensnehmer dieselbe Person bleibt oder das Unternehmen als eine kontinuierliche Person behandelt wird, an deren Gewinnen man als Kapitalgeber beteiligt ist?

Freilich lässt sich die oben geäußerte Vermutung auch umkehren: Möglicherweise verfügen westliche Gesellschaften nur deshalb über eine so hochgradig ausdifferenzierte Zurechnungspraxis, weil sie das Konzept der personalen Kontinuität und Identität haben. Ist nun die personale Kontinuität und Identität konstitutiv (grundlegend) für die Zurechnungspraxis, oder ist umgekehrt die Zurechnungspraxis konstitutiv für personale Kontinuität und Identität? Vermutlich bedingen sie sich wechselseitig, und Entwicklungen auf der einen Seite (Beichtpraxis und Gewissensmoral) haben Entwicklungen auf der anderen Seite (moderner Kreditverkehr und Arbeitsteilung) mit ermöglicht und gefördert.

Klaus Günther ist Professor für Rechtstheorie und Strafrecht an der Johann-Wolfgang-Goethe-Universität Frankfurt.

**Anmerkungen:**

1. Siehe: Wesel, Uwe: Geschichte des Rechts. München 1997, Seite 161
2. Zweites Buch, Kapitel 27. Ich beziehe mich hier auf den Textauszug in: Brasser, Martin (Hrsg.): Personen. Stuttgart 1999, Seite 77ff.
3. Vergleiche: Lotter, Maria-Sybilla: Die vernünftige Person – Zu den erkenntnistheoretischen Voraussetzungen von Verantwortung bei Locke und den afrikanischen Barotse. In: Evangelische Theologie, 60 (2000), Seite 41–60
4. Vergleiche zur Entwicklung des Instituts der Stellvertretung: Nörr, Dieter und Nishimura, Shigeo (Hrsg.): Mandatum und Verwandtes – Beiträge zum römischen und modernen Recht. New York u. a. 1993
5. Hofmann, Hasso: Repräsentation. 3. Auflage, Berlin 1998
6. Kantorowicz, Ernst H.: Die zwei Körper des Königs. Eine Studie zur politischen Theologie des Mittelalters. München 1990
7. Hobbes, Thomas: Leviathan oder Stoff, Form und Gewalt eines kirchlichen und bürgerlichen Staates. Suhrkamp Verlag, Frankfurt am Main 1984, Seite 134f.
8. Zum Recht als institutioneller Tatsache siehe MacCormick, Donald Neil und Weinberger, Ota: Grundlagen des Institutionalistischen Rechtspositivismus. Berlin 1985

Wolfgang Nikolaus Krewani

# Das Ich und der andere in der Philosophie von Lévinas

**Niemand in der modernen Philosophie hat den Gedanken des anderen so beharrlich verfolgt, niemand hat ihn so vertieft wie Emmanuel Lévinas. Dabei gilt als das Zentrum seiner Philosophie die Idee, dass es eine ursprüngliche Verantwortung für den anderen gibt, dass die Menschlichkeit des Menschen in der „Übernahme" dieser Verantwortung besteht und dass gerade dies den Kern seiner unverwechselbaren Einzigkeit und Individualität ausmacht. Schuld und Verantwortung sind die Instanzen, die mir den anderen erschließen und mich mit ihm verbinden: Philosophie ist vor allem Ethik.**

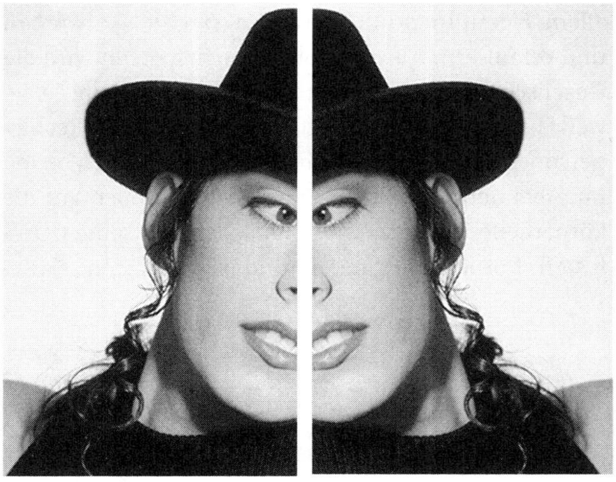

So sieht es die späte Philosophie von Lévinas. Aber diese späte Philosophie ist das Ergebnis einer langen Entwicklung, die ihren Ausgang von einer geradezu entgegengesetzten Position nimmt. Folgt man dem Denken des jungen Lévinas, kommt es erstens für den Menschen darauf an, sich von Schuld zu befreien; und zweitens ist es gerade der andere, der diese Befreiung bewirkt. Insofern besteht zwischen diesen beiden Ansätzen ein Gegensatz.



## Der andere als Erlöser des Ich

Lévinas' frühe Philosophie, die er versucht hat, in dem Buch *Vom Sein zum Seienden* und in den Vorträgen unter dem Titel *Die Zeit und der Andere* zu systematisieren, wird einerseits dominiert von der Achtung vor dem Ethos der Freiheit, das die europäische Geschichte durchdringt, andererseits aber auch von dem Bewusstsein, dass die bisherige europäische Welt dem Untergang geweiht ist.

**Es ist die Verantwortung für den anderen, die den Menschen zum Menschen macht.**

Der Geist der Freiheit bestimmt Europa. Aber es handelt sich nicht allein um politische Freiheit, wie sie sich etwa in den demokratischen Verfassungen Europas artikuliert. Vielmehr sieht der junge Lévinas in der Freiheit die fundamentale Bestimmung des europäischen Menschen überhaupt: Es geht um „die absolute Freiheit des Menschen gegenüber der Welt und den Möglichkeiten, die ihn zum Handeln auffordern" (Q, S. 154). Man wird an Lévinas' Lehrer Husserl erinnert, der etwa um dieselbe Zeit Europa als eine geistige Gestalt begriff, die in der philosophischen Daseinsform wurzelt: der Vorstellung, „frei sich selbst, seinem ganzen Leben, seine Regel aus reiner Vernunft, aus der Philosophie" (H, S. 5) geben zu können. Aber Lévinas' Begriff der Freiheit erhält von Anfang an eine eigene Prägung, die ihn in charakteristischer Weise von der traditionellen Orientierung an der Vernunft unterscheidet. Der Gegenbegriff der Freiheit, die Unfreiheit, verweist nicht auf „das Unvermögen, sich seines Verstandes ohne Leitung eines anderen zu bedienen"[1], sondern wird von Lévinas als Verstrickung in Schuld verstanden. Freiheit wird zu einer moralischen Kategorie. Sie hebt an mit dem Bewusstsein der Unfreiheit, mit der schmerzlichen Erfahrung, an die Vergangenheit, an die geschehenen Taten gefesselt zu sein. Dieses Bewusstsein artikuliert sich in den großen griechischen Tragödien: Die Helden kommen von ihrer Vergangenheit nicht los; sie werden unter ihrer Last vernichtet. Die Zeit steht still, es gibt keine wirkliche Erneuerung: „Hinter der Melancholie des ewigen Stroms der Dinge, der illusorischen heraklitischen Gegenwart liegt die Tragödie der Unbeweglichkeit einer unauslöschlichen Vergangenheit, die die Initiative dazu verdammt, nichts als eine Fortsetzung zu sein." (Q, S. 155) Es gibt keine Initiative, kein eigenes Handeln, das nicht schon von der Vergangenheit eingeholt und überholt wäre. Die Geschichte tritt auf der Stelle. Statt Erneuerung zu sein und Zukunft, ist sie nur Wiederholung des immer Selben. „Die Geschichte ist die tiefste Begrenzung, die Fundamentalbegrenzung." (Q, S. 154) Der Mensch bleibt in seinem Sein gefangen, an die Vergangenheit gefesselt.

Freilich ist die Schuld, von der hier die Rede ist, nicht das Ergebnis mit Absicht vollzogener Handlungen eines autonomen Subjekts. Der Mensch steht ein für eine Vergangenheit, in die er geworfen ist und die er nicht selbst gestaltet hat. Er haftet für etwas, dessen Ursache er nicht selbst ist. Die bloße Existenz in ihrer Geschichtlichkeit ist als solche schuldig. „Das Vergehen", schreibt Lévinas, „besteht nicht darin, gegen die Regeln verstoßen zu haben, sondern beinahe in der bloßen Tatsache, einen Körper zu haben, zu existieren." (E, S. 91)

Für Lévinas ist dies die Fesselung an das Sein. Er gebraucht in diesem Zusammenhang den Heidegger'schen Ausdruck der „Geworfenheit". Wenn Lévinas von Sein spricht, so meint er damit in erster Linie die Geschichte und die Vergangenheit, die den Menschen nicht loslässt und seine Autonomie verneint. Sein ist für Lévinas gleichbedeutend mit Fremdbestimmung, mit Verlust der Autonomie und Initiative. Befreiung aus dem Sein meint dagegen Initiative, das Vermögen, von sich aus einen Anfang zu setzen. Freiheit ist die „Möglichkeit des Anfangs"[2].

**Es geht um die Versöhnung des Seins mit dem Subjekt.**

Wird das Sein in diesem Sinne als die Geschichtlichkeit des Menschen verstanden, als die Fesselung an das Gewesene, dann ist die Freiheit eine Ablösung von der geschichtlichen Zeit. Eine Befreiung würde die Umkehr der Zeit verlangen – Umkehr derart, dass jeder Augenblick neu und jungfräulich wäre, die Zeit in jedem Augenblick wiedergeboren würde. Es bedürfte einer schöpferischen, produktiven Gegenwart, die ihre ganze Vergangenheit in jedem Augenblick abschüttelt – einer Zeit der Erneuerung.

„Die großartige Botschaft" (Q, S. 155) einer solchen Zeit bringt das Judentum, und zwar als den Gedanken einer Erlösung von Schuld durch die Vergebung. „Der Gewissensbiß – der schmerzhafte Ausdruck der radikalen Unfähigkeit, das Irreparable wiedergutzumachen – kündigt die Reue an, ... die Vergebung, die wiederherstellt. In der Gegenwart findet der Mensch Mittel, die Vergangenheit zu modifizieren, sie auszulöschen. *Die Zeit verliert ihre Unumkehrbarkeit.*" (Q, S. 155) Diese Funktion übernimmt im Christentum das Mysterium des Kreuzes. Es verheißt die Erlösung von den Sünden und den Beginn einer neuen Zeit. Ausdruck dieser beständigen Erneuerung ist das christliche Abendmahl. Die Messfeier belebt nicht nur die Erinnerung an ein einmaliges Geschehen damals in Jerusalem, sondern sie *ist* selbst jedesmal dieses Geschehen aufs Neue. Darin liegt die Bedeutung des „est" in „Hoc est enim corpus meum" (lat.: Denn dies *ist* mein Leib), das der Priester spricht. „Dank der Eucharistie, die über die Zeit triumphiert, findet diese Befreiung jeden Tag statt." (Q, S. 155)

Die Gewissheit dieser Befreiung ist für Lévinas der Grund für den christlichen Begriff der Seele. Sofern der Mensch seinem Wesen nach Seele ist, „erneuert er sich ewig vor dem Universum. Absolut gesprochen, hat er keine Geschichte." (Q, S. 154) Somit ist es für Lévinas vor allem ein moralischer Impuls, dem Europa einschließlich der europäischen Anthropologie (Lehre vom Menschen) mit ihrem Dualismus von Leib und Seele seine Entstehung verdankt.

Nun entwickelt auch die griechische Philosophie den Begriff der Seele. Sie versteht allerdings unter der Seele vor allem das Organ der Erkenntnis. Seele ist Vernunft oder Geist. Als solche hebt sie den Menschen aus dem Sein heraus und verbürgt ihm die Herrschaft über das Sein. In der Befreiung des Menschen aus dem Sein liegt der Ursprung dessen, was man die geistige Gestalt Europa nennen kann. Die Befreiung vollzieht sich für Lévinas zunächst als Umkehrung der Zeit. Darin liegt zugleich eine Umkehr im Verhältnis des Menschen zum Sein. Im Mythos ist der Mensch Sklave und Abhängiger des Seins. Er besitzt keine eigene Individualität, ist nicht Person, sondern geht im Sein auf. Die neue Zeit dagegen lässt den Menschen über das Sein triumphieren, macht ihn zum Herrn. Der Mensch tritt aus dem Sein heraus, ihm gegenüber. In dieser Auffassung des Menschen erkennt Lévinas den Idealismus wieder. „Seiner ersten Eingebung nach sucht der Idealismus über das Sein hinauszugehen." (E, S. 98) Der Idealismus „bestreitet alle Gemeinsamkeit zwischen dem" – menschlichen – „Geist und den Dingen: Der Geist behauptet sich als Bezugspunkt aller Realität... Indem er die Vorgängigkeit des Geistes im Verhältnis zu den Dingen behauptet, ist der Idealismus im Ganzen eine Lehre von der Würde des Menschen." (Sp, S. 61)

Aber gerade in diesem Vorrang liegt auch der Keim für den kommenden Untergang. An die Stelle der Herrschaft des Seins über den Menschen tritt nun die Herrschaft des Menschen über das Sein. Mittels der Vernunft macht sich der Mensch das Sein im Ganzen untertan und eliminiert alles, was nicht nach seinem Maß ist, alles, was anders ist. Indem er sich eine Welt schafft, *seine* Welt, schließt er alles andere aus und zugleich sich selbst ein in das Gefängnis seiner Produkte. Je vollkommener die Herrschaft über das Sein wird, umso bedrückender das Bewusstsein der Eingeschlossenheit und Unfähigkeit zur Transzendenz (hier: Überschreitung/Befreiung). War der Mensch zunächst der Gefangene des Seins, so wird er mit fortschreitender Herrschaft der Gefangene seiner Herrschaft. Die Vernunft ist offenbar nicht das Organ der Befreiung; denn sie wirft den Menschen zurück in die Ohnmacht, aus der sie ihn zu befreien vorgab. Der Idealismus bleibt selbst noch dem Sein verhaftet. Das ist zugleich die fundamentale These Heideggers und der neuen Onto-

**Das Leben besteht darin, sich das andere anzueignen, auf es aktiv zuzugehen und für die eigenen Bedürfnisse zurechtzumachen.**

logie (siehe Erläuterung). Mit Heidegger kommt die Ohnmacht der Vernunft an den Tag. In einer berühmten Diskussion in Davos, die Lévinas auf Einladung Heideggers miterlebt hat, kennzeichnet Heidegger seine eigene Philosophie: „Der Ansatz (der Philosophie) in der Vernunft ist gesprengt worden." Die neue Position Heideggers „besagt: Zerstörung der bisherigen Grundlagen der abendländischen Metaphysik (Geist, Logos, Vernunft)".[3]

Im 20. Jahrhundert bricht die bisherige abendländische Welt zusammen. Das Thema des Weltuntergangs wird zu einem geläufigen Sujet. Nietzsche hatte vor dem Gespenst des Nihilismus – der Verneinung einer objektiven Grundlage für Moral, Sinn und Erkenntnis – gewarnt. Spengler kündigte den „Untergang des Abendlandes" an; der Surrealismus forderte die Überschreitung der Grenzen, die die Ratio dem Weltverständnis gesetzt hatte. Jaspers suchte das Heil im Scheitern. Lévinas nimmt daher nur ein geläufiges Thema auf, wenn er seinerseits unter dem Titel des Exotismus (Sehnsucht nach dem Fremden/Anderen) das Weltende thematisiert (S, S. 62).

So stellt der bisherige Verlauf der Geschichte die Philosophie vor eine scheinbar ausweglose Alternative: Entweder die Herrschaft des Seins über den Menschen – was Lévinas als „ontologische Einstellung" bezeichnet – oder die Herrschaft des Menschen über das Sein – den Idealismus. Beide sind zwar einander entgegengesetzt, kommen jedoch zum selben Ergebnis: zur Einschließung des Menschen und zur Unfähigkeit zur Transzendenz. „Unterhält der Mensch", so fragt Lévinas, „soweit er Kreatur ist oder geschlechtliches Wesen, keine andere Beziehung zum Sein als die Herrschaft über es oder der Knechtschaft, des Tuns oder des Erleidens?" (Sp, S. 80) Diese Aporie (Ausweglosigkeit) ist aber keine andere als das, was Lévinas als das Paradox der Gegenwart bezeichnet: „Zeit und eine Geschichte haben, heißt eine Zukunft und eine Vergangenheit haben. Wir haben keine Gegenwart. Sie zerrinnt uns zwischen den Fingern. Und dennoch sind wir in der Gegenwart und können in der Gegenwart Vergangenheit und Zukunft haben. Dieses Paradox der Gegenwart – alles und nichts – ist alt wie das menschliche Denken." (S, S. 120) Die Gegenwart beherrscht die Zeit, oder sie ist selbst unter der Herrschaft der Zeit.

**Nicht entweder Subjektivität oder Sein, sondern sowohl Subjektivität als auch Sein.**

Dies ist die Situation, aus der Lévinas sich einen Ausweg bahnt. Die Aufgabe besteht darin, die beiden Extreme miteinander zu verbinden: also nicht entweder Subjektivität oder Sein, sondern sowohl Subjektivität als auch Sein. Es geht darum, weder zu Gunsten der Subjektivität das Sein zu verneinen noch im Namen des Seins auf die Subjektivität zu verzichten. Es geht um die Versöhnung des Seins mit dem Subjekt.

Diese Aufgabe löst Lévinas dadurch, dass er den anderen einführt. Die klassische Philosophie scheiterte, weil sie die Befreiung aus dem Sein aus eigener Kraft suchte, aus der Kraft der Vernunft. Aber gerade darin verfehlt sie die eigentliche Freiheit. Für das einsame Subjekt besteht eine Unmöglichkeit, sich aus eigener Kraft zu retten und sich ganz allein zu retten. Die Befreiung aus dem Sein, so Lévinas, „besteht darin, sich sein Sein verzeihen zu lassen von der Andersheit selbst des Anderen" (S, S. 116). Das Verzeihen verlangt aber den anderen. Also gibt es ohne den anderen keine Befreiung. Die Transzendenz (hier: der Übergang) zum anderen „heißt, Vergebung zu finden, keine endgültige Existenz zu sein" (S, S. 104).

Mit der Vergebung vollzieht sich auch die Umkehr der Zeit. Indem der gegenwärtige Augenblick frei ist von der Last der Vergangenheit, setzt er einen neuen Anfang, „hebt er von sich her an" (partir de soi). Aus der Zeit als der tragischen Zeit einer fatalen Vorherbestimmung, aus der Zeit als der Ordnung, nach der „die Seienden einander Strafe und Buße zahlen für ihr Unrecht"[4], wird die Zeit der Erlösung. Sofern sich nun alle Sehnsucht nach Erlösung im Begriff des Messias verdichtet, „ist der wahre Gegenstand der Hoffnung ... der Messias oder das Heil" (S, S. 112).

Die frühe Philosophie von Lévinas kennt den anderen als denjenigen, der das Subjekt frei macht von Verantwortung und Schuld. In der Begegnung mit ihm vollzieht sich der Übergang von der „höchsten Verantwortlichkeit ... in höchste Verantwortungslosigkeit, in Kindlichkeit" (Z, S. 45).

## Das Ich als Erlöser des anderen

Lévinas hat in seiner späteren Philosophie das Verhältnis von Schuld und anderem, wie oben bereits angedeutet, ganz anders beschrieben. Immer geht es bei ihm um die Frage nach der Transzendenz. Transzendenz meint den Übergang zum anderen. Aber der Bezug zum anderen wird jeweils anders beschrieben: Einmal ist der andere derjenige, der die Schuld von mir nimmt; einmal ist er derjenige, in dessen Namen wir schuldig werden. Diesem zweiten Ansatz wenden wir uns nun zu.

Ausgangspunkt für den zweiten Ansatz, den Lévinas erstmals in *Totalität und Unendlichkeit* vorführt und dann in *Jenseits des Seins* radikalisiert, ist wieder die Frage nach dem anderen. Für das natürliche Leben scheint hier kein Problem zu bestehen. Ist der Mensch denn nicht schon kraft seiner Existenz in Beziehung sowohl zu anderen Menschen als auch zu anderen Dingen? Aber das Leben des Lebendigen besteht gerade darin, die Welt nur unter dem Blickwinkel seiner je eigenen Bedürfnisse wahrzunehmen, sich die Dinge und alles andere anzueignen. Die Lebewesen sind kraft ihrer Bedürfnisse auf das andere angewiesen. Aber das andere erscheint nur unter dem Gesichtspunkt der Bedürfnisse. Das Leben schafft sich einen Innenraum, in dem die Dinge und die Personen als identische wiedererkennbar und verwertbar sind, eine Ordnung, die beim Tier Umwelt, beim Menschen Welt heißt. „Das Lebendige", sagt Lévinas, „ist wesentlich das Selbe, das Selbe, das alles andere bestimmt ohne daß das Andere jemals dasselbe bestimmt."[5] Der naive Vollzug des Lebens negiert das andere.

Das gilt auch für die Philosophie und ihr Hauptelement: den Begriff. Das Begreifen besteht darin, die Dinge unserem Verstehen zu unterwerfen, sie uns zugänglich zu machen und ihnen insofern ihre Anders-

**An die Stelle der Herrschaft des Seins über den Menschen tritt die Herrschaft des Menschen über das Sein.**

heit zu nehmen. Nur so versteht man, dass die Philosophie in ihrer neuzeitlichen Form das „Ich denke", das berühmte Cogito, zum universalen Boden für alles Seiende und alle Welthabe macht. Vom Ich geht alles aus, das Ich ist das Zentrum, auf das Ich ist alles bezogen. Daher für Lévinas die Frage, wo in aller Welt das andere oder der andere vorkommt. Wenn die Lehre vom Seienden und der Welt als dem Horizont alles Seienden Ontologie heißt, dann kommt der andere in der Ontologie nicht vor. Wie kann überhaupt ein anderer erfahren werden?

Das Leben besteht darin, sich das andere anzueignen, auf es aktiv zuzugehen und für die eigenen Bedürfnisse zurechtzumachen. Darum hat das wirklich andere nur dann eine Chance, dem Lebendigen gegenwärtig zu sein, wenn das Lebendige auf sein Können und sein Tun verzichtet. Die Gegenwart des anderen verlangt die radikale Passivität des Lebendigen. Das zurechtgemachte, das begriffene andere hat schon seine Andersheit verloren. Für die Gegenwart des anderen ist die radikale Passivität des Subjekts die erste Bedingung. Oder anders formuliert: Die Begegnung mit dem anderen muss vom anderen selbst ausgehen. Das Subjekt *empfängt* (accueille) den anderen.

Auch die traditionelle Philosophie hat schon vom Empfang gesprochen, nämlich der Rezeptivität (Empfänglichkeit), die sie der Sinnlichkeit zuschreibt im Unterschied zur Spontaneität des Denkens. Aber Re-

**Die vollendete Form der Subjektivität besteht darin, für den anderen zu sterben.**

zeptivität und Sinnlichkeit werden immer noch als *Vermögen* betrachtet, als geprägt durch die subjektiven Bedingungen der Wahrnehmung. Wenn dagegen Lévinas von Rezeptivität und Sinnlichkeit als Synonymen für den Empfang spricht, meint er nicht mehr die traditionellen Begriffe, sondern eine Passivität, die sich dem anderen öffnet und die insofern passiver ist als die traditionelle Passivität.

Wie gestaltet sich nun konkret die Beziehung zum anderen? Der Bezug zum anderen öffnet dem Menschen eine Dimension, die dem bloß Lebendigen ebenso wie dem in seiner Welt verharrenden Bewusstsein verschlossen ist: die Dimension des Ethischen als das Bewusstsein von Schuld und Unschuld. Jemandem etwas zu schulden meint in größter Allgemeinheit, dass der Schuldner dem Gläubiger etwas erstatten muss. Der Schuldner besitzt etwas, das rechtens dem Gläubiger zusteht.

**Indem der Mensch sich eine Welt schafft, seine Welt, schließt er alles andere aus und zugleich sich selbst ein in das Gefängnis seiner Produkte.**

Lévinas These ist nun, dass die Eröffnung der Dimension des anderen darin besteht, dass ich meiner Verantwortung für ihn innewerde. Der andere tritt immer schon mit einer Forderung auf. Diese Forderung richtet sich nicht konkret auf dieses oder jenes, sondern betrifft mein Weltverhältnis im Allgemeinen. War ich bisher der unangefochtene Herr in meinem Reich, so nötigt mich der Empfang des anderen zur Rechtfertigung. Die Dinge und die Welt gehören nicht mehr mir allein, sondern werden gemeinsam. Der andere entzieht mir in gewisser Weise die Welt. Damit taucht in neuem Kontext das Thema des Weltuntergangs wieder auf. Der Weltentzug, den Heidegger in so dramatischen Worten beschrieben hat[6], erweist sich hier als ein soziales Geschehen, als der Einbruch des Sozialen. Es ist die Verantwortung für den anderen, die den Menschen zum Menschen macht.

Der Empfang des Antlitzes, wie Lévinas den anderen nennt, öffnet die soziale Dimension. Das Ich schuldet dem anderen Gastfreundschaft. Der andere ist es, der in mir das Bewusstsein einer Verpflichtung ihm gegenüber, einer Schuldigkeit weckt. Diese Schuld ist der Struktur nach derjenigen verwandt, die Lévinas im ersten Ansatz als die Verhaftung im Sein beschrieben hat. Dort war die Schuld uneinholbar, die Vergangenheit nicht abzuschütteln. Auch hier ist das Ich immer schon gegenüber dem anderen schuldig: Indem der Mensch die Mittel zum Leben verbraucht, entzieht er sie notwendigerweise anderen. „Wichtig", heißt es an einer Stelle, „ist der Begriff einer Verantwortung, die dem Begriff einer schuldhaften Initiative vorausgeht. Schuld ohne Vergehen!"[7] Der Ursprung der Schuld, nämlich der andere, entzieht sich mir. Lévinas spricht von einer Schuld, die das Ich sich vor aller Freiheit zugezogen hat.



## Wechselseitige Erlösung?

Vergleicht man nun die beiden Ansätze, so scheinen sie, trotz einer gewissen strukturellen Verwandtschaft, einander entgegengesetzt zu sein und sich daher auszuschließen. Das betrifft insbesondere die jeweilige Verknüpfung von Schuld und anderem. Der erste Ansatz sieht in der Schuld ein anonymes Geschehen, das außerhalb aller sozialen Beziehungen steht; hier sind es gerade die sozialen Beziehungen, die dem Subjekt die Freiheit verheißen. Der Inbegriff des anderen ist der Erlöser, der Messias. Im zweiten Ansatz ist es gerade der andere, der die Schuld in mir wachruft. Hier ist die Absicht, sich von der Schuld zu befreien, gerade das Gegenteil dessen, was Lévinas fordert. Nicht der andere ist der Messias, sondern das Subjekt selbst. Denn dem Subjekt obliegt die Verantwortung dafür, dass der andere aus seiner Not befreit wird. Daher heißt es nun: „Der Messias ist Ich; Ich-sein heißt Messias sein ... Der Messias ist der Gerechte, der leidet, der das Leid der anderen auf sich geladen hat. Wer lädt letztlich das Leid der anderen auf sich, wenn nicht das jenige Seiende, das ‚Ich' sagt? ... Und das bedeutet konkret, daß jeder so handeln muß, als wäre er der Messias. Der Messianismus ist also nicht Gewißheit der Ankunft eines Menschen, der die Geschichte anhält. Er ist meine Fähigkeit, das Leiden aller zu tragen."[8]

**War der Mensch zunächst der Gefangene des Seins, so wird er mit fortschreitender Herrschaft der Gefangene seiner Herrschaft.**

Im Zentrum des ersten Ansatzes steht eine Schuld, die Schuld vor niemandem ist. Lévinas nennt sie tragische Schuld und unterscheidet sie von der ethischen. Die tragische Schuld ist die Folge der Unfreiheit des Subjekts oder seiner Endlichkeit. Die „Freiheit ist durch das Schicksal und durch Verstrickungen, für die sich das Subjekt nie entschieden hat, kompromittiert. Die Schuld des Subjekts, die daraus folgt, hat keine ethische Bedeutung ..."[9]

Aber darin liegt zugleich ein Problem. Ist nicht, wo Schuld ist, auch notwendig die Beziehung zu einem

MIRIAM
23.6.98
SYBILLE
ONNEN

anderem, dem gegenüber das Subjekt schuldig wird? So die These des zweiten Ansatzes, die man daher als eine Vertiefung des ersten sehen kann.

Diese Revision führt bei Lévinas in der Konsequenz dazu, dass er den ersten Ansatz nicht weiter verfolgt. Den Gedanken, dass der andere dem Ich verzeiht, es aus seiner Bedrückung erlöst und ihm neue Flügel verleiht, lässt Lévinas ganz fallen. Das Ich wird nur noch als Untertan des anderen betrachtet, als die Geisel. Die vollendete Form der Subjektivität besteht darin, „für den anderen zu sterben“[10].

Lévinas‘ Ethik versteht sich selbst als Gegenentwurf zur Hobbes‘schen Theorie des ursprünglichen Krieges aller gegen alle. Der Friede, will sie sagen, ist nicht nur möglich, sondern die ursprüngliche Bestimmung des Menschen. Welchen Sinn aber kann ein Friede haben, der den Tod des Subjekts fordert?

Hätte Lévinas an beiden Ansätzen als Möglichkeiten menschlichen Verhaltens zueinander festgehalten, dann wären sowohl der andere als auch das Ich in mehreren Gestalten erschienen: der andere als der Erlöser *und* der Bedürftige, das Ich als derjenige, der vom anderen die Freisprechung von Schuld erhofft, und als Schuldiger vor dem anderen. Spricht der Gott der Bibel nicht auch so zu seinem Volke: „Der Fremde, der sich bei euch aufhält, soll euch wie ein Einheimischer gelten; und du sollst ihn lieben wie dich selbst; *denn ihr selbst seid Fremde in Ägypten gewesen.*“[11] Die verschiedenen Menschen würden in verschiedener Weise an uns herantreten, einmal als solche, die uns freisprechen, einmal als solche, die uns binden. Das würde freilich die Einheitlichkeit des Lévinas‘schen Subjektbegriffs, der sich im Opfer für den anderen erschöpft, mindern.

In dem Buch, in dem Lévinas den ethischen Standpunkt am radikalsten durchführt, lesen wir auch: „Allein ein essendes Subjekt kann für den anderen sein.“ (J, S. 168) Lévinas will damit sagen, dass nur dem eine Welt entzogen werden kann, der sie vorher besessen hat. Man muss etwas haben, um es abgeben zu können. Allein wer im Besitz von Brot ist, kann den Hunger der Bedürftigen stillen. Dürfen wir aber die Rede vom Essen des Subjekts nur wörtlich verstehen, als den Besitz materieller Güter? Ist nicht die Vergebung durch die anderen, die Kraft, die uns von ihnen zufließt, eine ebenso notwendige Speise? Anders gesagt: Müssen wir nicht von uns selbst und unserer Vergangenheit dank der Vergebung, welche die anderen uns gewähren, frei geworden sein, um wahrhaft für den anderen sein zu können?

Sollte dem so sein, dann wäre es der Sache nicht angemessen, den frühen gegen den späten Lévinas auszuspielen. Vielmehr käme es darauf an, die beiden Enden zusammenzuhalten und ineinander zu fügen.

Dr. Wolfgang Nikolaus Krewani, Akademischer Oberrat a. D., lehrte Philosophie an der Universität Gesamthochschule Essen.



**Ontologie**
(von gr. (to) on: das Seiende beziehungsweise das Sein, und logos: Lehre): Im Rahmen der Philosophie von Lévinas ist Ontologie der Gegenbegriff zum Idealismus. Für den Idealismus tritt das Subjekt hinter das Sein zurück, indem es das Sein zu seinem Gegenstand macht. Für die Ontologie hingegen sind Thematisierung und Vergegenständlichung des Seins selbst ein Seinsprozess. Heidegger sieht im Bewusstsein der Verwurzelung des Menschen im Sein das notwendige Korrektiv zur maßlosen Selbstüberschätzung. Lévinas sieht darin eine Unfreiheit beziehungsweise eine Gefangenschaft.

**Anmerkungen:**

1. Kant, Immanuel: Beantwortung der Frage: Was ist Aufklärung? In: Werke in sechs Bänden, Band VI, herausgegeben von W. Weischedel. Darmstadt 1970, Seite 53
2. Lévinas, Emmanuel: Totalität und Unendlichkeit. Versuch über die Exteriorität. Übersetzt von W. N. Krewani. Freiburg/München 1987, Seite 211
3. Zitiert nach: Seidengart, J. (éd.): Ernst Cassirer. De Marbourg à New York. Paris 1990, Seite 91
4. Anaximander. In: Diels, H.: Fragmente der Vorsokratiker. Berlin 1922, Band 1, fr. 9
5. Lévinas, Emmanuel: Le moi et la totalité. In: Revue de Métaphysique et de Morale. Band 59 (1954), Seite 354
6. Vergleiche: Heidegger, Martin: Sein und Zeit. 4. Auflage, Halle 1935, § 40
7. Poirié, Fr.: Emmanuel Lévinas, qui êtes-vous? Lyon 1987, Seite 99
8. Lévinas, Emmanuel: Schwierige Freiheit. Versuch über das Judentum. Übersetzt von E. Moldenhauer. Frankfurt am Main 1992, Seite 94/95
9. Lévinas, Emmanuel: Transcendance et hauteur. In: Liberté et commandement, Seite 68; vergleiche auch: De l‘évasion, Seite 85–92
10. Lévinas, Emmanuel: Wenn Gott ins Denken einfällt. Diskurse über die Betroffenheit von Transzendenz. Übersetzt von Thomas Wiemer, mit einem Vorwort von B. Casper. Freiburg/München 1985, Seite 214
11. Levitikus 9, 34. Die Kursivsetzung erfolgte durch den Autor.

**Literatur:**


– Husserl, Edmund: Die Krisis der europäischen Wissenschaft und die transzendentale Phänomenologie. Herausgegeben von W. Biemel, Den Haag 1954, Husserliana Band VI. Im Text angegeben mit: **H, Seitenzahl**
– Lévinas, Emmanuel: Vom Sein zum Seienden. Übersetzt von A. M. Krewani und W. N. Krewani, mit einem Nachwort von W. N. Krewani. Freiburg/München 1997. Im Text angegeben mit: **S, Seitenzahl**
– Lévinas, Emmanuel: Die Zeit und der Andere. Übersetzt und mit einem Nachwort von L. Wenzler. Hamburg 1984. Im Text angegeben mit: **Z, Seitenzahl**
– Lévinas, Emmanuel: Quelques réflexions sur la philosophie de l‘Hitlérisme. In: Esprit 2, 1934. Wieder abgedruckt in: C. Chalier und M. Abensour (éd.): Emmanuel Lévinas. Les Cahiers de l‘Herne. Paris 1991. Im Text angegeben mit: **Q, Seitenzahl**
– Lévinas, Emmanuel: De l‘évasion. Introduit et annoté par J. Rolland. Montpellier 1982. Im Text angegeben mit: **E, Seitenzahl**
– Lévinas, Emmanuel: Die Spur des Anderen. Untersuchungen zur Phänomenologie und Sozialphilosophie. Übersetzt, herausgegeben und eingeleitet von W. N. Krewani. Freiburg/München 1983. Im Text angegeben mit: **Sp, Seitenzahl**
– Lévinas, Emmanuel: Jenseits des Seins oder anders als Sein geschieht. Übersetzt von Thomas Wiemer. Freiburg/München 1992. Im Text angegeben mit: **J, Seitenzahl**

Andreas Luckner

# Mit dem Ich auf Du und Du. Die Deutschen Idealisten

Abbildung: Immanuel Kant Zeichnung: Keuchenius

**Manchen Philosophen wird es schlecht, wenn man von „dem Ich" spricht. Schwindelgefühle kommen hier nicht von ungefähr, denn die Gefahr eines solchen Sprachgebrauchs liegt auf der Hand: Weil wir ein Pronomen (Fürwort), etwas grammatikalisch Unselbstständiges also, mit einem bestimmten Artikel versehen, sieht es so aus, als würden wir damit eine ausgesprochene Nicht-Substanz zu einem Träger von Eigenschaften adeln. „Das Ich" aber hat keine Eigenschaften; es ist weder groß noch klein, weder stark noch schwach, weder dunkel noch hell, weder langsam noch schnell.**

Gilbert Ryle – einer der Philosophen, denen es oft schwindlig wurde – schrieb in seinem Buch *Der Begriff des Geistes*, dass die rätselhafte Flüchtigkeit und Ungreifbarkeit des Ichs ungefähr genauso sonderbar sei wie die Tatsache, dass wir nicht über unseren eigenen Schatten springen können. Das Ich sei nichts anderes als eine metaphysische Konstruktion (siehe Erläuterung), ein Gespenst, das durch ein wenig Sprachkritik verscheucht werden könnte und sollte. Das Problem mit „dem Ich" würde eben allein dadurch erzeugt, dass unzulässigerweise etwas sprachlich in den Status eines selbstständigen Erkenntnisobjekts erhoben wird, was es seinem normalen Gebrauch nach nicht ist. Die erste Person Singular der Grammatik wird zu einem Gegenstand der Psychologie gemacht – ein Kategorienfehler.

Nun gab es in der Geschichte der Philosophie Leute mit offensichtlich unempfindlichem Magen, die uns durch ihren Sprachgebrauch dieses Problem aufgetischt haben. Zumindest scheint es auf den ersten Blick so. Eine ganze Bande von ihnen sprach ständig von „dem Ich": Kant, Fichte, Schelling und Hegel – heute unter dem Namen Deutsche Idealisten bekannt. Aber wenn wir genauer hinhören, können wir feststellen, dass sie nicht die Gegner Ryles waren, sondern hinsichtlich der Kritik an der Überhöhung des Seelen-Subjekts geradezu dessen Vorgänger. Lesen wir nur einmal, was Kant in seiner *Kritik der reinen Vernunft* über „das Ich" schreibt: „Das Ich ... ist die einfache und für sich selbst an Inhalt gänzlich leere Vorstellung"; es ist „ein bloßes Bewusstsein, das alle Begriffe begleitet" (KrV B 404). Von diesem Ich werden wir daher auch „niemals den mindesten Begriff haben können, um welches wir uns daher in einem beständigen Zirkel herumdrehen, in dem wir uns seiner Vorstellungen immer schon bedienen müssen, um irgend etwas von ihm zu urteilen" (KrV B 404). Dies ist eine Stelle aus der Einleitung zu demjenigen Abschnitt der *Kritik der reinen Vernunft*, in dem Kant über die Unmöglichkeit einer nicht an der Erfahrung orientierten (metaphysischen) Seelenlehre, das heißt einer rationalen Psychologie spricht. Ganz im Sinne Ryles kritisiert bereits Kant an den „Metaphysikern der Seele", dass sie vom Ich in einer Weise sprechen, als handele es sich dabei um eine Substanz – eine, die aber merkwürdigerweise dann doch irgendwie immateriell ist – oder als handele es sich um ein Seelen-Ding, welches aber im Unterschied zu anderen Dingen den Gesetzen von Raum und Zeit auf andere Weise oder gar nicht unterworfen sein soll. Die Seelenmetaphysik verwechselt dabei aber eine Denknotwendigkeit mit einem Gegenstand der Erfahrung. Wir können das Ich aber nicht erfahren, dazu fehlt uns die dafür notwendige Anschauung. „Das Ich" ist vielmehr der Name für etwas, das mit jeder Erfahrung *einhergeht* – wie ein Schatten des Denkens eben, über den wir nicht springen können. Jede Vorstellung, die wir von diesem Ich haben, ist dem-

**Freiheit ist die *Idee* des Handelnkönnens. Ich finde sie nicht als *Eigenschaft* in mir vor, sondern als eine *Aufgabe*.**

nach bloß „ein *Denken*, nicht ein *Anschauen*" (KrV B 157). Das bedeutet nichts anderes, als dass dieses Ich-hinter-allem auch nicht zum Gegenstand einer Wissenschaft gemacht werden kann. „Das Ich" besitzt Kant und Ryle zufolge keine *empirische* (sinnlich erfahrbare) *Realität*. Aber, so Kant im Unterschied zu Ryle, „das Ich" besitzt deswegen doch *transzendentale*

Abbildung:
Immanuel Kant
Zeichnungen:
Keuchenius

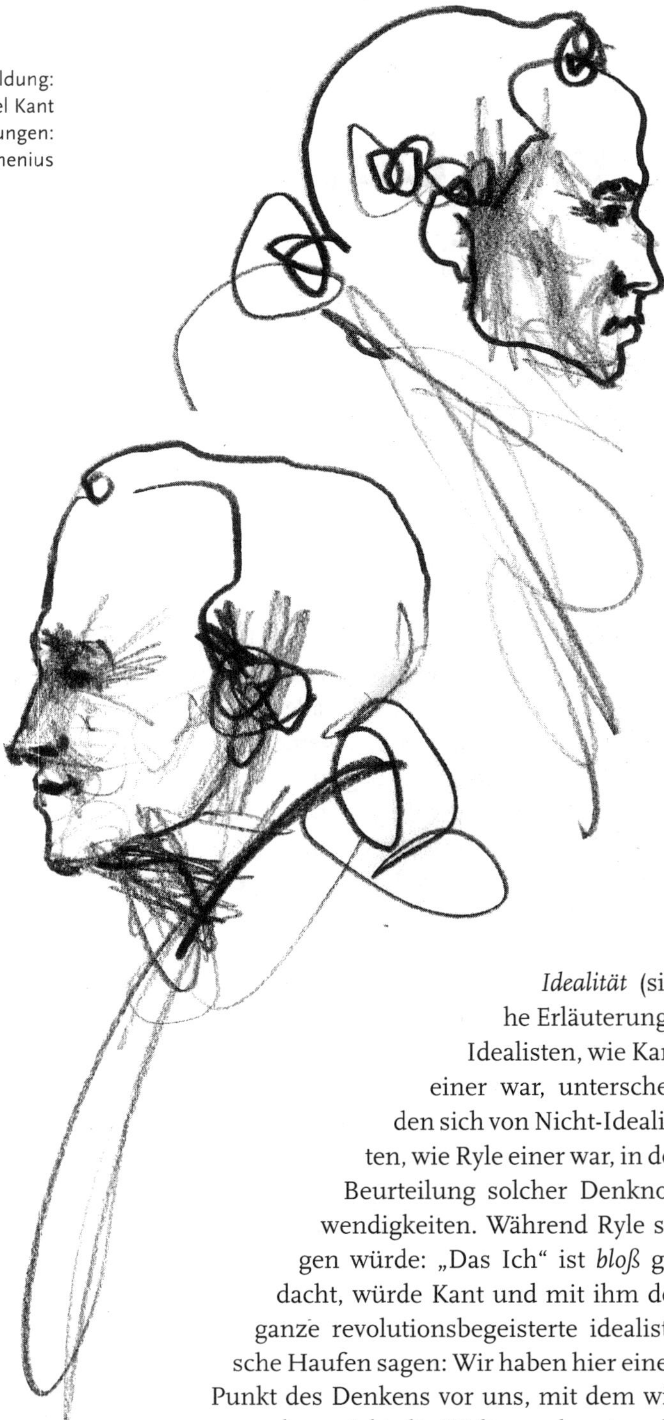

*Idealität* (siehe Erläuterung). Idealisten, wie Kant einer war, unterscheiden sich von Nicht-Idealisten, wie Ryle einer war, in der Beurteilung solcher Denknotwendigkeiten. Während Ryle sagen würde: „Das Ich“ ist *bloß* gedacht, würde Kant und mit ihm der ganze revolutionsbegeisterte idealistische Haufen sagen: Wir haben hier einen Punkt des Denkens vor uns, mit dem wir, wenn schon nicht die Welt aus den Angeln heben, so doch zumindest alles mögliche Wissen auf einen Grund stellen können. Es ist gerade „das Ich“, über das zuallererst nachgedacht werden muss – und man kann gar nicht genug darüber nachdenken!

Welche Vorschläge hatten die Deutschen Idealisten diesbezüglich? Die Geburtsurkunde des Deutschen Idealismus – nämlich die Textstelle aus Kants *Kritik der*

> **„Das Ich setzt ursprünglich schlechthin sein eignes Sein.“**
> J. G. Fichte

*reinen Vernunft* mit dem Titel „Transzendentale Deduktion“ – erbringt den Nachweis, dass sich Kategorien, das heißt reine Verstandesbegriffe, auf Anschauungen beziehen können. Sie können dies deswegen, weil die chaotische Vielfalt dessen, was uns durch die Sinne als Anschauungen gegeben ist, auf eine „urspünglich-synthetische (zusammengesetzte) Einheit der Apperzeption“ (siehe Erläuterung) bezogen wird. Diese Einheit, dieses Ich ist „in allem Bewusstsein ein und dasselbe“ (KrV B 132) und bringt in einem ursprünglichen Akt die Vorstellung beziehungsweise die elementare Synthese des „Ich denke“ hervor, das alle meine Vorstellungen begleiten können muss (wenn es denn *meine* Vorstellungen sein sollen). „Das Ich“ ist ein echter Name – was schon dadurch angezeigt ist, dass „das Ich“ keinen Plural verträgt –, es steht für etwas Singuläres, welches ununterscheidbar in jedem von uns denkt, dass es denkt. Ohne die Annahme dieses „transzendentalen Subjekts“ wäre Erkenntnis nicht denkbar. Wir können erkennen, wissen, denken, weil dasjenige Ich, dem Anschauungen durch die Sinne gegeben sind, im Grunde dasselbe ist, wie dasjenige Ich, welches über die Begriffe verfügt. Etwas erkennen, wissen, bestimmen bedeutet immer, es in einer spezifischen Weise zu „setzen“, so, wie man etwas in ein bestimmtes Licht setzen muss, um es sehen zu können.

Die deutschen Idealisten von Kant bis Hegel, die so scheinbar verdinglichend von „dem Ich“ sprachen, hatten dabei offensichtlich eine grundlegende *Aktivität* – Kant sagte: *Spontaneität* – im Blick. Am Grunde allen Wissens liegt eine Tätigkeit, ein Akt der denkenden Synthese (Verknüpfung, Verbindung), ohne den auch jede Analyse von Denkinhalten unmöglich wäre. Schon von daher dürfte klar sein, dass der Verdacht, die Deutschen Idealisten hätten mit „dem Ich“, das heißt der unzulässigen Substantivierung eines Fürworts, ein merkwürdiges Geistding, ein Gespenst heraufbeschworen, völlig unbegründet ist. Denn „das Ich“ ist auch bei ihnen kein Ding mit (merkwürdigen) Eigenschaften. Wenn man unter „Subjekt“ den *Träger* einer Handlung versteht, so ist es streng genommen noch nicht einmal ein Subjekt – auch wenn Kant es so nennt. Es handelt sich nicht um einen „Träger“, nicht um etwas Fixes oder Bestimmtes, sondern nur um das Tragen als Tätigkeit – gemeint ist der pure Akt des Denkens. „Das Ich“ ist der Name für eine Voraussetzung des Denkens, die es uns allererst ermöglicht, dass wir überhaupt Gegenstände erfahren können. Die Voraussetzung jeglicher Gegenständlichkeit also, die selbst nicht wiederum gegenständlich sein kann.

Das Rätselhafte des Ichs zeigt sich nun eben darin, dass ich alles mögliche setzen beziehungsweise bestimmen kann – nur nicht mich selbst in meinem Kern als denjenigen, der die elementaren Bestimmungen vornimmt. Immer komme ich mir sozusagen zuvor, immer ist schon etwas getan, wenn die Reflexion einsetzt, immer gibt es schon einen Schattenwurf. Oder nehmen wir eine andere Metapher: Es ist, wie wenn ich angesichts sonderbarer Hügel in meinem Garten schließe: „Hier muss ein Maulwurf am Werke sein, der ständig diese Hügel produziert“, daraufhin ebenfalls Gänge und Gräben anlege, um diesem Maulwurf nachzustellen, ihn aber nie erwische, sondern immer nur weitere Spuren seines Grabens finde. Bis ich endlich – auf einen vollständig umgegrabenen Garten blickend – einsehen muss, dass ich wohl selbst dieser Maulwurf bin und *dies* der Grund ist, weshalb ich ihn nicht zu fassen bekomme. Dies ist, wie Ryle sagt, nicht mehr oder weniger geheimnisvoll als die Tatsache, dass wir nicht über unseren Schatten springen können. Der Grund auch *dafür* ist ja, dass wir in gewisser Weise selbst dieser Schatten *sind*. Ebenso hier: Ich *bin* dieses Ich, und deswegen kann ich es nicht begreifen.

Wenn ich daher anfange, über mich nachzudenken – und Sie, geneigter Leser, wie immer Sie heißen mögen, über sich –, werden wir mit der ganzen Vielzahl der jeweils getroffenen Bestimmungen niemals restlos in Deckung kommen können, weil es immer noch etwas gibt, was nicht in diesen Bestimmungen vorkommt: Ich, der ich diese Bestimmungen vornehme. Ich muss mich also immer (mindestens) zweifach in Betracht ziehen: als bestimmtes und bestimmendes Ich, das heißt als Konstituens und als Konstitutivum, als Grund und Gegründetes, als Netz und in diesem gefangener Fisch. Kant nennt diese beiden unterschiedlichen Formen des Ich transzendentales und empirisches Ich (siehe auch Erläuterung), Fichte absolutes (unteilbares) und relatives (teilbares) Ich, Hegel nennt sie lapidar „Herr" und „Knecht".

**Philosophieren heißt, mit „dem Ich" auf Du und Du stehen.**

Nach alledem dürfte klar sein, dass sich kein Idealist, vor allem kein Deutscher, mit dem Ryleschen Vorschlag: „Leute, hört einfach auf, von ‚dem Ich' zu reden, dann habt ihr auch keine Probleme mehr" zufrieden geben kann. So wie ein Phantomschmerz als echter Schmerz empfunden wird und eine Heilung vermittels eines Placebos (Scheinmedikament ohne Wirkstoff) eine echte Heilung ist, so ist auch das Rätsel des Ichs ein echtes philosophisches Problem – kein Schein-, sondern ein Seinsproblem. Mit der Frage nach dem groß geschriebenen Ich verhält es sich wie mit der Frage nach der Zeit, zu der Augustinus anmerkte: „Wenn niemand mich danach fragt, weiß ich es; wenn ich es jemandem auf seine Frage hin erklären soll, weiß ich es nicht."[1/2]

Die Deutschen Idealisten hatten aber nicht nur ein echtes Problem mit „dem Ich", sondern auch noch eine echte Lösung dieses Problems. Heute würde man vielleicht sagen: eine pragmatistische Lösung. Steigen wir noch einmal bei Kant ein. Für ihn stellte sich das Rätsel – wie „das Ich, der ich denke, von dem Ich, das sich selbst anschauet, unterschieden ... und doch mit diesem letzteren als dasselbe Subjekt einerlei sei" – noch folgendermaßen dar: Es hätte „nicht mehr auch nicht weniger Schwierigkeit bei sich, als wie ich mir überhaupt ein Objekt und zwar der Anschauung sein könne" (KrV B 155). Wie können wir selbst zum Objekt unserer Anschauung werden? Anschauungen sind bei Kant dasjenige, was durch *Sinne* „gegeben" wird. Im Falle des Selbstbewußtseins müssten wir also von so etwas wie einem „inneren Sinn" ausgehen, der uns eine Anschauung von uns selbst gibt. Kant postuliert von Anfang seines kritischen Geschäftes an einen solchen „inneren Sinn". Wir müssten dann also auch eine Wirkung auf uns selbst ausüben können, derart, dass wir uns selbst anschauen können. Und tatsächlich gibt Kant das Beispiel für einen Akt, durch den wir uns selbst gegeben sind: den Akt der *Aufmerksamkeit* (KrV B 156 Anm.). Dies ist in der Tat ein spannender Punkt; denn was ist es denn, was wir tun, wenn wir aufmerk-

**Selbstbewusstsein ist kein theoretisches, sondern ein primär *praktisches* Verhältnis zu sich.**

sam sind oder „uns auf etwas konzentrieren", genau hinhören oder -sehen, unser Bewusstsein schärfen und so weiter? Es ist eine besondere Tätigkeit, vielleicht eher ein Zulassen als ein Unternehmen: Wir lassen uns ganz da sein bei einer Sache, richten uns auf sie aus und blenden zugleich anderes aus, heben eine bestimmte Weltbegebenheit vor allen anderen heraus, thematisieren etwas im Unterschied zu etwas anderem. Wir sind dann, wenn es klappt, voll und ganz „bei der Sache". Wir lassen uns bei dieser Sache sein, und *dadurch* lassen wir auch die Sache als Gegenstand sein.

Richten wir nun diese Aufmerksamkeit auf uns selbst, haben wir es daher gar nicht mit einer Vergegenwärtigung von etwas schon Vorhandenem zu tun, sondern mit einem Seinlassen. Wir lassen uns mit dem Selbstbewusstsein gewissermaßen erst so sein, wie wir sind. Das Problem der Unbestimmbarkeit des bestimmenden Ich stellt sich überhaupt nur dann als ein unauflösliches Paradox dar, wenn wir das Verhältnis zu diesem merkwürdigen, jeder Erfahrung vorauszusetzenden Ich als eines der Erkenntnis auffassen. Da wir für jede Erkenntnis, also auch für die Selbsterkenntnis, immer schon wieder eine Erkenntnisinstanz voraussetzen müssen, das heißt, weil für jedes zu betrachtende Ich immer schon ein betrachtendes Ich unabdingbar ist, das selbst wiederum betrachtet werden kann, haben wir es hier mit einem unendlichen Regress zu tun. Aber, und das ist die Lösung, „das Ich" ist gar keine solche zur Repräsentation befähigte Instanz, weil es eben gar nirgends „steht'. Es *ist* Grund allen möglichen Wissens, aber steht seinerseits nicht auf einem Grund, vor allem auf keiner aus dogmatisch-metaphysischem Beton gegossenen Bodenplatte.

Das Ich ist nicht erkennbar, weil es, wie wir hörten, seinem Wesen nach eine Tätigkeit, eine Produktivität ist. Selbstbewusstsein ist demgemäß kein theoretisches, sondern ein primär *praktisches* Verhältnis zu sich. Es wird in jeder Erkenntnis nicht nur etwas gesehen, was schon ist, sondern auch etwas produziert, was es vorher nicht gab. Und als solche Tätigkeit muss sie als notwendig frei von irgendwie vorfindlichen Bestimmungen gedacht werden – dieses Ich ist in seinem Selbstvollzug *absolut*.

Konsequenterweise sagt Fichte gleich zu Beginn

seiner *Grundlage der gesamten Wissenschaftslehre* von 1794: Das „Ich denke" ist keine *Tatsache*, sondern eine *Tathandlung*. Deren Ausdruck ist der Satz: „Ich=Ich" beziehungsweise „Ich *bin* Ich". Dies ist *kein* Anwendungsfall des Satzes der Identität („A=A"), sondern geht ihm voraus. Denn durch den Satz A=A, der die Grundlage der Logik und damit alles theoretischen Wissens darstellt, wird nichts produziert, er ist nicht Ausdruck einer Tathandlung. Nur *wenn* A ist, ist es identisch mit sich. Aber darüber, *ob* A existiert oder nicht, ist durch den Satz der Identität nichts ausgesagt. Anders beim Ich=Ich als Ausdruck der Tathandlung. „Ich bin Ich" heißt „ich setze mich als ..." Und dadurch wird buchstäblich *in der Tat*, nämlich in einem grundlegenden Sprechakt, die Existenz des Ich gesetzt, so dass gilt: „Das Ich setzt ursprünglich schlechthin sein eignes Sein." (WL I, 98)

Das bedeutet nicht, dass jedes Individuum, jedes empirische Ich sich selbst setzt, das heißt ins Dasein bringt. Denn das ist ja gar nicht so; zumindest in meinem Falle kann ich ausschließen, dass ich mich selbst ins Dasein gebracht habe. Ich habe dafür nichts getan, jedenfalls kann ich mich nicht daran erinnern. Gemeint ist das transzendentale, das „große", das absolute Ich, an dem wir alle, insofern wir wir selbst, das heißt uns selbst bewusste Ichs sind, teilhaben. Es ist die Idee des Ichs, die Ichheit schlechthin. Ein solches Ich kann nur so gedacht werden, dass es nicht ein vorfindliches Etwas ist – denn dann würde es Bestimmungen tragen, die danach fragen ließen, wer diese Bestimmungen vorgenommen hat.

Dieses Ich ist frei von aller Bestimmung, weil es dasjenige ist, wodurch alles bestimmt wird. Deshalb kann es auch nur eines geben, und jedes besondere, empirische Ich, das in besonderen Verhältnissen sich vorfindend ein relatives ist, ist Modifikation dieses einen, absoluten Ichs, das Hegel später „Geist" nennen wird.

Jedes einzelne Individuum kann nun diese Absolutheit des großen Ichs erschließen, so Fichte, und nichts anderes machen die Philosophen, wenn sie über „das Ich" nachdenken. Philosophieren heißt: Mit „dem Ich" auf Du und Du stehen. Und die Philosophie kann dies, indem sie sich auf die grundlegende Idee der Freiheit/Absolutheit besinnt. Freiheit ist die *Idee* des Handelnkönnens. Ich finde sie nicht als *Eigenschaft* in mir vor – weshalb zum Beispiel die Frage, ob die Freiheit dem Menschen zukommt oder nicht, müßig ist –, sondern als eine *Aufgabe*, als ein Seinkönnen und -sollen. „Ich bin" heißt, nach Fichte: Ich kann, ja, ich *soll* ich selbst sein. „Ich bin ich" heißt also nicht nur: Ich bin von anderem unterschieden und dadurch identisch mit mir – das könnte ein jedes Ding zu sich selber sagen, wenn es nur sprechen könnte –, sondern ich *existiere* überhaupt nur aufgrund dessen, dass ich mich von anderem unterscheide.

„Das Ich" als der Name der grundlegenden, freien und überindividuellen Bestimmungstätigkeit, wie sie denknotwendigerweise im Kern eines jeden Individuums agierend angenommen werden muss, war das A und O der Deutschen Idealisten, wie auch immer sie sich dann auch noch voneinander unterschieden haben mögen, etwa in der Frage, wie ein Mensch überhaupt dazu kommt, sich als ein solches freies Wesen zu erachten.

Andreas Luckner ist Privatdozent für Philosophie an der Universität Leipzig und bearbeitet zurzeit ein Forschungsprojekt zu Heideggers Technikphilosophie an der Universität Stuttgart.

**Anmerkungen:**

1. Augustinus, Aurelius: Bekenntnisse. Verlag Philipp Reclam jun., Stuttgart 1993, Seite 314
2. Die angedeutete Parallele von „Ich" und „Zeit" ist nicht rein äußerlich, wie man gerade bei Kant lernen kann: „Die Zeit" ist so etwas wie der Zweitname des Ichs, auch sie der Schatten der Verstandestätigkeit und von entsprechender Ungreifbarkeit. Siehe auch: Luckner, Andreas: Genealogie der Zeit. Zu Herkunft und Umfang eines Rätsels, dargestellt an Hegels Phänomenologie des Geistes. Akademie Verlag, Berlin 1994

**Literatur:**


- Augustinus, Aurelius: Bekenntnisse. Reclam Verlag, Stuttgart 1993
- Fichte, Johann Gottlieb: Grundlage der gesamten Wissenschaftslehre. EA Jena/Leipzig 1794, Gesamtausgabe der Bayerischen Akademie der Wissenschaft, Band I, 2, 1965. Im Text abgekürzt mit: **WL**
- Henrich, Dieter: Fichtes „Ich". In: Henrich, Dieter: Selbstverhältnisse. Reclam Verlag, Stuttgart 1982, Seite 57–82
- Kant, Immanuel: Kritik der reinen Vernunft. EA Riga 1781, Akademie-Ausgabe Band III und IV, Berlin 1903/04. Im Text abgekürzt mit: **KrV**
- Luckner, Andreas: Genealogie der Zeit. Zu Herkunft und Umfang eines Rätsels, dargestellt an Hegels Phänomenologie des Geistes. Akademie Verlag, Berlin 1994
- Ryle, Gilbert: The Concept of Mind. London 1949. Deutsch: Der Begriff des Geistes. Reclam Verlag, Stuttgart 1969


**Metaphysik:**
Philosophische Disziplin, die sich mit den über die sinnlich erfahrbaren Naturerscheinungen hinausgehenden Fragen des Seins beschäftigt.

Während mit dem Begriff **transzendent** das Übersteigen des sinnlich Erfahrbaren angezeigt wird, werden die Bedingungen als **transzendental** bezeichnet, die noch vor aller Erfahrung Voraussetzungen des Denkens und Wahrnehmens sind.

Mit **reiner** oder **transzendentaler Apperzeption** bezeichnet Kant den der Erfahrung vorausgehenden, höchsten „Grund der Einheit des Bewußtseins", welcher es ermöglicht, alle unsere Erfahrungen (Anschauungen) auf ein bleibendes Ich zu beziehen. Die *empirische* Apperzeption (auch Apprehension genannt) ist Kant zufolge das subjektive Bewusstsein seiner selbst.

Elisabeth List

# Kein Ich, nirgends – schon gar kein weibliches

**Nichts ist sicherer als unser Ich – sagen diejenigen, die sich in der Gewissheit „reflexiver Selbsthabe“ wähnen, also von einem selbstbezüglichen Ich ausgehen, wie es in Descartes‘ „cogito ergo sum“ („Ich denke, also bin ich“) zum Ausdruck kommt. Aber ist solche Sicherheit nicht auch billiger zu haben? Ist sie nicht das Allerselbstverständlichste, zumindest für diejenigen, die, ohne darüber lang nachzudenken, gewohnt sind, immer und überall, laut und vernehmlich „ich“ zu sagen: „ich meine“, „ich wünsche“, „ich kann“? Wie wird die Antwort auf die Frage nach dem Ich aussehen, wenn sie von einer Frau gestellt und beantwortet wird, die bewusst als Frau spricht?**

Sie wird zunächst darauf hinweisen, dass, mit Blick auf die Geschichte, Frauen nicht zu Wort gekommen sind, ihnen die Möglichkeit, „ich“ zu sagen, vorenthalten wurde. Frauen hatten wenig bis nichts zu sagen in der Philosophie, in den Wissenschaften, in der Politik. Vielleicht ist es genau dieser Umstand, der heutzutage eine „politisch korrekte“, dem Prinzip der Gleichberechtigung gegenüber aufgeschlossene Öffentlichkeit dazu bewegt, neugierig, interessiert oder auch besorgt nachzufragen nach dem Ort und der Verfasstheit des weiblichen Ichs. Dieser Besorgnis möchte ich die Frage nach dem „männlichen Ich“ entgegenhalten. Warum fragt man nicht erst nach dem männlichen Ich? Weil es außer Frage steht, unproblematisch ist, selbstverständlich? Eben diese Selbstverständlichkeit verleiht der unwiderstehlichen Neigung, vom Ich als einer metaphysischen, das heißt jenseits jeder Erfahrung befindlichen, Substanz zu sprechen, einen besonderen Nachdruck.

Der philosophische Diskurs über das „Ich“, das „Subjekt“ war in seiner Geschichte geprägt durch eine Vorherrschaft männlicher Sprecher, ausgestattet mit allen Fähigkeiten: Vernunft, Entscheidungsfähigkeit, Stärke, Leidenschaft. Es begegnet uns in vielen philosophischen Konzeptionen, in Descartes‘ „Ich denke, also bin ich“, ebenso wie in Kants vor aller Erfahrung gegebener Apperzeption (siehe Erläuterung).

Nun leben wir heute in einer Epoche, die eine lange Phase der Kritik, der Dekonstruktion (siehe Erläuterung) alter metaphysischer Kategorien (siehe Erläuterung), insbesondere auch der Kategorie des „Ichs“, des Subjekts, hinter sich hat. Die Infragestellung des Ichs als übersinnliche Instanz beginnt schon in der zweiten Hälfte des 19. Jahrhunderts, als die Gedankensysteme des Idealismus (siehe Erläuterung) von Kant bis Hegel ihre unbefragte Funktion als philosophische Leitmodelle allmählich einbüßten. Zumindest vier Namen sind in diesem Zusammenhang zu erwähnen: Friedrich Nietzsche, Ernst Mach, Sigmund Freud, Jacques Lacan.

> **Das Ich, mit großem „I“ geschrieben, ist eine Illusion – für Frauen insbesondere auch eine gefährliche.**

Nietzsches Angriff auf das cartesische Cogito ist zugleich ein Angriff auf das Begründungsmonopol der Philosophie und ihres Modells der Reflexion. Deren Illusion einer unmittelbaren Einsichtigkeit (Evidenz) verdanke sich der Verdrängung und Leugnung ihrer Vermitteltheit durch die Sprache. Nietzsche spricht in seiner Schrift *Über Wahrheit und Lüge im außermoralischen Sinn* (1873) vom Standpunkt des dergestalt Verdrängten. Sprache ist für Nietzsche nicht ein „reines“ Medium des Ausdrucks von unmittelbaren Wahrheiten, vielmehr gründet sie auf den Prinzipien der Metapher und der Metonymie (siehe Erläuterungen). Diese sind keine dekorativen Zutaten, sondern wohnen ihr inne. Eine der machtvollsten Illusionen ist für Nietzsche die Fiktion des „Ich denke“, des *cogito*, als Zentrum beziehungsweise als Ich der Vernunft. Der Illusion des Ichs entspricht die Illusion von der Einheit des Denkens, welche die Vernunftphilosophie einfordert und schließlich die Erfindung eines metaphysischen



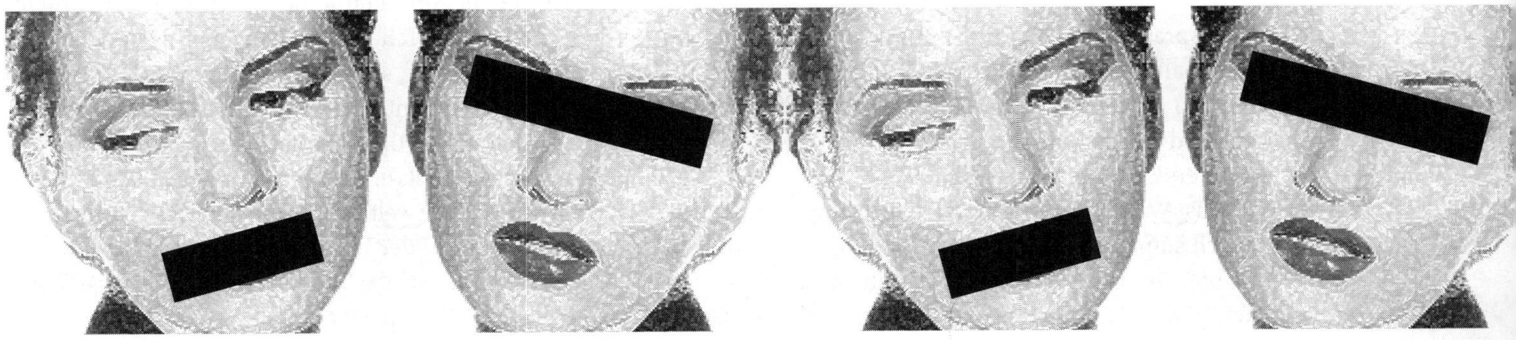

Ichsubstrats, in dem alle Denkakte ihren Ursprung haben. Diese letzte Illusion, so Nietzsche, sei die hinterhältigste, denn sie bewirkt im Verhältnis von Akteur und Werk eine Umkehrung: Unter dem Titel „ich denke" erscheine als Ursache, was tatsächlich die Wirkung des eigenen Tuns ist.

Es mag erstaunen, dass sich manche von den Gedanken Nietzsches in Ernst Machs Schrift *Analyse der Empfindungen* aus dem Jahre 1886 wiederfinden. Ernst Mach, Mathematiker, Physiker und später Inhaber eines Lehrstuhls für Philosophie, betreibt Metaphysikkritik mit der Geste strenger Wissenschaftlichkeit. Er zerstört die Voraussetzungen einer Metaphysik des Ichs durch die systematische Analyse der Befunde des Erfahrungsbewusstseins. Dessen Stoff erscheint als die Elemente des bewusst Gegebenen, die einen Gesamtkomplex neutraler „Weltelemente" ausmachen.[1] Im Zentrum von Machs Untersuchung stehen die Empfindungen als jene sinnlich gegebenen Elemente, die durch ihre funktionale Abhängigkeit als psychische, durch den Leib vermittelte Elemente definiert sind. Das Ich erscheint als ein Komplex von Empfindungselementen, die verbunden sind mit dem Fühlen, dem Erinnern und dem Wollen. Weil Empfindungen über die Zeit hin in beständigen Zusammenhängen wiederkehren, vermuten wir hinter ihnen eine Substanz, die unabhängig vom Fluss der gewohnten Elemente besteht. Doch die scheinbaren Einheiten „Körper" oder „Ich" sind nur Notbehelfe zur vorläufigen Orientierung und für praktische Zwecke. Die Annahme metaphysischer Substanzen wie „res cogitans" (denkende Substanz), „Ding an sich", oder auch: „Ich" erweist sich als Illusion.

**Das Ich ist etwas, dessen man sich besser entledigen sollte, als es zu kultivieren.**



Das Ich ist für Mach also eine durch eine bestimmte Denkökonomie gestiftete Einheit. Als metaphysische Instanz, so Mach, „(ist) das Ich ... unrettbar".[2] Mach zitiert Lichtenberg:

*„Wir sind uns gewisser Vorstellungen bewußt, die nicht von uns abhängen, andere, glauben wir wenigstens, hängen von uns ab. Wo ist die Grenze? Wir kennen nur allein die Existenz unserer Empfindungen, Vorstellungen und Gedanken. Es denkt, sollte man sagen, so wie man sagt: e s b l i t z t. Zu sagen c o g i t o ist schon zu viel, sobald man es durch I c h d e n k e übersetzt. Das Ich anzunehmen, zu postulieren, ist praktisches Bedürfnis."*

Aus sprachlichen Gründen und zu Handlungszwecken halten wir an der Einheit des Ichs fest. Diese Einheit, so Mach, löst sich in wissenschaftlicher Analyse auf und geht ein in den Gesamtkomplex von Weltelementen.

Aus Wien stammte auch jener junge Mann, der durch seine Schrift *Geschlecht und Charakter* berühmt wurde und im Alter von 24 Jahren, durchaus in Einklang mit seiner Weltsicht, Selbstmord beging. Gegen Hume, Lichtenberg und Mach hält er an der Unbezweifelbarkeit und unmittelbaren Einsichtigkeit des Ichs fest und leitet sie aus der apodiktischen (unwiderlegbaren) Geltung der Grundgesetze der Logik ab. Da diese, wie der Satz der Identität (A=A), ein Sein behauptet (damit A=A Gültigkeit hat, muss A ein wie auch immer geartetes, nicht zwangsläufig materielles Sein zugesprochen werden), ohne ein Objekt vorauszusetzen, könne dieses Sein nichts anderes sein als das Subjekt. „A=A. Dieser Satz also identisch mit dem Satze: Ich bin."[4] Dieses Diktum steht bei Weininger im Zentrum einer Philosophie der Geschlechter, der zufolge der Mann seinem Wesen nach ganz dem Geist zustrebe, die Frau aber, das „Urweib", zutiefst in ihrem sexuellen Sein befangen bleibe. Was „das Weib", wenn es spricht, bestenfalls hervorbringt, sind „unbegriffliche Gefühle", die Weininger „Heniden" nennt. „Die unbegriffliche Natur des Weibes ist aber, nicht anders als seine geringe Bewußtheit, ein Beweis dafür, daß es kein Ich besitzt."[5] Von daher auch – so Weininger – die „tiefe Verlogenheit des Weibes. Das Weib ist amoralisch, gemein."[6] Und sein Denken ist nicht mehr als ein „Gleiten und Huschen zwischen den Dingen".[7] Bemerkenswert, dass Weiningers Buch millionenfach Absatz fand. Er hatte eine starke männliche Lesergemeinschaft, die Weiningers Buch als epochalen Geistesblitz feierte.

Die Ironie der Geschichte will es, dass vieles aus dem intellektuellen und moralischen Mängelkatalog, den Weininger für „das Weib" erstellte, unter den Vorzeichen der Postmoderne als die intellektuelle Signatur des späten zwanzigsten Jahrhunderts wiederkehren sollte, als „schwaches Denken" bei Gianni Vattimo oder als „devenir femmes" („Frau werden") bei Jacques Derrida. Damit nimmt die Frage nach dem Verhältnis von Ich und Geschlecht eine unerwartete Wende. Das Ich als Signatur des souveränen männlichen Ichs verfällt der Dekonstruktion (siehe Erläuterung), der konstatierte Befund der Ichlosigkeit fällt auf die Schöpfer und Träger der Phantasmen (Trugbilder) eines metaphyischen Ichs zurück.

Den entscheidenden Anstoß zur Verabschiedung des Ichs gab die Kritik Freuds, der den zwei epochalen Kränkungen des Menschen eine weitere hinzufügte: Nach der Ablösung des geozentrischen Weltbilds – das die Erde im Mittelpunkt des Universums wähnte – durch das heliozentrische am Beginn der Neuzeit, in deren Folge der Mensch seine Position als Zentrum des Universums verlor, und durch Darwins Evolutionstheorie, die dem Menschen seine Sonderstellung im Bereich des Lebenden aberkannte, war mit Freuds These von der zentralen Rolle des Unbewussten nicht einmal mehr das Ich „Herr im eigenen Haus".

Dennoch stellte sich die Psychoanalyse als therapeutische Praxis unter den Leitspruch: Wo Es war, soll Ich werden. Diese therapeutische Erwartung gab dem Ich als stabile Instanz des Handelns und des Austausches mit der Umwelt wieder eine gewisse Realität. Es war schließlich der französische Psychoanalytiker Jacques Lacan, der den Tendenzen der Wiederaufwertung des Ichs entgegentrat.

Lacan gibt eine über Nietzsches und Machs Deutung des Ichs als denkökonomische Notwendigkeit hinausgehende Erklärung dafür, warum wir an der Illusion des Ichs als kohärente (zusammenhängende), einigende Instanz in uns so hartnäckig festhalten. In seiner berühmten Schrift über *Das Spiegelstadium* lokalisiert Lacan die Entstehung der Vorstellungen vom eigenen Ich im freudigen Wiedererkennen des Kleinkinds im eigenen Spiegelbild. Während ein junger Schimpanse schnell das Interesse an seinem Spiegelbild verliert, schließt Lacan aus der freudigen Auseinandersetzung des Kleinkinds mit seinem Spiegelbild, dass das Kind im Spiegel erstmals seinen Körper als Ganzheit wahrnimmt. Dieses erste Bild vom Ich ist aber geprägt von einer tiefen Zwiespältigkeit. Es ist nicht das eigene Ich, das Lacan zufolge im Spiegel erblickt wird, sondern auch das Bild eines anderen Ichs. Das erste Bild vom Ich ist deshalb Integration und Distanzierung zugleich – Distanzierung von einer von außen, sozial und symbolisch vorgeformten Ich-Gestalt, deren wesentliches Moment es ist, dass es die Lücke eines Mangels, einer Abwesenheit zu schließen sucht – die Abwesenheit des ersten Liebesobjekts, dem einen Du, mit dem sich das Kind als Einheit, und damit als Einheit mit seiner ganzen Umwelt, erlebt hat. Dieser Funktion der Kompensation eines Mangels, eines Verlusts ist es zu danken, dass die erste, von der Energie der Eigenliebe gespeiste Identifikation mit einem Bild vom Ich mehr eine Verkennung ist als eine Erkenntnis. Mit dieser These wendet sich Lacan radikal von allen cartesischen Ich- und Subjekttheorien ab, von allen Illusionen einer Einheit und Beständigkeit des Ichs.

Feministische Theoretikerinnen setzen an diesem Punkt des Lacanschen Denkens an. Dessen Anstoß erregendes Diktum „La femme n'existe pas" („Die Frau existiert nicht") sei nur auf dem Hintergrund seiner Kritik an herkömmlichen – durchweg auf männlich dominiertes Denken bezogenen – Subjekttheorien zu verstehen. Die Frau, die sich als das Geschlecht erklärt, das „nicht eines ist" (Luce Irigaray) – mithin als ein Subjekt, das „nicht eines ist" – scheint nicht so hoffnungslos befangen in der selbstverliebten Obsession des Einsseins, die mit Lacan endgültig als Wahnidee und grandiose Selbstverkennung männlicher Ich-Souveränität und Machtphantasien entlarvt ist.

**Subjekt werden kann man nur um den Preis der Unterwerfung.**

Das Ich ist vom wissenschaftlichen Standpunkt aus betrachtet eine Fiktion, und zugleich ein unverzichtbarer Bestandteil der Alltagserfahrung. Eine angemessene Theorie des Ichs müsste in der Lage sein, eine Erklärung zu geben, warum das so ist. Eine angemessene Theorie des Ichs müsste von der Erfahrung des Alltags ausgehen und die Funktionalität der Phantasmen und Visionen des eigenen Ichs erklären, so wie dies Nietzsche, Mach und Lacan versuchten.

Festzuhalten ist, dass alle diese Repräsentationen in sozialen Zusammenhängen entstehen (der frühen Beziehungen zu den Eltern, in Schule und Ausbildung, im Berufsleben), in denen sie aufrechterhalten und weiter geformt werden. Es handelt sich um historische Produkte und als solche sind sie einem permanenten Wandel unterworfen. Im Anschluss an Louis Althusser hebt Judith Butler hervor, dass Kontexte der Subjektwerdung, der „Subjektion", wie der im Englischen und Französischen noch vorhandene ursprüngliche Wortsinn erkennen lässt, Kontexte der Unterwerfung und der Macht sind. Das heißt, Subjekt werden könne man nur um den Preis der Unterwerfung.[8] Wir nehmen uns als Subjekte wahr durch Rituale der ideologischen Wiedererkennung – im Alltag gibt es unzählige davon. Das konkrete Beispiel bei Althusser, auf das sich Butler bezieht, ist das des Polizisten (als Repräsentanten der staatlichen Macht), der einem Passanten zu-

**Unter dem Titel „ich denke" erscheint als Ursache, was tatsächlich die Wirkung des eigenen Tuns ist.**

ruft: „He, Sie da!" Indem sich der Angerufene ihm zuwendet, wird er zum Subjekt. Er weiß, dass er gemeint ist und niemand anderer, und meist hat er das Gefühl, irgendetwas falsch gemacht zu haben, Adressat einer Amtshandlung staatlicher Macht geworden zu sein. Und so deutet Butler den Akt seiner Hinwendung zum Polizisten als das Zusammenfallen von Subjektwerdung und Unterwerfung.[9]

Fasst man die Befunde vor und nach Lacan zusammen, erscheint das Ich als Produkt der Verkennung und Unterwerfung, mithin als etwas, dessen man sich besser entledigen sollte, als es zu kultivieren. Kein Ich.

Denn das Ich, mit großem „I“ geschrieben, ist eine Illusion, eine für manche Zwecke nützliche, für Frauen insbesondere eine gefährliche. Man sollte aber die Lust an der Dekonstruktion nicht überschätzen – der Abschied von den Illusionen des Ichs, missverständlich dramatisiert zum „Tod des Subjekts“, muss keineswegs tödlich sein. Sie wird und soll uns vielmehr befreien von metaphysischen Lasten. Wir werden weiter, vor allem freier leben, denken, sprechen, „ich“ sagen. Wir Frauen mehr denn je.

Elisabeth List ist Professorin für Philosophie an der Karl-Franzens-Universität in Graz.

**Anmerkungen:**

1. Mach, Ernst: Analyse der Empfindungen. Neunte Auflage, Jena 1922
2. Mach, Ernst: Analyse der Empfindungen. Seite 20
3. Zitiert nach Mach, Ernst: Analyse der Empfindungen. Seite 23
4. Weininger, Otto: Geschlecht und Charakter. Wien 1903, Seite 204
5. Weininger, Otto: Geschlecht und Charakter. Wien 1903, Seite 352
6. Weininger, Otto: Geschlecht und Charakter. Wien 1903, Seite 354
7. Weininger, Otto: Geschlecht und Charakter. Wien 1903, Seite 244
8. Butler, Judith: Psyche der Macht. Das Subjekt der Unterwerfung. Frankfurt am Main 2001
9. Für einen ausführlichen Kommentar zu Butlers Theorie von Subjektwerdung und Unterwerfung vergleiche: List, Elisabeth: Grenzen der Verfügbarkeit. Die Technik, das Subjekt und das Lebendige. Wien 2001, Seite 97–98



**Apperzeption**
Hier: Das bereits vor aller Erfahrung (transzendental) gegebene (Selbst-)Bewusstsein, das „die Vorstellung *ich denke* hervorbringt“, die alle anderen Vorstellungen begleitet. (Kant, Immanuel: Kritik der reinen Vernunft. § 16, B 132/133)

**Metaphysik**
Philosophische Disziplin, die sich mit den über die sinnlich erfahrbaren Naturerscheinungen hinausgehenden Fragen des Seins beschäftigt.

**Idealismus, deutscher:**
Bezeichnung für die vorherrschende Strömung in der deutschen Philosophie nach Kant zwischen ca. 1790 und 1830. Gemeinsam ist allen Vertretern der Versuch, die gesamte Wirklichkeit aus einem geistigen Prinzip abzuleiten.

**Metapher:**
Bildlicher Ausdruck, entstanden durch die Übertragung eines Wortes in einen anderen Zusammenhang. Zum Beispiel Flussarm, schreiende Farben, Quelle. **Metonymie** (gr.: Namensvertauschung): Vertauschung zweier in räumlichem, zeitlichem oder ursächlichem Zusammenhang stehender Begriffe, wie zum Beispiel: „Glas“ für „Trinkgefäß aus Glas“ oder „die Galle von Zimmer 5“ für den „Patienten mit der Erkrankung der Galle“. Lacan zufolge ist die Metonymie „jenes Mittel des Unbewußten ..., das am Besten geeignet ist, die Zensur (des Bewußtseins) zu umgehen“.

**Dekonstruktion:**
vom französischen Philosophen Jacques Derrida eingeführter Begriff, der heute vielfach wegen seines doppelten Richtungssinns gebraucht wird: als *Destruktion*/Zerstörung im Sinne einer radikalen Kritik, nach der die herkömmliche Bedeutung eines Begriffs nicht mehr akzeptiert werden kann, und als *Konstruktion*: eine neue Bedeutung herausarbeiten, eine veränderte Sichtweise einführen, kurz: dekonstruktiv die Grundbegriffe der Philosophie (Einheit und Unterschied, Begriff und Metapher, Stimme und Schrift...) *verschieben* und die in ihnen eingelagerten Herrschaftsbeziehungen (Hierarchien) unterlaufen.

Jens Poggenpohl

# Das Ich und sein Double

**Ich bin ich und kein anderer. Der Satz klingt vernünftig – aus der Identitätslogik stammt er ja auch. In ihm verbergen sich zwei Leitideen vom Menschen: Die eine besagt, dass das, was wir Ich nennen, eine unteilbare Ganzheit sei, etwas, über dass sich klar und deutlich Auskunft geben ließe; Widerspruch ausgeschlossen. Die zweite gibt dieser Auffassung eine selbstbewusste Note: Das Ich als Ich ist unverwechselbar mit irgendeinem anderen, unersetzlich, selbstbestimmt in seiner eigenen Geschichte. Gut und schön – aber ist dieser Satz auch wahr? Schenkt man der Literatur Glauben, ist er es nicht.**

Ausgerechnet in dem Moment, als in der Philosophie die Freiheit des ehemals unterwürfigen Subjekts beschworen wurde, hat die Literatur begonnen, Geschichten zu erzählen, in denen Vagheit Klarheit ersetzt, in denen sich die ganze Wahrheit über den Menschen und sein zutiefst gespaltenes Wesen enthüllt. So unwahrscheinlich Doppelgänger sind – als literarische Fiktionen behaupten sie doch ihr Dasein. Wo sie auftauchen, ist mit Verwirrungen zu rechnen. Gerade mit und an ihnen zeigt sich eine massive Skepsis der Literatur gegenüber den Wunschvorstellungen der Philosophie. Der Doppelgänger steht, in ganz unterschiedlichen Facetten, für das Dementi der Einheitsidee wie auch des Glaubens an die Einzigartigkeit.

## Wiederkehr der Wiedergänger

Dass in den Grenzregionen, in die literarische Doppelgängereien entführen, auch die Wahrnehmung des Lesers trügerisch wird, versteht sich fast von selbst. Erstaunlicher indes mutet an, dass das Motiv bis in die Gegenwart hinein so prominent geblieben ist. Beginnen wir mit einer gegenwärtigen Geschichte. Sie spielt in der niederösterreichische Provinz, sie spielt heute, ihre Darsteller entpuppen sich als Zombies und Wiedergänger. Ein äußerst ungemütliches Buch hat Elfriede Jelinek da vorgelegt. *Die Kinder der Toten* (1995) handelt von der Wiederkehr der immer gleichen Geschichte, und nicht irgendeiner: von der deutschen nämlich und ihrer Verdrängung. Was da verdängt worden ist, hat jedoch Präsenz bewahrt als „der Untergrund, auf dem wir alle stehen, der Schlamm, der Lehm, in dem die Toten ruhn". So wie die Historie haben sich auch Jelineks Figuren zum Stillstand entschlossen. Sie selbst sind Wiedergänger ihrer Vorfahren, durch Leugnung verdammt zum „Automatismus stetiger Wiederholung". Ein Zyklus der Gewalt ist so entstanden, ein ewiger Zwang zum Bösen, der sie alle bestimmt: „Die Toten wollen befreit sein, aber um ihr Leben wieder zurückzubekommen, müssen sie die Lebenden töten."

Jelinek gibt ihren Figuren keine Identität, sie verwandelt sie fortwährend in neue Wesen gleichen Namens, die wieder und wieder ihren Tod erfahren: von Fortschritt, von Individualität keine Spur.

Literarisch gesehen ist Jelineks apokalyptische Fabel vom nie vergangenen 1000-jährigen Reich knapp 200 Jahre alt. Deutlich sind die Anleihen, die der Roman bei E. T. A. Hoffmanns *Die Elixiere des Teufels* (1815) nimmt. Jelineks romantischer Vorgänger erzählt ebenfalls von Wiedergängern, er erzählt von einem Fluch. Seit „Francesko der Maler" eine Liaison mit dem „Teufelsweib" einging und ein schreckliches Ende fand, erleiden seine Nachfahren ein ähnliches Schicksal. In diesem Rahmen schildert Hoffmann den Lebensweg des Kapuzinermönchs Franz Medardus. Dieser jüngste Wiedergänger des Urahnen hat nicht nur mit der belasteten Vorgeschichte zu kämpfen, sondern vor allem mit Doubles, die seinen Weg durchkreuzen. Sehen wir uns dieses Schlüsseldokument einmal genauer an.

## Das Drama der Zerrissenheit

„Ich bin das, was ich scheine, und scheine das nicht, was ich bin, mir selbst ein unerklärlich Rätsel, bin ich entzweit mit meinem Ich!" E. T. A. Hoffmann kannte die Tradition literarischer Doppelgängerei, als er diesen rätselhaften Satz niederschrieb. Zumeist war sie, wie in Shakespeares *Comedy of Errors*, als Anlass für Verwechslungskomödien genommen worden, durchaus hintersinnig, schließlich aber heiter aufgelöst. Der Anfang der *Elixiere* zitiert diese Tradition, aber nur, um sie jeder Heiterkeit zu entkleiden. Nach dem (vermeintlichen) Todesfall des Grafen Viktorin, der – über einem entsetzlichen Abgrund postiert – stürzt, nachdem der Klosterbruder ihn berührt, gerät der verblüffend ähnlich aussehende Medardus an dessen Stelle auf ein Schloss: die erste Station einer Irrfahrt, die vom Psychodrama einer Zerrissenheit handelt. Was Zerrissenheit meint, hat man eingangs des Romans schon erfahren. Eigentlich soll Medardus eine hochverfeinerte, geistig asketische Existenz führen. Ausgerechnet hinter Klostermauern aber werden verbotene Begierden ganz anderer Art geweckt: „mir das Weib zu geben, meinen Schwur zu lösen, mir Freiheit zu schenken zum sündigen Abfall!" Diesen Widerstreit zwischen einem „guten", „höhern" „Prinzip" und einer „feindlichen" oder „bösen" „Macht" erleidet Medardus fortan als unauflösliche Selbstverfeindung.

**„Sein Alptraum, mit einem Wort er selbst."**

Fjodor M. Dostojewski

Die Stunde der Doppelgänger schlägt erstmals, als Medardus einen Doppelmord begeht. Er entkommt zwar seinen Verfolgern: „Aber – des grässlichen Anblicks – vor mir! Vor mir, stand Viktorins blutige Gestalt, nicht ich, er hatte die Worte gesprochen." Wer ist das, der da mordet, wer ist das, der aus ihm spricht? Seine Identität ist ins Wanken geraten und bleibt es. Medardus flieht in immer neue Identitäten, wechselt Orte, Namen und Kostüme. Seinen Doubles entkommt er nicht. Mag er sich noch so verstellen, sie stellen und ent-stellen ihn dabei.

**„Einzigartigkeit trotz Gleichheit"**

Michel Houellebecq

„Fort – fort", ruft Medardus, ein Doppelgänger stammelt: „Medardus ist da-da." Wer derart doppelt sieht, spürt die Abwesenheit eines Anderen und umgekehrt. Es ist diese Schwelle zwischen Realität und Halluzination, an der das möglich wird, was Freud später als „Ich-Verdopplung, Ich-Teilung, Ich-Vertauschung" (*Das Unheimliche*) beschreiben wird. Ihr Resultat ist eine verwirrende Vagheit in der Nähe des Wahnsinns. Hoffmann zieht alle erzähltechnischen Register, um dem Leser genau jene Vagheit zu vermitteln. So erscheint Viktorin, der sich nach und nach als lebendig und damit als realer Doppelgänger entpuppt, auch als Vision. Er hinterlässt Medardus bei dieser Gelegenheit jedoch ein unabweisbar reales Messer.

Es liegt nahe, die unterschiedlichen Doubles psychoanalytisch als Repräsentanten des Unbewussten oder des Gewissens zu lesen. Eindeutig fixierbar sollen sie aber ebenso wenig sein wie der „grässliche Doppeltgänger", der am Ende Medardus' Sehnsuchtsobjekt Aurelie mit jenem Messer tötet und so dessen Wunsch, „sie mit aller Inbrunst der wütenden Begier (zu) umarmen und dann ihr den Tod (zu) geben", wortwörtlich exekutiert.

Doubles, dass ist nicht nur für Hoffmann typisch, sind dem Ich allzu bekannt und unfassbar zugleich, äußern sich als Figuren, die sich hartnäckig nicht abschütteln lassen und dem Ich dennoch nicht so hörig sind, dass es über sie verfügen könnte. In *Die Elixiere des Teufels* tauchen die Agenten der Andersheit vorzugsweise im Dunkeln auf, in Träumen, Verliesen und Kerkern: „Der, der unten war, drückte wacker herauf. Vier, fünf Steine lagen zur Seite weggeschleudert, da erhob sich plötzlich ein nackter Mensch bis an die Hüften aus der Tiefe empor und starrt mich gespenstisch an mit des Wahnsinns grinsendem, entsetzlichem Gelächter. Der volle Schein der Lampe fiel auf das Gesicht – ich erkannte mich selbst – mir vergingen die Sinne." Die Selbstbegegnung führt in die Umnachtung – der Moment, in dem der nackte Wahnsinn hervorbricht, übersteigt das Bewusstsein. Dass Selbstwahrnehmung Wahrnehmung eines Fremden bedeutet, dass gelungene Ich-Einheit nur in der Akzeptanz einer Fremdheit bestehen kann – das könnte man als Hoffmanns drastische Lektion bezeichnen. Sein zwielichtiger Held verweigert sich dieser Einsicht jedoch bis zum Ende, einem Ende übrigens, dass den selbstbezüglichen Aspekt literarischer Doppelgängerei beleuchtet: Medardus schreibt, ins Kloster zurückgekehrt, seine Lebensgeschichte. Eine letzte Spaltung, nun zwischen Autor-Ich und Real-Ich.

## Die gefährliche Lust an der Verdoppelung

Verwunschenes und Erwünschtes treffen in Doubles häufig zusammen. Die Elixiere berichten nicht nur vom Schrecken, sondern von „Schmerz und Wonne, Grauen und Lust". Diese Lust an der Ekstase ist so alt wie der Mensch. Dass sie verstärkt dort ausbricht, wo institutionelle Ansprüche die Grenzen des Ich-Gehäuses eng ziehen, mag man Hoffmann entnehmen. Diese Lust hat einen weiteren Hintergrund: Bereits die antike Mythologie artikulierte – in Janus, dem zweiköpfigen Gott, oder etwa im Androgynenmythos – die Sehnsucht, elementare Gesetze des Lebens vermittels Doppelungen außer Kraft zu setzen. Davon handelt, in seiner Weise, Oscar Wildes *Bildnis des Dorian Gray* (1891). Weitaus entschiedener noch als Hoffmann betont Wilde hier „die schrecklichen Freuden eines Dop-

pellebens", das einsetzt, als Dorian Gray einen Menschheitstraum wahr werden lässt: Er besiegt das Gesetz flüchtiger Jugend. An seiner Stelle altert sein Porträt, „Offenbarung" seiner Schönheit. Als Abspaltung beginnt es ein Eigenleben, genauer: Es wird „Zeichen des Gewissens", „sichtbares Symbol" seiner Verbrechen und des Alterns, Spiegel seiner Seele. Diese Ich-Spaltung vermag Dorian aber lange in sein Lebenskonzept zu integrieren, ja mehr noch: An der moralischen Hässlichkeit entzündet sich der Rausch der Reflexion: „Er verliebte sich immer mehr in seine eigene Schönheit, immer mehr interessierte er sich für die Verderbnis seiner eigenen Seele. Mit peinlicher Aufmerksamkeit und bisweilen mit einer ungeheuerlichen und entsetzlichen Wonne untersuchte er die abscheulichen Linien, welche die runzelige Stirn entstellten oder um den schweren, sinnlichen Mund krochen, und dann fragte er sich manchmal, was schrecklicher sei, die Zeichen der Sünde oder die Zeichen des Alters." Dieses Leben kennt nur den Gott der Form, die Lust an Stilisierungen und neuen Selbst-Erfindungen: „Ist Unaufrichtigkeit denn etwas so Schreckliches? Ich glaube nicht. Sie ist lediglich eine Methode, mit der wir unsere Persönlichkeit entfalten können."

Verschweigen wir nicht die Moral von der Geschicht': Auf den Augenblick konzentrierte, individualistische Lebenskunst lässt sich nicht auf Dauer stellen, wie alles Schöne ist sie Schleier über einem tragischen Verhängnis. Dorian Gray wird zum Mörder, entfernt sich immer weiter von der Gesellschaft, bis ihn „Ekel vor der eigenen Schönheit" überkommt. Auch sie nur „Maske", „Jugend nur ein Trug". Nur die „Spuren böser Leidenschaft", die sein Portrait zeigt, will er noch entfernen, um „ein neues Leben" zu beginnen. Doch als sich Dorian Gray daran macht, sein Portrait zu zerstören, muss er erkennen, dass er damit sich selbst zerstört. Die Stiche in die Leinwand sind Stiche ins Herz. Dorian Gray zahlt für den Teufelspakt mit dem Interessanten. Und das ist auch gut so, ist man versucht zu sagen – von Perversion und Narzissmus sprechen Interpreten des *Dorian Gray* bis heute. Leicht wird dabei übersehen, dass radikale Experimente der Literatur ihren Wert gerade in der Differenz zum gültigen Geschmack besitzen.

## Gestörte Einheit, zerstörte Einzigartigkeit

Doppelgänger, das Beispiel Wildes sollte das nochmals deutlich machen, stehen für das, was sich nicht abschütteln lässt. Nicht selten zeigen sie sogar Tendenzen zur Selbstermächtigung, kommt es zu Machtkämpfen zwischen Ich und Alter Ego (anderem Ich). Die Spur dieses Duells hat wiederum E. T. A. Hoffmann schon gelegt, als er eine Figur auftreten ließ, die von Medardus als „Teufel" identifiziert wird, weil sie einen Kampf auf Leben und Tod vorschlägt: „und wer den anderen herabstößt, ist König und darf Blut trinken."

In Hoffmanns Nachfolge hat Fjodor Dostojewski das Doppelgängerproblem in einem genau umrissenen sozialen Millieu angesiedelt. Im Rückblick auf *Der Doppelgänger* (1846) hat er gar behauptet, einen „Typ von größter sozialer Bedeutung" entdeckt zu haben. Dieser Typ hört auf den Namen Goljadkin; er ist ein mittlerer Beamter, der sein Dasein ziemlich isoliert in einer Petersburger Mietskaserne fristet. Nichts Besonderes also, nur dass Goljadkin manchmal eine „himmelblaue ... Mietkutsche" besteigt und als Flaneur durch die Hauptstadt fährt – ohne diese Teilexistenz wahrhaben zu wollen. „Ich bin es eben nicht", behauptet er, als er von einem Vorgesetzten erkannt wird. Von dessen Gunst abhängig zu sein, bestreitet er, vor allem lehnt Goljadkin jede Form von Verstellung grundsätzlich ab: „Ich bin kein Intrigant ... Zweideutigkeiten liebe ich nicht; jämmerliche Heuchler kann ich nicht leiden; Verleumdung und Klatsch verabscheue ich. Eine Maske lege ich nur an, wenn ich zum Maskenball gehe, und trage sie nicht tagtäglich vor den Leuten." Von Einheit der Person kann hier schon keine Rede mehr sein. Goljadkins Dilemma verschärft sich, als er eines Abends bemerkt, dass er einen Doppelgänger hat. Der wohnt nicht nur in derselben Wohnung, „sein Alptraum, mit einem Wort er selbst" entpuppt sich als Arbeitskollege gleichen Namens und gleichen Aussehens, ein Umstand, den nur Goljadkin zu bemerken scheint. „Goljadkin der Jüngere", wie der Text von nun die Restdifferenz zum „Älteren" markiert, entwickelt sich schnell vom Verbündeten zum Mitglied einer Verschwörung, die der „Ältere" gegen sich in Gang sieht. Der schamlose Rivale, dieser „Schauspieler", macht Karriere. Er, verwunschene Projektionsfigur Goljadkin'scher Wünsche, erreicht also das, was der Ältere nicht erreichen kann. Schließlich verfügt der noch über „Charakter", wenn auch einen zwiespältigen. Selbst beim Träumen überkommt ihn Schamesröte...

**„Ich bin das, was ich scheine, und scheine das nicht, was ich bin, mir selbst ein unerklärlich Rätsel, bin ich entzweit mit meinem Ich!"**

E. T. A. Hoffmann

Was Hoffmann und seine Zeitgenossen psychologisch-philosophisch beschäftigte, ist bei Dostojewski zur alltäglichen Erfahrung geworden, „dass Menschen, die eine Maske tragen, keine Seltenheit mehr sind und dass es allmählich schwer fällt, den Menschen hinter der Maske zu erkennen". Wie viel Rolle braucht der Mensch?, heißt die Frage, in die Goljadkin verstrickt ist. Er redet sich Aufrichtigkeit ein, bettelt gleichzeitig aber um Anerkennung, spinnt mit und gegen seinen Doppelgänger Intrigen, nur um doch nicht dazuzugehören: nicht zur feinen Gesellschaft und nicht zum Typus des Aufsteigers, den der Jüngere repräsentiert.

Wer wie Goljadkin der Ältere noch an Einheit und Echtheit glaubt, taugt nur als tragikomisches Opfer. Er ist ein „Fußabtreter mit Gefühlen", spottet der Erzähler, wobei unklar bleibt, wer hier erzählt. Unmerklich gehen die Stimmen ineinander über. *Der Doppelgänger* ist als Dialog entworfen: anfangs als Selbstgespräch, in dem Goljadkin sich seiner Unabhängigkeit versichern will, später dann im Konflikt mit dem Doppelgänger, der die zweite Stimme besetzt und den Älteren zunehmend parodiert. „Usurpation' und Unverschämtheit führen nicht zum Guten, sondern zum Galgen", glaubt der Ältere, längst aber spielt der Doppelgänger mit ihm „wie die Katze mit der Maus". Der Weg des Älteren führt in die Psychiatrie, der Jüngere wirft ihm zum Abschied noch „Kusshändchen" zu – Wiederholung des zuvor gegebenen „Judaskusses".

Der Zweifel an der Einheit und an der Einmaligkeit – sie gehören bei Dostojewski zusammen. Worauf *Der Doppelgänger* reagierte, war das Zeitalter der sich anbahnenden Arbeits- und Massengesellschaft. Der Konflikt von Authentizität und Rolle im Ich selbst, die Frage von Original und Kopie im Verhältnis von Ich und Umwelt akzentuieren hierin zwei Seiten desselben Prozesses. Als Kehrseite zu den Aufstiegschancen, welche die mobile Moderne bietet – vorausgesetzt, man gibt sich flexibel genug, ist bereit, immer wieder ein anderer zu sein –, entwickeln sich Bedrohungsszenarien, die an der Unersetzlichkeitsidee des Ichs nagen. In den unübersichtlich gewordenen Menschenmengen der Metropolen, im einförmigen Beamtenmillieu zumal, steht gleichartiger Ersatz schließlich stets parat. So gewendet, schließt der Schock, einen Doppelgänger zu haben, von nun an die Kränkung ein, selbst nur ein bloßes Double abzugeben. Und wenn es einen anderen gibt, wieso dann nicht viele? Der „Abgrund", vor dem Goljadkin immer wieder schwindelt, ist der Horror der Ersetzbarkeit. Ersetzbarkeit aber ist der Super-GAU des Selbstvertrauens – ein Albtraum: „Herr Goljadkin stürzte, überwältigt von Scham und Verzweiflung, davon, einerlei, wohin, ganz wie das Schicksal wollte; doch bei jedem Schritt, bei jedem Auftreten auf dem granitenen Bürgersteig schossen, gleichsam unter der Erde hervor, neue Goljadkins empor, die alle dem durch seine Herzensverderbtheit so widerwärtigen Herrn Goljadkin Nummer zwei aufs Haar glichen. Und all diese absolut Gleichen machten sich sofort nach ihrem Auftauchen auf den Weg und watschelten im Gänsemarsch in langer Kette hinter Herrn Goljadkin dem Älteren einher; dem in jeder Hinsicht bedauernswerten Herrn Goljadkin verschlug es vor Schreck den Atem, eine grauenerregende Menge von völlig Gleichen fand sich zusammen; und schließlich überschwemmten all diese völlig Gleichen die ganze Hauptstadt..."

## Vom Schreibtisch in die zukünftige Realität

Goljadkins Albtraum könnte dem Drehbuch eines Horrorfilms entsprungen sein. Tatsächlich hat das Medium Film die Faszinationskraft des Motivs früh erkannt: *Der Student von Prag* (1913) hat einen Reigen eröffnet, der mit David Lynchs *Lost Highway* (1997) nur an seinen vorläufigen Endpunkt gekommen ist. Solche Faszination ist einfach zu erklären: Kino kann optisch zeigen, was Literatur nur schwarz auf weiß behauptet. Ob man Ich-Entzweiungen schildert wie Hoffmann oder märchenhaft erfindet wie Wilde – man bleibt doch im Raum des Fiktiven. Selbst bei Jelinek oder Dostojewski, die direkter auf eine gesellschaftliche Realität hin erzählen, ist das Double nur Allegorie (Bildrätsel) des Realen: eher „Schreibtischgespenst" (Kittler) als gespenstische Wirklichkeit.

**Doubles sind dem Ich allzu bekannt und unfassbar zugleich.**

Neuerdings braucht es allerdings weit weniger Fantasie, sich Doppelgänger sehr konkret vorzustellen. Nicht der geringste Skandalwert von Michel Houellebecqs Bestseller *Elementarteilchen* aus dem Jahr 1997 besteht ja genau darin: eine in Nachrichten von geklonten Schafen und demnächst wohl Embryos aufscheinende Entwicklung konsequent bis zum (möglichen) Finale zu erzählen. Rund um das Jahr 2030, prophezeit der Roman, werde es der Menschheit endlich gelingen, sich selbst abzuschaffen. Klone – im Klartext genetische Doppelgänger – würden von nun an die Erde bevölkern, Utopia wäre glücklich erreicht. „Emotionale Unbegrenzheit" verspricht das Schlusskapitel von *Elementarteilchen* – die Rettung der Welt vermittels biotechnischer Züchtung. Ein Wissenschaftler hält Kritikern des Undenkbaren interessanterweise „das Beispiel von eineiigen Zwillingen entgegen, die trotz aller in allen Einzelheiten identischen Erbmasse durch ihren individuellen Lebensweg völlig eigenständige Persönlichkeiten entwickeln, auch wenn sie durch eine rätselhafte Brüderlichkeit verbunden bleiben". Wie sehr *Elementarteilchen* ins Schwarze auch des philosophischen Diskurses traf, lässt sich allein an dem Umstand ablesen, dass der Autor alsbald auf einem Podium mit dem Verfasser der *Regeln für den Menschenpark*, Peter Sloterdijk, zu sehen war. Was aber Houellebecqs „Lösung" betrifft: Nimmt man *Elementarteilchen* ganz und ausschließlich ernst, dann würde die Zauberformel „Einzigartigkeit trotz Gleichheit" das Doppelgängerproblem bald obsolet erscheinen lassen.

Jens Poggenpohl studiert Literaturwissenschaft, Germanistik und Geschichte an der Universität Bielefeld.

**Anmerkungen:**

1. Usurpation: widerrechtliche Inbesitznahme, gesetzwidrige Machtergreifung. Siehe Wöll, Alexander: Doppelgänger. Steinmonument, Spiegelschrift und Usurpation in der russischen Literatur (Diss.). Frankfurt am Main u. a. 1999, Seite 16: „SAMOZVANEC wird im Russischen der Selbstberufene genannt, der sich für jemand anderen ausgibt und zum Usurpator eines fremden Namens oder Titels wird. Zu diesem Phänomen zählt im politischen Bereich auch eine Person, die sich für den rechtmäßigen Zaren ausgibt und in dieser Rolle als legitimer Herrscher das eigene Doppelgängertum verleugnet. Von der realen Geschichte ausgehend wird dieses Motiv zur Grundlage literarischer Verarbeitungen."

**Literatur:**


- Bachtin, Michail: Probleme der Poetik Dostojewskis. Aus dem Russischen von Adelheid Schramm nach der zweiten überarbeiteten und erweiterten Auflage 1963. München 1971
- Forderer, Christof: Ich-Eklipsen. Doppelgänger in der Literatur seit 1800. Stuttgart und Weimar 1999
- Kittler, Friedrich: Romantik – Psychoanalyse – Film: eine Doppelgängergeschichte. In: Kittler, Friedrich: Draculas Vermächtnis. Technische Schriften. Leipzig 1993,Seite 81–104
- Rank, Otto: Der Doppelgänger. Eine psychoanalytische Studie. Reprint der Ausgabe von 1925 mit einem Nachwort von Mladen Dolar. Wien 1993
- Webber, Andrew J.: The Doppelgänger. Double Visions in German Literature. Oxford 1996
- Wöll, Alexander: Doppelgänger. Steinmonument, Spiegelschrift und Usurpation in der russischen Literatur (Diss.). Frankfurt am Main 1999

# Was würden Sie tun oder sagen, wenn Sie sich plötzlich selbst begegnen würden?

**Mit dem Mikrofon unterwegs in Stuttgarts Straßen …**

„Ich würde mir mal richtig eine in die Fresse hauen.“
Student, 25

„Was ich da sagen würde? Einen Kaffee, bitte.“ Kellner, 32

„Das macht nichts. Ich seh sowieso nicht mehr so gut.“ Rentnerin, 75

„Vielleicht bin ich das schon. Vielleicht ist die ganze Welt voll mit Doppelgängern von uns, ohne das wir es merken.“ Sozialpädagogin, 27

„Ich würde mich für meinen Akzent schämen.“
Dramaturgin aus Schweden, 28

„Das wär ein Schock fürs Leben.“
Verkäufer, 32

„Keine Ahnung. Aber ich könnte dir ein Rad verkaufen.“
Fahrradhändler, 35

„Ich würde mich anpumpen. Halt, nein, nützt nix, ich hab ja nie Geld.“ Langzeitstudent



„Bei einem Treffen mit mir selber? Da würde ich zehn Minuten später kommen, weil ich ja weiß, dass ich immer zu spät dran bin.“
Schülerin, 17

„Verpiss dich!“
Offenbar ein Ich-Scheuer, ca. 30

„Hey Mann, du siehst gut aus!“
Hilfswissenschaftler, 23

„Es kann nur einen geben!“
Azubi, 25

„Ein Bier trinken gehen.“
Ingenieur, 26

Zeichnung:
Jan Tomaschoff

„Ich würde fragen: Wo kommst denn du her?“ Zivi, 22

„Du stinkst!“
Landwirt, 65

„Ich würde mich als eineiiges Zwillingspaar ausgeben.“
Studentin, 23

„Ich mag mich.“
Buchhalter, 29

„Bin ich schön! Ich hab nämlich eine Zwillingsschwester.“
Hausfrau, 46

„Ich würde mal mit mir Armdrücken und schaun, ob ich gewinne.“ KFZ-Mechaniker, 39

„Häh?“
Bankkaufmann, 34

„Dann könnte ich vierhändig Klavier spielen.“
Schülerin, 14

„Ich würde merken, dass ich mal wieder zum Friseur gehen sollte.“ Klarinettist, 28

„Ich würde mit mir einkaufen gehen!“ Promoterin, 26

„Ich würde mit mir Schach spielen, dann hätte ich einen gleichwertigen Gegner.“ Verlagsarbeiter, 56

„Können Sie nicht ein bisschen tiefsinniger fragen?“ Schüler, 16

„Habt ihr nichts Besseres zu tun?“
Eisverkäufer, ca. 40

„Dann hätte ich eine Seelenverwandte, eine echte Freundin.“
Hausfrau, 52

Eine Umfrage von
Silvia Lipski, Björn Reich

Ingo Anhenn

# L'état de moi

## 1. Erste Person Singularis Majestatis

„Auch alle Fragen machen weiter, wie alle Antworten weitermachen. Der Raum macht weiter. Ich mache die Augen auf und sehe auf ein weißes Stück Papier."[1]

Wenn ich über ich schreibt, bedeutet das für ihn (also mich) erst einmal, dass er (ich) das Wort nicht beugen darf: Die Verwechselung von ich mit mir selbst (ihm, dem Schreibenden) ist dem Selbst so verständlich wie der Gehorsam gegenüber den Erfordernissen der Grammatik dem Text unverständlich. Ich habe (ich hat) Regeln eingebaut, die mir seine (meine) Beschreibung nur auf Umwegen gestattet, durch Sackgassen, an der Peripherie, wo die Wege keinen Sinn haben, weil es nichts einzukaufen gibt. Wird er gesponnen, verliert der rote Faden die Verbindung zum Schaf und seiner Wolle, andernfalls den Anschein von Bedeutung. (Das Goldene Vlies gibt der Suche Sinn und spottet der Verwertung.)

Im Ich feiern **Schizophrenie** und **Dialektik** eine Party auf allen Stockwerken.

Wer das nicht versteht, ist ich (doof). Er (ich) steht fassungslos neben dem Gebäude und weiß: Ich kann sich nur in der Teilnahme an der Party finden, in der er ich (sich) verliert. Der Alltag des Ichs ist dieses ständige Hin und Her: Morgens sattelt es (ich) seinen Wirtskörper, flößt ihm (sich, mir) Nährlösungen ein und treibt ihn tagsüber durch die Straßen, wo er ungeschickt ständig mit anderen Körpern zusammenprallt. Abends fährt das Ich den Körper herunter und zählt im Traum die Blessuren der täglichen Karambolagen – die so genannten Schäfchen. Gemeinsames Ziel aller Ichs ist, je einzeln per Selbstbewusstsein die Zusammenstöße zu ertragen: Die selbst gebastelten „Pfeil und Schleudern des wütenden Geschicks" geben dem Ich Gelegenheit, sich als Schild seiner selbst nützlich zu machen. Die vermutete Existenz anderer schmeichelt so nur dem Solipsismus (Solipsismus = sich selbst schmeichelndes Verhältnis eines Individuums zu sich selbst). Wir ist die Ich-Maximierung als Gefühl. Ich unterscheide mich insbesondere vom Tier durch das Gewese, das ich vom Ich (mir) mache –

das **Ich** hat ganzjährig Balzzeit –, **Amöben** (Einzeller) zählen keine **goldenen Schafe**.

Dieses Selbstreferenzielle, das ich zu sich macht, kann auch ins Große und Ganze hinein verfolgt werden: Gegeben sei ein durchschnittliches Staatsgebilde von 40 Millionen schizophrenen Ichs, verteilt auf 80 Millionen Wirtskörper. Geleitet wird es von durchschnittlichen Ichnatons: Wichtigtuern, so genannten Persönlichkeiten, ganzen Männern, die sich selbst Programm sind und sich vom Wahlvieh, den ges*ICH*tslosen Massen, durch das plakative Ich und seine große Auflage unterscheiden. Das Vieh zählen sie (die Amöbe staunt); und über ihnen steht nur, als einzig anzunehmendes Über-Ich, das Geld, die Sphäre der reinen, harten Selbstlosigkeit, in der Angst und Zinsen eins sind.

Aber diese Psychooralyse ist mir (ich) zu viel. Sie darf nur noch kurz ein Wortspiel machen:

Dem freudigen **Ich-Über-Ich-Es-Brimborium** hat Heidegger vergessen das **Kehr-Icht** entgegenzustellen.

## 2. Das multiple lyrische Ding

„Wir sahen auch auf ihrer Spitze ihre Bestimmung in dem unendlichen Urteil aussprechen, daß das Sein des Ich ein Ding ist ... Das Ich ist Ding; ... die Dinge sind schlechthin nützlich, und nur nach ihrer Nützlichkeit zu betrachten."[2]

**Anmerkungen:**

1. Brinkmann, R. D.: Westwärts 1 & 2, Vorwort
2. Hegel, G. W. F.: Phänomenologie des Geistes. Hamburg 1988, Seite 517–518
3. Hegel, G. W. F.: Phänomenologie des Geistes. Hamburg 1988, Seite 489

Mein Ich ist die sorgfältig gepflegte Grenze zur Außenwelt, der Checkpoint Erfahrung, an dem nur einreisen darf, was an und für mich ist. Es (ich) ist die Außenhaut um eine zeitweilige Versuchsanordnung, die nur funktionieren kann, solange sie den Versuch nicht versteht. Im Verstehen würde der Versuch zum Ergebnis, die Welt zur Kolonie des Ichs, nur mehr gefrorene Ideen.

Übliche Definitionen von mir (dem Ich) als „Bewusstseinskern der leib-seelischen Ganzheit" gehen völlig an der Sache vorbei – ich (es) ist kein Kernobst.

Wandert denn die Seele als Fruchtfleisch? Ich darf nur spielen, pulsieren, nicht aber wachsen wie eine Koralle aus eigenem Kalk. Spielen: Vielleicht bedauere ich, dass der Mensch auf dem Mond war, ich aber nicht, ich also kein Mensch ist. Vielleicht ärgert mich, dass heutzutage die Bäume auch dann beim Umfallen ein Geräusch machen, wenn ich nicht dabei bin, vielleicht auch die selbstsüchtige Art, in der Odysseus die Sirenen ignoriert hat.

Am Ende meiner letzten Sackgasse wartet dann der Trost der Verdinglichung: Ich stehe mit den anderen gekränkten Ichs im mentalen Arbeitsamtskorridor – es gibt keine Arbeit mehr für und am Selbst. Alle stehen in der Schlange und jammern: Die Erde ist von einer Scheibe in eine Kugel umgebaut worden und rüde aus dem Zentrum der Welt geräumt worden; die unteilbaren Einheiten wurden im Teilchenbeschleuniger zerlegt; die Götter sind offline, die Begriffe blind auf Diät.

Eine Unverschämtheit der Menschen, da noch „ich" zu sagen.

Hoffnung und gute Laune herrschen nur in den Kollektiven der Spezialisten. Wenn wir es geschafft haben, einen Dinosaurier aus den Genen von Darwin und einem Finken rückzuklonen, können wir das letzte große Projekt in Angriff nehmen: den Kopierschutz des Ichs zu knacken. „Aber dies Selbst hat durch seine Leerheit den Inhalt freigelassen."[3]

# „Ich, das sind wir alle!“

## Ein Interview mit Klaus Maria Brandauer

**Herr Brandauer, Sie sind der profilierteste deutschsprachige Charakterdarsteller und verkörpern immer wieder Rollen, bei denen die Frage nach dem Ich und der Identität im Vordergrund steht. Erarbeiten Sie sich Ihre Rollen durch Identifikation mit der Persönlichkeit, die Sie darstellen, oder dadurch, dass Sie sich von dieser abgrenzen?**
Für mich gibt es keine Abgrenzung von etwas. Ich habe mir die Aufgabe gestellt, mich mit dem, was ich über eine Figur lese, was ich von ihr weiß oder erzählt bekomme, zu identifizieren. Es gibt kaum eine Persönlichkeit, von der ich nicht sagen würde: Das könnte auch ich sein. Selbst wenn diese Figur Dinge macht, die ich nie machen würde, ist es dennoch meine Aufgabe, so tief in mir zu suchen, auch in allen Niederungen meines Charakters, bis ich sagen kann: Na ja, unter gewissen Umständen könnte ich auch so handeln wie die betreffende Figur. Ich bin zutiefst davon überzeugt, dass alle, die gelebt haben, die jetzt leben und leben werden, meine Brüder und Schwestern sind. Das Erstaunliche ist, dass die meisten Menschen immer hoffen, dass sie mit Mutter Teresa verwandt sind. Ich weiß aber, dass ich auch mit Nero, Stalin und mit Hitler verwandt bin. Und nur dadurch bin ich in der Lage, meinen Beruf tatsächlich auszuüben.



**Welchem Einfluss unterliegt das eigene Ich, wenn man sich so sehr in eine andere Persönlichkeit versetzt, wie Sie es in Ihren Rollen tun?**
Zunächst bin ich ich. Meine berufliche Tätigkeit ist, das meine ich gar nicht despektierlich, ein Abfallprodukt meines Lebens, meines Hierseins zwischen dem ersten und dem letzten Atemzug. Aber das Ich ist natürlich keine Konstante. Wie eine Pflanze, wie ein Baum, wie eine Blume wächst es ständig weiter, bis es eines Tages verwelkt. Es ist jedoch ein Unterschied, ob ich von einem wunderbaren, herrlichen, frischen Wasser getränkt werde oder ob plötzlich eine Kloake in den Unterboden fließt.

**Etwas anderes als das Leben kann ich nicht.**

Ich bin manchmal so glücklich, dass ich es fast nicht aushalten kann. Ich bin aber auch froh, dass ich manchmal traurig bin, todtraurig. Der Zustand in beiden Extremen ist derselbe, es ist etwas, das mich ausmacht, das mich eigentlich vorantreibt, das mich wirklich leben lässt. Wenn man eine chinesische Vase zerschlägt und ihre Teile wieder zusammensetzt, sieht man eine Unzahl von Sprüngen. Diese Vase ist um vieles schöner, weil Erfahrungen, Sünden, Glückszustände mit eingeflossen sind.

**Ist es auch möglich, das eigene Ich zu verlieren?**
Ich will keinem Autor zu nahe treten, auch Shakespeare nicht, aber die Themen, die sie sich wählen, sind interessanterweise alle nur die Variation der Variation. Faust oder Gilgamesch, Peer Gynt oder Manfred – immer sind es dieselben Themenkreise. In den Figuren kann ich mich nicht verlieren, weil alle Figuren Menschen sind wie ich. Wenn ich „ich“ sage, dann beschäftige ich mich ausschließlich mit der Umwelt. Wenn man vom Ich spricht, dann denkt man: ich und die andern; genauer: wir und darunter auch ich. Was soll ich denn als Hamlet, wenn keiner mit mir spielt? Ich kann einen Soloabend machen, aber auch da brauche ich Zuschauer. Ich brauche auf alles, was ich mache, eine Reaktion.

**Das Leben ist eine Uraufführung.**

**Gibt es eine Verbindung zwischen allen Menschen, ein gemeinsames „Ich“, an dem alle teilhaben, einen innerweltlichen Geist, sozusagen einen Weltgeist?**
Wir sind Weltfleisch. Wir sind sehr nahe beieinander und uns sehr ähnlich. Nicht nur, weil die meisten Menschen zwei Ohren, zwei Augen und eine Nase haben. Wer hat nicht Hunger, wer möchte nicht gern geliebt werden, es warm haben, einen Freund, eine Frau, einen Mann haben – das ist doch überall auf der Welt gleich. Ich sehe keine großen Unterschiede. Wir sind uns unendlich nah und zugleich unendlich fern. Das Wichtigste ist, dass wir die Nähe haben, uns voneinander zu entfernen. Auch die größte Nähe wird irgendwann langweilig; das ist unsere Gnade und unser Fluch. Wir brauchen den Süd- und den Nordpol – das Spannungsfeld zwischen den Polen. Wir müssen uns die Unterschiede suchen, damit wir etwas zu reden haben, sonst wären wir stumm geblieben: Nähe – Feuerl machen – schön warm – aus.

Ich möchte aber nicht dahingehend missverstanden werden, dass es heißt: der glaubt nur an die Existenz, an das Leben, den Körper. Nein: Ich bin für die Gemeinschaft, ich bin dafür, dass wir füreinander einstehen. Und wenn es für mich eine Triebfeder für meinen

Foto: Daniel Biskup, Berlin. Mit freundlicher Genehmigung der novapool GmbH





Beruf gibt, dann ist es nicht die, den Hamlet zu spielen oder den Don Carlos, sondern der Wunsch einzustehen für jene, die nicht die Mehrheit haben auf unserer Welt.

**C. G. Jung betrachtet die Menschen als Inseln, die zwar durch Wasser getrennt, aber unter der Wasseroberfläche doch verbunden sind. Ist die Schauspielerei für Sie ein Versuch, den Wasserspiegel abzusenken?**
Nein, das nicht, aber ich habe schwimmen gelernt.

Ich bin sehr für Abstand und für Abgrenzungen, aber nicht für die, die einen entzweien, sondern für solche, die mir die Möglichkeit lassen, mich so darzustellen, wie ich bin, anders als der andere – damit wir in verschiedenen Formen aufeinander zugehen können. Solidarität mit den anderen meint nicht Gleichschaltung, sondern im Gegenteil: Wir müssen wissen, dass wir aus einer schönen Suppe kommen und wieder in eine schöne Suppe zurückkehren – aber wir dürfen nicht vergessen, dass wir uns in dieser Gemeinsamkeit ganz, ganz unterschiedlich darstellen dürfen. Ich bin übrigens nicht für Missverständnisse, sondern ich bin geradezu für die *Vertiefung* von Missverständnissen. Missverständnisse sind eine wunderbare Möglichkeit, ununterbrochen zu reden.

**Suchen Sie ein Maximum an Lebensintensität?**
Ja, aber nicht in dem Sinne, dass ich den ersten Preis gewinnen oder der Beste sein will. Intensität verstehe ich derart, dass ich alles, was ich zur Verfügung habe, mobilisiere, um den Zustand, in dem ich bin, optimal auszukosten. Das Lustprinzip ist nichts Verwerfliches. Wir sollten lernen, uns etwas Gutes zu tun, damit wir den anderen sagen können, wie sie sich etwas Gutes

**Klaus Maria Brandauer**
wurde 1943 als Sohn eines deutschen Beamten und dessen österreichischer Frau in Bad Aussee/Österreich als Klaus Georg Steng geboren. Später nahm er den Mädchennamen seiner Mutter, Maria Brandauer, an. Nach dem Abitur studierte Brandauer zwei Semester lang an der Hochschule für Musik und Darstellende Kunst in Stuttgart. Nach dem abgebrochenen Studium debütierte er 1963 am Landestheater in Tübingen als Claudio in Shakespeares *Maß für Maß*. Weitere Stationen seiner Theaterlaufbahn waren das Landestheater in Salzburg (ab 1964), das Schauspielhaus in Düsseldorf (ab 1966) und ab 1968 Wien. Am Theater in der Josefstadt spielte er 1970 in Fritz Kortners letzter Inszenierung, Lessings *Emilia Galotti*, die Rolle des Prinzen Hettore Gonzaga. Seit 1972 gehört Brandauer dem Ensemble des Wiener Burgtheaters an.

Der internationale Durchbruch erfolgte mit seiner Rolle des Hendrik Höfgen in der Istvan-Szabo-Verfilmung des Klaus-Mann-Romans *Mephisto*, der als bester ausländischer Film des Jahres 1982 mit einem Oscar ausgezeichnet wurde. Es folgten zahlreiche Rollen in Filmen wie *Oberst Redl*, *Hanussen*, *Jenseits von Afrika* und dem James-Bond-Streifen *Sag niemals Nie*. Sein Filmregiedebüt hatte Brandauer mit dem Film *Georg Elser*, in dem er auch die Hauptrolle spielte. Seit 1993 ist Klaus Maria Brandauer Professor für Schauspielkunst am Max-Reinhardt-Seminar in Wien. Er ist Ehrendoktor der Universität Tel Aviv und Ehrenbürger von Altaussee.

tun können. Wenn ich das dem anderen nicht mitteilen kann, weil ich es nicht selber an mir ausprobiert habe, dann kommen wir nie zur Gemeinschaft.

**Kann man vielleicht sagen: Ich, das sind die anderen?**
Nicht: Ich, das sind die anderen, sondern: wir, darunter auch ich. Die Betrachtung von „wir und ich" funktioniert bis zu dem Punkt, an dem mir kein anderer mehr helfen kann, niemand. Dort bin ich allein, und nur dort, aber ganz, ganz klein, bin ich ich – das ist mein Gewissen. Man kann es nicht selbst bestimmen, sondern es bestimmt einen. Man kann danach handeln oder nicht. Man muss gut hören können...

unser Kirchturm nicht das Ende der Welt ist, sondern dass es darüber hinaus etwas gibt: Wien, München, Berlin, auch New York und Amsterdam. Da habe ich mir gesagt: „Was ihr mehr wisst als ich, das möchte ich auch gern wissen." Da hätte man natürlich auch Pilot werden können, aber bei mir war es aus unerfindlichen Gründen so, dass ich gerne etwas lesen und dies dann weiter erzählen wollte. Und ich bin gern bekannt, sehr gern.

**Haben Sie eine Lebensphilosophie?**
Eine Lebensphilosophie habe ich nicht bewusst parat. Aber ich habe eine tiefe Verwurzelung mit Altaussee –

**Wie weit darf der Künstler als Künstler gehen, inwieweit darf er sich politisch engagieren und inwieweit ist die Kunst autonom?**
Die Kunst kann überhaupt nicht autonom sein. Kunst ist eine soziale Tätigkeit, ein Sozialhelferberuf. Durch die Beschäftigung mit künstlerischen Dingen versuchen wir, unsere Lebensqualität und dadurch die Lebensqualität der anderen zu verbessern. L'art pour l'art, also eine Kunst nur um der Kunst willen, kann sehr schöne Dinge hervorbringen, aber wenn es der Gemeinschaft nichts gibt, ist Kunst keine Kunst. Kunst ist absolute Solidarität mit allen Menschen. Wenn die Kunst so unverständlich wird, dass große Teile der Gesellschaft vom Konsum der Kunst ausgeschlossen werden, ist es keine Kunst. Dann ist es halt Kunstgewerbe. Wir müssen uns verständlich machen und dürfen niemand ausschließen. Der Hamlet-Monolog *Sein oder Nichtsein* ist auch für einen ungebildeten Menschen jederzeit verständlich. *Sein oder Nichtsein* schließt niemanden aus – vom gebildeten Universitätsprofessor bis zum einfachen Landarbeiter – das ist Kunst.



**Das Wichtigste ist, dass wir die Nähe haben, uns voneinander zu entfernen.**

**Warum wollten Sie Schauspieler werden?**
Ich weiß es nicht. Wenn ich mal keine Zähne mehr habe – oder die dritten –, werde ich beginnen, darüber nachzudenken, warum es so gekommen ist. In meinem kleinen steirischen Heimatort Altaussee gab es in meiner Jugendzeit weder ein Kino noch Fernsehen – von Theater keine Rede. Aber ich habe seit ich denken kann, den Wunsch gehabt, so etwas zu machen. Wahrscheinlich kam dies durch die Sommergäste, die in meinem großelterlichen Haus wohnten. Das waren ganz interessante Leute, durch die mir klar wurde, dass

mit der erstgehörten Sprache, den Lauten, den Tönen, der Musik, mit der erstgeschauten Landschaft. Obwohl der Begriff „Heimat" ziemlich verhunzt worden ist, sage ich, dass ich eine Heimat habe, die mich geprägt hat, die mich ausmacht. Ich bin in einer Idylle aufgewachsen. Ich habe weder etwas vom Krieg mitgekriegt, noch von der Nachkriegszeit. Ich bin aus keinem reichen Haus, aber uns ist es gut gegangen, wir hatten eine Tante in Amerika, die uns immer große Pakete geschickt hat, die Sonne schien, ich war Ski fahren... Schöner kann ich es mir eigentlich nicht vorstellen. Auf dem Land hatte man das Gefühl, dass einem alles gehört: der Dachstein und der Loser und der See und die Wälder und die Bäche. Ich hatte einen rrriiieeesigen Besitz. Mittlerweile habe ich viele Städte kennen gelernt, aber gerade deshalb gefällt mir Altaussee noch viel besser. Wenn ich in die Stadt fahre oder zum Flughafen nach Salzburg oder nach Wien, dann trinke ich an unserem Stammtisch noch ein kleines Bier und mein Freund der Oberförster sagt dann zu mir: „Foahrst du wieder in die Stadt, die Leut' foppen?"

**Warum bezahlen die Leute dafür, dass sie „gefoppt" werden? Spielen die Schauspieler nicht letztlich große Gefühle auf der Bühne vor, die man außerhalb des Theaters nicht mehr ausleben kann?**
Schauspielerei und Schauspiel sind Begriffe, die ich für meine Tätigkeit ungern verwende und auch falsch finde. Wir sind alle in spielerischer Form tätig, wir spielen immer, und wer's weiß ist klug... Wir spielen in unserem Leben viele Rollen, durch viele Alter hindurch. Jetzt sage ich fast schon einen Text von Shakespeare: die ganze Welt ist Bühne. Als Bild stimmt das; aber sie ist natürlich keine Bühne, sondern Uraufführung. Der Unterschied zwischen dem Theater und unserem Leben ist, dass jeder Atemzug eine Uraufführung darstellt, unwiederholbar.

Ich weiß allerdings, dass der überwiegende Teil aller, die am Theater spielen, tatsächlich spielen. Aber das, was die Sache ausmacht, ist nicht, dass sie spielen,

**Die ganze Welt ist Bühne.**

sondern dass sie für zwei, drei Stunden das sind, was sie zu spielen vorgeben. Es ist schon viel, nur ein paar Sekunden oder Minuten innerhalb dieser drei Stunden etwas zu sein. Das sind mystische Momente. Ich werde für diese Ansicht gerne belächelt. Jene, die das für einen technischen Vorgang halten, wissen nicht wovon ich spreche: Ich spreche von den Momenten des Lebens – und die Stunden auf der Bühne sind ja

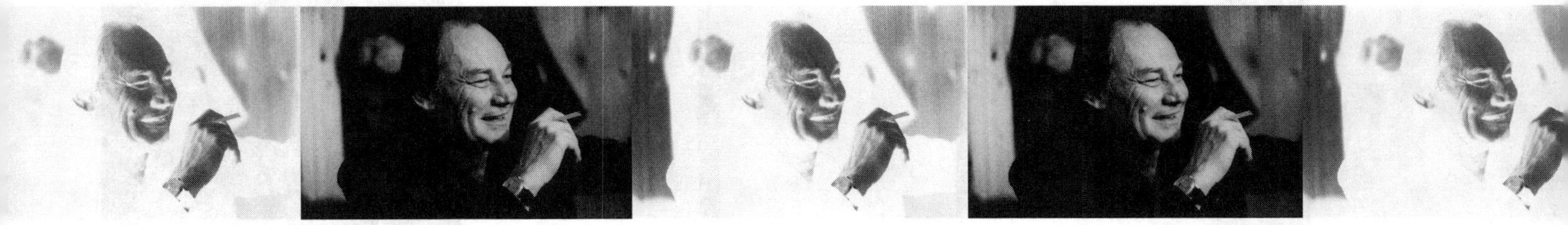

Foto: Daniel Biskup, Berlin. Mit freundlicher Genehmigung der novapool GmbH

auch Leben –, in denen man das Gefühl hat, dass die Zeit stehen geblieben ist. Es ist etwas passiert, das man mit dem Verstand alleine nicht fassen kann. Die drei Stunden am Theater mit allen Anwesenden sind eine Suche nach Wahrheit, und die Wahrheit ist natürlich nur im Augenblick wahr. Wir können nicht zurückgehen.

**Gibt es genauso viele Wahrheiten, wie es Augenblicke gibt?**
Ja, natürlich.

**Ist Wahrheit nur als Gefühl fassbar?**
Nein, es muss mehr sein als das Gefühl. In dem Moment, in dem man so etwas sagt, denkt man ja auch. Sie müssen alle diese Dinge mobilisieren. Der Glaube versetzt Berge, daran glaube ich, und wenn das nicht so wäre, dann würde es mir weniger Spaß machen auf der Welt. So wie in Lourdes plötzlich einer sagt: ich war vorher gelähmt, jetzt bin ich gesund. 2000 Menschen hatten alle einen Gedanken: ich will gesund werden; und einer hat es geschafft. Aber der verdankt es nicht nur sich und vielleicht dem Regisseur, unser aller Regisseur, sondern auch denen, die mit dabei sind, die diese Spannung mittragen. Ich empfinde solche „Wunder" nicht als etwas Absonderliches, sondern als einen ganz realen Bestandteil unseres Lebens – nur den müssen wir suchen, den müssen wir wollen, den müssen wir uns vorstellen können, daran müssen wir glauben, und ich glaube daran.

**Wo liegt der Bereich, in dem der Schauspieler sich jenseits des Textes und jenseits der Vorstellungen des Regisseurs ausdrücken kann? Was ist die Leistung des Schauspielers?**
Wenn Sie zum Beispiel als Oberst Redl die Pistole für den befohlenen Selbstmord in die Hand nehmen, können Sie folgendes machen: Sie legen die Pistole hierher ... schön. Sie ziehen eine Zigarette aus dem Etui, schauen vor sich hin, rauchen ein bisschen, schießen sich ins Gesicht – tot. Sie können aber auch elf Minuten – wie in dem Film Oberst Redl – sich anscheißen, speien, kotzen, Angst haben ... Ich musste selber beinahe kotzen, es war schrecklich. Kurz: die Identität mit dem, was wir haben, Leben, ist darstellbar, ist zeigbar. Und jetzt kann ich Ihnen sagen, wie lange ich mich auf diese Szene vorbereitet habe: gar nicht. Oder ich sage die Wahrheit: 58 Jahre, das ist meine Probe, das ist meine Probezeit.

**Das Leben ...**
Alles andere kann ich nicht.

Was ich jetzt beschrieben habe, hat mit Perfektion nichts zu tun, sondern mit Gnade. Wichtig ist die Erlösung von etwas, das in meinem Bewusstsein steht.

Ich bin immer besser als der Shakespeare. Weil ich heute lebe, weiß ich mehr als er, auch wenn ich ihm sonst das Wasser nicht reichen kann. Stellen Sie sich mal vor, was der alles nicht wusste. Um so erstaunlicher ist es, dass er etwas weiß, was wir auch heute wissen, und etwas nicht weiß, was wir auch heute nicht wissen, und er etwas sucht, was wir heute immer noch suchen. Es gibt zwei Gebiete, die keinen Fortschritt kennen: die Kunst und die Liebe. In allen Wissenschaften gibt es Innovationen – aber kennen Sie etwas Neues in der Liebe? Kennen Sie etwas Neues in der Kunst?



**Wenn ich „ich" sage, dann beschäftige ich mich ausschließlich mit der Umwelt.**

**Sie haben einmal gesagt, dass man die existentiellen Tiefen des Lebens erlebt haben muss, um sie auch spielen zu können. Wenn Sie sagen, dass Sie sich ihr gesamtes Leben auf den Tod von Oberst Redl vorbereitet haben, dann heißt das doch auch, dass man bestimmte Rollen in einem gewissen Alter noch nicht spielen kann, weil man die entsprechenden Erfahrungen noch nicht gemacht hat.**
Erlebt haben bedeutet nicht, etwas wirklich erlebt zu haben. Ich bin natürlich auch im Alter von 20 Jahren am Münchner Staatstheater als Romeo gestorben. Obwohl ich damals den Tod eines Menschen noch nicht erlebt hatte, war das ziemlich aufregend. Um zu erleben, genügt Vorstellungskraft. Entscheidend ist die Höhe der Empfindungen.

**Kann Schauspiel so etwas wie eine Therapie sein?**
Ich betrachte meine ganze berufliche Tätigkeit seit vielen, vielen Jahren als eine Selbsttherapie und habe da-

mit meine lieben Nöte – denn in kaum einer Rolle wurde ich nicht erschossen, ermordet oder habe mich selber umgebracht. Ich habe ein kleines Geschichtsproblem mit meiner Selbsttherapie: Ich überlebe die Tode.

**Gewinnt das Leben an Bedeutung oder an Intensität, wenn man sich den Tod bewusst macht?**
Das Verdrängen der entscheidenden Phase unseres Lebens macht krank. Das Sich-ins-Gesicht-Schauen ist das, was unser Leben ausmacht. Und der entscheidende bewusste Moment ist der Tod – es sei denn, er überrascht einen. Die Geburt ist nicht bewusst. Sie bleibt in unserem ganzen Leben ein Trauma. Leben ist ein Vorspiel, um im entscheidenden Moment loszulassen. Tod ist loslassen.

**Ich bin für Träume mit beiden Beinen auf dem Boden.**

**Welche Spuren hat der Tod Ihrer Frau bei Ihnen hinterlassen?**
Ich habe nach dem Tod meiner Frau fünf Jahre nicht gespielt. Ich bin mit meinem Steirer Daimler Puch nach Sarajevo gefahren, in Kriegsgebiete. Um mich herum sind die Granaten geflogen, und ich habe Medikamente, auch Morphium, robbend in Lazarette gebracht. Als ich dann da war, habe ich sofort mit dem Oberarzt einen Schnaps getrunken, wir haben Gitarre gespielt und gesungen. Plötzlich hörte ich niemanden mehr schreien. „Das war ich!", habe ich mir kurz eingeredet. Natürlich war es das Morphium, das ich gebracht habe.

**Maxim Biller antwortete auf die Frage, wie man wissen könne, was gut und was böse sei, ganz spontan: Jeder spürt, was gut und was schlecht ist. Man handelt vielleicht nicht danach, aber man spürt es.**
Ja, absolut. Und weil Sie das wissen, sind Sie verantwortlich. Ein gesunder Mensch im Vollbesitz seiner körperlichen und geistigen Kräfte ist verantwortlich – jeder auf seine Weise. Der eine hat noch kein schlechtes Gewissen, der andere schon – das ist auch in Ordnung, die Unterschiede sind enorm. Aber im Prinzip weiß jeder, was gut und was schlecht ist, und jeder wird verantwortlich sein vor sich. Vor dem lieben Gott braucht keiner Angst haben, der ist nicht kleinlich, der liebt uns alle.

**Aber manchmal fehlt die Kraft, das was man fühlt, auch umzusetzen.**
Wenn Sie es erkennen, ist es schon fein. Denn wenn Sie erkennen, dass Sie etwas Falsches getan haben, geht es Ihnen eh' schlecht. Was haben Sie denn davon, wenn Sie etwas machen, das Sie eigentlich nicht machen wollen? Sie haben ein schlechtes Gewissen und das tut weh.

**Ein Zwiespalt wie in dem Film Mephisto, in dem Sie die Rolle des Nazimitläufers Gründgens spielen?**
Ich lege Wert darauf, dass es nicht Gründgens ist, sondern die Kunstfigur Höfgen. Die Verbrechen im dritten Reich sind nicht von einem abstrakten Staat begangen worden – es waren von allen mitgetragene oder geduldete Morde. Nur: Der erste Satz zu diesem Thema heißt: ich weiß nicht, was ich damals getan hätte und ich lege meine Hand für mich nicht ins Feuer. Wer diesen Satz nicht sagt, hat für mein Gefühl zu diesem Thema nichts zu sagen. Ich kann mich auch schwer für Filme begeistern, die heute gegen Hitler gedreht werden; das ist doch nicht mutig. Ich hätte gern damals solche Filme gesehen. Außerdem hat mich Hitler als Figur nie wirklich interessiert... Mich interessieren die, die ihm freiwillig gefolgt, die ihm vielleicht wider ihrer Intelligenz verfallen sind, die ihm diese unglaubliche Möglichkeit gegeben haben.

Ich glaube, dass die Menschen mit unterschiedlichen Möglichkeiten und Instrumenten ausgestattet sind, und dass sie diese nützen können, wenn man ihnen den Weg zeigt. In Bereitschaft sein ist alles. Im Schauspiel wie auch im Leben ist nicht das Agieren das Wichtigste, sondern das Reagieren. Und da bin ich bei einem tristen Kapitel: es gibt zu wenige Unterrichtsstunden in der Schule oder an der Universität, die das Unterrichtsfach „Reden wir über das Leben" haben. Wir lassen die jungen Menschen mehr und mehr alleine. Man braucht eine Anleitung zum Leben.

**Im Schauspiel vermischen sich Phantasie und Realität. Gilt dies auch für das „normale" Leben?**
Vorstellung und Wirklichkeit – das gehört auf jeden Fall zusammen. Manchmal ist der Traum wirklicher als die Wirklichkeit und die Wirklichkeit ist ein Traum, der Traum ein Leben, das Leben ein Traum.

Beim Träumen habe ich keine Koppelung an die Wirklichkeit, die natürlich auch wirklich ist. Wir müssen schon unseren Mann stehen. Ich möchte gerne erzählen, hören, machen, tun, lesen. Ich bin für Träume mit beiden Beinen auf dem Boden. Als Philosophen wissen Sie, dass die eigentliche Frage lautet: Wie ist die Vermischung, was nehmen wir mit?

Wenn man Ihre Kollegen in Talkshows hört, schalten die Leute ab, weil sie sehr verblasen reden. Die Philosophie hat ein dermaßen schlechtes Image, weil die Vertreter der Philosophie so einen Stuss zusammenreden, dass man es nicht für möglich hält. Philosophie muss ganz einfach ausgedrückt werden – dann finden wir alles, und dann merkt auch jeder: Philosophie ist die Unterhaltung über das Leben.

**Herr Brandauer, wir danken Ihnen für das Gespräch.**

Das Interview führten Monika Reutter, Frank Augustin und Siegfried Reusch.
Im Dezember 2002 hat am Burgtheater Shakespeares *Hamlet* in einer Inszenierung von Klaus Maria Brandauer Premiere. Auf der Leinwand ist er demnächst in dem Film *Between Strangers* zu erleben.
Informationen über Klaus Maria Brandauer finden Sie unter www.brandauer.nova-pool.de

# Das Trauma der Subjektivität

## Ein Interview mit Slavoj Žižek

**Herr Žižek, Sie sind Philosoph und Psychoanalytiker. Was ist das Ich beziehungsweise was ist Subjektivität?**

Normalerweise identifizieren wir das Ich, das cartesianische Ego (siehe Erläuterung) mit der sich selbst gegenwärtigen, völlig transparenten, denkenden Substanz beziehungsweise mit dem Subjekt, dem wir aktive Tätigkeit zuschreiben. Meine These ist jedoch, dass bereits ganz am Anfang, schon bei Descartes, ein gewisser *Überschuss* in der Subjektivität steckt. Auch bei Michel Foucault, in *Wahnsinn und Gesellschaft*, können Sie nachlesen, dass für die Entstehung der Subjektivität ein Moment des Wahnsinns grundlegend ist. Erst danach identifizieren wir die Subjektivität mit dem sich selbst gegenwärtigen Subjekt der Reflexion. Dieses Subjekt ist also ein sekundärer Effekt, ein Versuch, den Überschuss zu domestizieren.

Leute wie Habermas behaupten, dass Descartes' Konzeption des Ich *monologisch* sei. Aber ich glaube, dass radikale Intersubjektivität nur mit dem Cogito entstehen kann. Die Idee der radikalen Andersheit, *der Andere*, ist erst möglich, wenn es ein Ich gibt. Vor Descartes gibt es keine Intersubjektivität im modernen Sinne des Wortes.

**Welche Herangehensweise halten Sie für fruchtbarer, um der Subjektivität auf die Spur zu kommen: die psychoanalytische oder die philosophische?**

Es geht mir nicht darum, die Philosophie einer Psychoanalyse zu unterziehen oder die Psychoanalyse philosophisch neu zu begründen. Gewisse vereinfachende angelsächsische Psychoanalytiker versuchen ja zu beweisen, dass die radikale Philosophie der Subjektivität eine Form des Wahnsinns ist. Mein Punkt dagegen ist, dass man, wenn man sich der modernen Subjektivität in einer streng philosophischen Analyse nähert, auf ein Moment des Wahnsinns und des Überschusses stößt, der in verschiedenen Gewändern immer wieder auftaucht.

Ich bin also der Überzeugung, dass es im Innersten der Subjektivität selbst einen traumatischen Kern gibt, der von der Philosophie gleichzeitig erzeugt und verdrängt wird, und durch die Psychoanalyse können wir den Teil, den die Philosophie verdrängt hat, ans Tageslicht bringen. Wir sollten folglich an der Subjektivität festhalten, aber eben genau an dem Teil, der für die Philosophie so traumatisch war, dass er im Moment seines Erscheinens unmittelbar verdrängt wurde. Um an diesen verdrängten Kern der philosophischen, transzendentalen Subjektivität zu kommen, muss man die Psychoanalyse durchlaufen und umgekehrt.

In einer wirklich radikalen Lesart Freuds sind zum Beispiel Begriffe wie Hysterie, Zwangsneurose und so weiter nicht einfach klinische Kategorien, sondern viel näher an dem, was Hegel in seiner *Enzyklopädie* „Stellungen des Gedankens zur Objektivität" nennt oder was man in moderneren, modischeren Worten „existenzielle Einstellungen" gegenüber der Objektivität nennen würde. Solche Grundhaltungen sind nicht einfach nur unsere subjektiven *Stellungen* zu etwas, sondern erzeugen gleichzeitig einen gewissen Begriff davon, was Objektivität selbst ist. Technik ist zum Beispiel, wenn wir an Heideggers Ausführungen denken, nicht nur die Art, wie wir uns der Natur gegenüber verhalten. Wenn wir uns der Natur auf eine technische Weise nähern, dann wird die Natur selbst konstituiert als ein Feld von Objekten, die manipuliert werden können. Die Art, wie wir uns auf die Dinge beziehen, verändert, erschließt in gewisser Weise diese Dinge. Und das ist meiner Ansicht nach auch die beste Art, sich Freuds großen klinischen Kategorien zu nähern. Am deutlichsten wird dies bei der Paranoia: Alles erscheint verdächtig, die Welt wird als Verschwörung gesehen.

**Die Psychoanalyse erlaubt es uns, moralisch noch strenger zu sein.**

Freuds radikale These ist nun, dass wir in der Wirklichkeit nicht zu Hause sind. Es muss etwas Traumatisches geschehen, damit wir Zugang zu dieser Wirklichkeit erlangen. Freud nennt dies symbolische Kastration: ein traumatischer Prozess von Verzichtleistungen, *Spaltungen*, die notwendig sind, damit wir überhaupt Zugang zur Wirklichkeit bekommen. Es ist eine Art *Transzendentalgeschichte* darüber, wie wir in die Wirklichkeit kommen. Für Freud sind weder wir einfach da, noch ist die Wirklichkeit einfach da. Etwas muss passieren, oder, um es radikaler zu formulieren, etwas muss ausgeschlossen werden, damit wir in der Wirklichkeit ankommen. Diese philosophische Dimension Freuds darf man nicht außer Acht lassen.

Jacques Lacans Wette lautet entsprechend: Die einzige Möglichkeit, Freud zu begreifen, besteht darin, Freud gegen Freud selbst zu lesen, und das bedeutet, ihn auf eine philosophische Stufe zu erheben und seine Entdeckungen nicht psychologisch oder gar biologisch zu erklären.

**Wenn Sie mit der Psychoanalyse als Instrument die Philosophie interpretieren, um ihr Aktualität zu verleihen, gewinnt dadurch die Psychoanalyse auch eine neue Dignität, die sie vor der Interpretation nicht hatte?**

Grundsätzlich bin ich Philosoph. Ich benutze die Psychoanalyse, um an den traumatischen Kern in der Philosophie zu gelangen, nicht umgekehrt.

**Sind Sie noch als Psychoanalytiker tätig?**

Ich war es niemals! Der erste Grund ist, das klingt jetzt schrecklich: Ich interessiere mich nicht genug für andere Menschen. Ich finde Bücher viel interessanter als lebende Personen. Allein der Gedanke, stundenlang zuzuhören ... Wenn Sie Freuds Analysen vom *Rattenmann* oder vom *Wolfsmann* lesen – das liest sich wunderbar, weil es die Essenz aus fünf Jahren täglicher, einstündiger Gespräche ist. Okay, es gibt Leute, die fasziniert sind vom Leben realer Menschen – ich nicht.

**Aber was Bücher vermitteln, ist doch nicht authentisch. Gefühle sind spontan, ein Buch ist immer reflektiert.**

Was heißt das: authentisch? Die Wirklichkeit selbst kann nicht authentisch sein. Ihre wahren Gefühle können in gewisser Weise falsch sein. Spontaneität ist kein Wert für mich, Spontaneität kann auch falsch sein.

Ein vulgäres Beispiel: Nehmen wir an, Sie haben ein Problem mit ihrer Sexualität, sind impotent. Der schlechteste Ratschlag, den man Ihnen geben kann, ist: „Denk einfach nicht daran, sei spontan, mach es einfach" – dann bleiben Sie garantiert für immer impotent. Nein, dieses „Lass dich einfach gehen" funktioniert nicht, dann ist man gefangen im *Über-Ich*, und es wird nur noch schlimmer. Man gerät in das Paradox, dass jemand einem befiehlt, frei zu sein.

Der zweite Grund, warum ich nicht als Psychoanalytiker arbeite – und das beweist wirklich, dass ich nicht zum Analytiker tauge –, ist, dass ich Angst vor den Auswirkungen habe. Besonders, wenn die Dinge in einer Psychoanalyse anfangen, in Bewegung zu geraten. Das ist eine fragile Situation – ein falsches Wort, und Sie treiben jemanden in den Tod. Als guter Analytiker muss man eine gewisse grundsätzliche – und ich wähle die Worte hier mit Bedacht – Unbarmherzigkeit oder Brutalität haben. Wenn man sich zu viel Sorgen

## Slavoj Žižek

wurde am 21. März 1949 in Ljubljana, Slowenien, geboren. Er ist Dr. phil. der Universität Ljubljana und Dr. für Psychoanalyse der Universität Paris-VIII. Zahlreiche Gastprofessuren unter anderem an der Universität Paris-VIII, an der Cardozo Law School, New York, an der Columbia University, New York, an der Princeton University, an der New School for Social Research, New York und an der University of Michigan, Ann Arbor.
Er ist Präsident der Society for Theoretical Psychoanalysis in Ljubljana und Herausgeber der Schriftenreihen *Analecta*, *Wo es war* und *SIC*.
In den 80er Jahren war er politisch tätig in der alternativen Bewegung in Slowenien und Präsidentschaftskandidat der Republik Slowenien bei den ersten freien Wahlen. 1991 wurde er Botschafter der Wissenschaften der Republik Slowenien.

## Veröffentlichungen (Auswahl):

The Sublime Object of Ideology. Verso, London 1989; Enjoy your symptom! Jacques Lacan in Hollywood and out. Routledge, New York 1992; Verweilen beim Negativen. Turia & Kant, Wien 1994; Der nie aufgehende Rest. Ein Versuch über Schelling und die damit zusammenhängenden Gegenstände. Passagen, Wien 1996; Liebe deinen Nächsten? Nein, Danke! Die Sackgasse des Sozialen in der Postmoderne. Volk & Welt, Berlin 1999; Das fragile Absolute. Warum es sich lohnt, das christliche Erbe zu verteidigen. Volk & Welt, Berlin 2000; Did Somebody say Totalitarianism)? Five interventions in the (mis)use of a notion. Verso, London 2001; Die Tücke des Subjekts. Suhrkamp, Frankfurt am Main 2001; Die gnadenlose Liebe. Suhrkamp, Frankfurt am Main 2001; Revolution at the Gates: Selected Writings of Lenin from 1917. Edited, with a Foreword and Afterword, by Slavoj Zizek. Verso, London 2002; Was Sie immer schon über Lacan wissen wollten und Hitchcock nie zu fragen wagten. Suhrkamp, Frankfurt am Main 2002.

macht, erreicht man gar nichts, man muss Risiken eingehen, ja, *gewaltsam* vorgehen. Sie können den betroffenen Menschen nur helfen, wenn Sie auf jeden direkten Versuch zu helfen verzichten. Nehmen Sie zum Beispiel einen Paranoiker: Das Schlimmste, was Sie machen können, ist – paradoxerweise – nett zu ihm zu sein, denn das verstärkt in der Regel nur die Paranoia. Die größte Versuchung für einen guten Analytiker ist die humanistische Versuchung. Mir hat mal jemand, der paranoid war, gesagt, er wisse, dass ich ihn ruinieren wolle, dass meine Freunde und ich sich gegen ihn verschworen hätten. Und dann wollte er, dass ich ihn analysiere. Wir befanden uns im fünften Stock eines Gebäudes in Ljubljana, und ich tat das Richtige. Ich sagte zu ihm: Es ist noch viel schlimmer, als Sie glauben, wir wollen Sie nicht fertig machen, Sie interessieren uns überhaupt nicht – Sie sind ein Niemand. Und dann zeigte ich auf das Fenster und sagte: Ich esse jetzt ein Sandwich. Springen Sie, bringen Sie sich um, und ich verspreche Ihnen, ich werde einfach weiteressen. Es hat funktioniert. Er sagte: „O Gott, wirklich?" Und ist einfach gegangen. Aber die Sache ist die, dass ich normalerweise nicht so brutal sein kann.

**Subjektivität ist mehr als einfach das Prinzip der Autonomie, sie ist etwas viel Radikaleres.**

**Sie sagten, dass Sie Bücher interessanter finden als Menschen. In Ihren Schriften beziehen Sie sich nicht nur auf Bücher, sondern auch auf Kunstwerke und Filme. Liegt die ganze kulturelle Produktion auf Ihrer imaginären Couch?**

Ja, das kann man so sagen. Aber es geht mir nicht darum, literarische Werke zu analysieren, als ob sie echte Fälle wären. Ich glaube, dass Kulturerzeugnisse Mythen formulieren, die unseren Alltag strukturieren. Es geht nicht um Fiktion versus Realität, sondern wir erhalten vermittels der Kunst Mythen, die definieren, was wir im wirklichen Leben sind.

Das wahre Thema der Psychoanalyse ist ohnehin nicht das Individuum, sondern die Frage, welche Vorstellungen von dem, was Hegel *objektiven Geist* genannt hätte – gesellschaftliche Substanz, gesellschaftliche Werte und so weiter – und was Lacan den *großen Anderen* nennt, vorhanden sein müssen, damit ich ein normales Individuum sein kann. Eine individuelle *Störung* ist für Lacan gleichzeitig immer auch eine Störung im großen Anderen. Hier sehen wir den Unterschied zwischen der wahren, kritischen Psychoanalyse und Psychoanalyse als einer einfachen, wie sagt man, psychologischen oder psychiatrischen Reparaturagentur, wo man, wenn man in der Gesellschaft nicht perfekt funktioniert, analysiert wird.

**Sie sprachen von der humanistischen Versuchung der Psychoanalytiker. Könnten Sie näher erläutern, was Sie darunter verstehen?**

Das Thema Subjektivität wird oft mit dem Thema Menschlichkeit beziehungsweise Humanismus in Verbindung gebracht. Michel Foucault zum Beispiel setzt den Tod des Menschen mit dem Tod der Subjektivität gleich. Ich glaube aber, dass es, das hat schon Kant ganz klar ausgedrückt, eine Spannung zwischen Menschlichkeit und Subjektivität gibt. Man muss den Begriff des Subjekts von dem des Menschen unterscheiden.

So ist zum Beispiel *Glück* eine menschliche Kategorie und keine Kategorie der Subjektivität. Was bedeutet es eigentlich, glücklich zu sein? Wann sind Menschen glücklich? Kurz gesagt: Es müssen drei Bedingungen erfüllt sein, so wie es in idealer Weise in einigen Ländern des späten Realsozialismus der Fall war, sagen wir in der Tschechoslowakei der 70er und 80er Jahre. Was sind das für Bedingungen? Erstens, den Menschen muss es relativ gut gehen. Ich betone das Wort „relativ": Die lebensnotwendigen Bedarfsgüter müssen vorhanden sein – genug zu Essen, Fleisch und so weiter. Es sollte aber auch Zeiten geben, in denen es kein Fleisch zu kaufen gibt, sodass man sich noch darüber freuen kann, dass man welches hat. Die zweite Bedingung für Glück ist auch sehr wichtig: Man braucht jemanden, dem man die Schuld geben kann, wenn etwas schief läuft. Das war die allgemeine Einstellung im Sozialismus, man konnte alles auf die Partei schieben, sogar wenn das Wetter schlecht war: „Aha, sie haben's wieder versaut, haha." Die dritte wichtige Bedingung: Es muss einen Ort geben, von dem man glaubt, dass es dort viel besser sei, fast wie im Paradies – das war natürlich der Westen. Doch darf dieser Ort weder zu nah noch zu fern sein. Wenn er zu nah ist, dann sieht man, dass dort eigentlich die gleiche Scheiße passiert, und wenn er zu weit weg ist, funktioniert es auch nicht. Die richtige Distanz ist entscheidend. Wenn diese drei Bedingungen erfüllt sind – ein anderer Ort, jemand, auf den man die Schuld schieben kann, ein bequemes Leben, aber nicht zu bequem – dann ist das, wenn Sie mich fragen, Glück. In welchem Sinne ist das pathologisch? – Das Begehren ist inkonsistent: Wir wollen etwas, aber bei näherer Betrachtung wollen wir es eigentlich doch nicht – so wie unsere Haltung im Alltag die des Kompromisses ist.

**Könnte man sagen, dass das Subjekt nur durch das Begehren subjektiv ist?**

Das ist die Schlüsselfrage. Nach einer, nennen wir es transzendentalen Lesart, ist das Subjekt an sich, wie Lacan sagt, *le sujet de desire* (das Subjekt des Begehrens). Aber hier werden die Dinge gleich wieder komplizierter. Lassen Sie uns zunächst einmal überlegen, wie Lacan das meint. Wenn er das Subjekt als Subjekt des Mangels definiert, dann steckt dahinter nicht einfach – das wäre die transzendentale Lesart –, dass das Ding, die wahre Objektursache des Begehrens, verboten ist und mir deshalb das Objekt des Begehrens fehlt, dass ich also nie weiß, was ich wirklich will. Nein, die lacansche Position ist viel raffinierter. Das fehlende Objekt ist letztlich das Subjekt – ich selbst bin das Objekt. Das heißt, für Lacan ist das Subjekt ursprünglich hysterisch. Das Objekt des Begehrens ist das Subjekt selbst. Die Existenz des Subjekts wird zu einer Frage, und diese Frage lautet, ganz einfach ausgedrückt: Was bin ich für den anderen? Was sieht der andere, zum Beispiel der *männliche* Blick – das wäre die weibliche, hysterische Frage – in mir, sodass ich zum Objekt seines Begehrens werde? Was ist in mir, das mich zu diesem Objekt macht? Das Ergebnis ist natürlich immer eine radikale Unsicherheit. Es bleibt immer ein Zweifel, und das ist die fundamentale hysterische Position. Ich kann mich nicht selbst als Objekt lokalisieren. In diesem Sinne ist auch für Lacan Begehren das Begehren des Anderen. Ich begehre nur durch diese Unsicherheit, wie mein Begehren durch das Begehren des Anderen vermittelt wird. Ich begehre nur insofern, als ich mich in Ungewissheit darüber befinde, in welcher Weise ich das Objekt des Begehrens des Anderen bin.

**Wie lässt sich dieser Andere näher fassen?**

Bei Lacan gibt es eine ganze Reihe von Begriffen des Anderen. Da gibt es zunächst einmal den Anderen als imaginären Anderen, also meinen Doppelgänger, mein *Spiegelbild*, Bruder, Konkurrent. Dann gibt es aber auch den Anderen als radikalen Abgrund. Das wäre für Lacan die authentischere Intersubjektivität, der Andere des „Wie kann ich jemals wissen, was du wirklich denkst?" Es ist der, ich bin versucht zu sagen lévinassche, Andere. Lacan benutzt gern die italienischen Worte eines alten französischen Romans „Che vuoi?" „Was willst du?" „Du sagst das, aber was willst du wirklich?" Das kann ich niemals wissen. Das wäre also der radikale Andere, der eigentliche *Andere*. In diesem Sinne ist dann der *Andere* für Lacan grundsätzlich identisch mit dem *Ding*. Das *Ding*, dieses traumatische Objekt der Begierde, ist kein Objekt, sondern der Nebenmensch selbst. Das ist für Lacan, und schon für Freud, das Problem bei diesem „Liebe deinen Nächsten". Das Problem ist nicht, dass man jemanden *lieben* soll, das Problem ist der *Nächste*.

**Welche Konsequenzen hat diese Konzeption der Subjektivität für die Ethik?**

Die radikale Subjektivität geht einher mit ethischen Paradoxien. Zum Beispiel mit der Tatsache, dass man das radikale Böse nicht mehr vom Guten unterscheiden kann. Schelling drückt das auf die radikalste Weise aus, wenn er sagt, das Böse, das wahre Böse, sei etwas viel Geistigeres als das Gute. Spiritualität im Sinne dieser radikalen Negativität ist, wenn das Gute paradoxerweise mit dem Bösen zusammenfällt. Und, man muss es wieder und wieder betonen: Das ist es, was Lacan

**Das Objekt des Begehrens ist das Subjekt selbst.**

beabsichtigte, als er seine scheinbar verrückte These „Kant mit Sade" entwickelte. Sade als die Wahrheit Kants. Lacans These ist nicht, dass Kant ein versteckter, geheimer Sadist war. Im Gegenteil: Sade war ein versteckter Kantianer! Das heißt, Sade hat das Lustprinzip, das Prinzip exzessiver Lust so weit getrieben, dass es nicht länger im kantschen Sinne pathologisch, das heißt abhängig von zufälligen Bedingungen ist.

**Jeder ist verantwortlich dafür, was er als seine Pflicht definiert.**

Was ist Sades Grundidee? Zunächst scheint er eine traditionelle Ideologiekritik im Namen der Natürlichkeit vorzunehmen. Sades Idee ist, dass Ideologien, wie zum Beispiel die Religionen, uns unterdrücken, wir aber unsere „wahre Natur" verwirklichen sollen, die uns zum Genießen, zum Töten, zur Zerstörung und so weiter auffordert. Doch Sade geht weiter. Er fragt: Wenn wir bis zum Ende gehen, wenn wir die religiösen Ketten losgeworden sind und unsere Natur verwirklicht haben – ist dann unsere Natur nicht ebenfalls ein Gefängnis? Da es Naturgesetze gibt, sind wir gefangen in den ewigen Bewegungen der Natur. So kommt Sade zu der verrückten Idee, dass das absolute Verbrechen die Zerstörung der Natur selbst wäre, das heißt, den ewigen Kreislauf von Werden und Vergehen in einem radikalen Verbrechen zu zerstören. Hier heißt es also nicht mehr: Lasst uns ganz natürlich werden. Hier heißt es: Tabula rasa, lasst uns die Natur selbst zerstören. Das ist, so denke ich, eine rein kantsche Idee. Das ist genau die Idee der kantschen Freiheit, die radikal ist, also nicht mehr beschränkt auf die natürliche Ordnung der Dinge, den großen Kreislauf des Seins. Subjektivität ist mehr als einfach das Prinzip der Autonomie, sie ist etwas viel Radikaleres.



**Die größte Versuchung für einen guten Analytiker ist die humanistische Versuchung.**

Auf der formalen Ebene stimme ich der kantschen Ethik zu, das heißt einer Ethik der Verantwortlichkeit. Ich glaube nicht an eine Ethik, in der die Verantwortung auf jemand anderen abgeschoben wird. Aber dies gilt eben auch für den Kategorischen Imperativ (siehe Erläuterung)! Nehmen wir an, ich müsste etwas gegen Sie unternehmen. Nehmen wir an, Sie hätten ein geringfügiges Verbrechen begangen. Dann kann ich mit dem Kategorischen Imperativ argumentieren: „Tut mir Leid, ich kann da nichts machen, ich muss meine Pflicht tun, es geht nicht nach mir." Ich glaube, Hegel hatte mit seiner Kritik ganz Recht – der Kategorische Imperativ liefert keine Normen. Oder nehmen Sie Kants Argument gegen den Diebstahl: Wenn jeder stehlen würde, dann gäbe es kein Eigentum. Kant mogelt hier, wie Hegel gezeigt hat, auf zwei Ebenen. Erstens bricht er seine eigene Regel, nach der Konsequenzen keine Rolle spielen. Hier spielen sie auf einmal eine Rolle. Zweitens: Warum ist eine Gesellschaft ohne Eigentum widersprüchlich? Sein Argument funktioniert nur, wenn man eine Gesellschaft mit Eigentum voraussetzt. Die Lösung des Problems des Kategorischen Imperativs liegt also in einer viel radikaleren Autonomie, als sich Kant selbst vorgestellt hat: Man muss jede ethische Norm, die man annimmt, auch verantworten. Man kann die moralische Pflicht nicht als Entschuldigung anführen, um seine Pflicht zu tun. Sie können nicht sagen: „Tut mir Leid, dir weh tun zu müssen, aber es ist meine Pflicht." Sie sind mitverantwortlich dafür, was Sie als Ihre Pflicht definieren. Das ist die kantsche Autonomie.

Wenn Sie mich fragen, wie ich Ethik definiere, so glaube ich, dass auch hier die Psychoanalyse wieder ganz hilfreich sein kann. Ich würde das eine symptomorientierte Annäherung an die Ethik nennen. Lassen Sie mich ein Beispiel geben, das ich oft benutze, die Ermordung der Juden im Holocaust. Es reicht nicht aus, auf einer abstrakten ethischen Basis dagegen zu argumentieren, dass man etwa sagt: Man darf eine bestimmte Volksgruppe nicht einfach töten, nur weil sie ist, was sie ist – man muss den Einzelfall betrachten. Wenn einer ein Verbrechen begangen hat, dann muss er natürlich, wie alle anderen auch, dafür bestraft werden. Das wäre so ein abstraktes moralisches Argument. Ich stimme dem natürlich zu, aber ich glaube, es ist nicht stark genug. Und die gegenteilige Argumentation, die faktische, ist auch nicht stark genug. Dass Sie etwa zu einem Nazi sagen: „Sie wollen Juden umbringen? Aber warten Sie! Ihre Beschreibung von Juden ist falsch, sie sind gar nicht wirklich blablabla..." Sobald Sie so handeln, sind Sie verloren. Wenn Sie eine solche Diskussion akzeptieren, wird das Ergebnis faul sein. Sie müssen dann herausfinden, wie Juden wirklich sind. Und was finden Sie dann? Okay, sie sind nicht so schlecht, natürlich sind sie religiös, na ja, es sind ja Menschen, viele haben wahrscheinlich tatsächlich deutsche Frauen verführt, warum auch nicht? Manche waren reich und haben tatsächlich Deutsche ausgebeutet – eine solche Fragestellung ist von Grund auf falsch. Was Sie fragen sollten, und hier ist die Psychoanalyse auch in ethischer Hinsicht hilfreich, ist etwas völlig anderes: Es geht nicht nur darum, dass Antisemitismus moralisch falsch ist; nicht nur darum, dass er faktisch falsch ist; es geht um die Frage: Warum brauchten die Nazis das Bild des Juden als Feind? Sie brauchten dieses Feindbild unabhängig davon, was oder wie Juden wirklich waren. Es gibt dieses paradoxe Beispiel bei Lacan. Nehmen wir an, Sie sind krankhaft eifersüchtig. Und nehmen wir an, dass Ihre Frau Sie wirklich betrügt. Nichtsdestotrotz, sagt Lacan, ist Ihre Eifersucht krankhaft. Warum? Was sie krankhaft macht, ist, dass sie eine bestimmte Rolle in Ihrer subjektiven Ökonomie spielt. Es geht also nicht darum, dass der Antisemitismus formal falsch war, sondern darum, dass er inhärent falsch war, eine Verschiebung, eine Flucht. Die Psychoanalyse erlaubt es uns, moralisch noch strenger zu sein.

**Herr Žižek, wir danken Ihnen für das Gespräch.**

Das Interview führten Frank Augustin, Thomas Bach und Siegfried Reusch.
Aus dem Englischen übersetzt von Frank Born.

**Kategorischer Imperativ:**
Unbedingt gültiges Pflichtgebot. Kategorischer Imperativ nach Kant: „Handle nur nach derjenigen Maxime, durch die du zugleich wollen kannst, daß sie ein allgemeines Gesetz werde." (Kant, Immanuel: Grundlegung zur Metaphysik der Sitten. BA 52)

**Cartesianisches Ego:**
(von lat. ego: Ich und lat. Cartesius: Descartes): René Descartes (1596–1650) bestimmt das Ich als „denkendes Ding" beziehungsweise als denkende Substanz (res cogitans). Es handelt sich bei dieser Bestimmung um den Versuch, ein unbezweifelbares, im Denkenden selbst liegendes Fundament zu gewinnen. Das Einzige, an dem der Mensch nicht zweifeln kann ist die Tatsache, dass er es ist, der zweifelt. Hieraus folgert Descartes: cogito sum – Ich denke, ich bin.

TINA

SYBILLE
ONNEN

TINA
SYBILLE ONNEN

**Bazon Brock**

# Mihilismus

## Selbstverwirklichungsboheme und Individualisierungsterror

**Zur Beschreibung des heutigen Menschen sind die Egologie[1] und die Philosophie der Subjektivität nicht ausreichend. Im Mittelpunkt des Denkens steht nicht mehr der Egoist oder dessen Widerpart, der sich für die anderen aufopfernde Selbstlose, sondern der Mihilist – der Egoist wider Willen. Unter lauter Egoisten aus Überzeugung fristet er sein Dasein wohl wissend, dass das Konzept des Egoismus zwangsläufig zum Scheitern verurteilt ist.**

Die Philosophie der Subjektivität entwickelte sich aus Descartes' Selbstvergewisserung in der Existenz: cogito, ergo sum (ich denke, also bin ich) – beziehungsweise: cogito, ergo sum alter (ich denke, also bin ich wie andere). Wenn es mir aber genügt, dass ich denke und mir meines Existierens gewiss bin, bleibe ich solo, allein, ich werde zum Solipsisten, das heißt zu einem Menschen, der alle seine Sinneserfahrungen, mithin auch den anderen Menschen, für bloße Ausprägungen beziehungsweise Täuschungen seines eigenen Denkens erachtet. Geht es mir aber nicht nur um die Vergewisserung meiner Existenz, sondern um eine Klärung der Verfahren, mit denen ich mich auf andere Solipsisten sowie andere Ausprägungen des Denkens von Existenz beziehe, dann muss ich als Solipsist zum Egoisten werden (siehe Erläuterung); und zwar, so meinte Kant, in dreifacher Hinsicht: zum logischen Egoisten, der seine Verstandesurteile ohne Vergleich mit der Urteilstätigkeit anderer Solipsisten zu akzeptieren bereit ist; zum ästhetischen Egoisten, dem sein geschmackliches Unterscheidungsvermögen genügt, um die Welt hinreichend interessant zu finden; und zum moralischen Egoisten, der zu glauben vermag, dass die Zwecke der Weltvergewisserung allein darauf abzielen, sich selbst als existierend behaupten zu können.

> **Was mir als Individuum zugemutet wird an Urteilen, Verantwortlichkeiten und Risiken, ohne dass ich dafür hinreichend oder in besonderer Weise ausgerüstet oder qualifiziert wäre – das ist Mihilismus.**

Diesen Egoismen fügte ein Kantschüler vor 170 Jahren noch den physischen Egoismus hinzu, womit er den natürlichen Selbsterhaltungstrieb des Menschen bezeichnete. Descartes' Behauptung brauchbar dafür werden zu lassen, wie man das Existieren zu bewerten vermag, war ein vernünftiger Vorschlag. Bekanntlich gibt es ja sehr unterschiedliche Möglichkeiten der Existenzvergewisserung. Vornehmlich Angehörige des Ersten und Vierten Standes fanden damals reichlich Gelegenheit, ihre Existenz (zumal nach den Terrororgien der Französischen Revolution) als nicht lebenswert zu empfinden. Nachdenken führte zu dem Schluss, dass es besser sei, nicht zu existieren beziehungsweise zu existieren als Nichtgeborener oder Selbstentleibter: Ich denke, also komme ich zu dem Schluss, meinem Leben ein Ende setzen zu sollen.

Erst Ludwig Klages hat dann in seinem „System der Triebfedern" die Konsequenzen des Selbstvergewisserungs- und Selbsterhaltungsgedankens gezogen, indem er klar machte, dass Selbsterhaltung nicht auf passivem Bewahren eines gegebenen Zustandes beruht, sondern als Entfaltung in der Weltaneignung und in der Durchsetzung von Geltungsansprüchen besteht. Letzteres nennt man in jüngerer Zeit Selbstverwirklichung, zu der die verschiedenen Formen des Egoismus, die Klages beschrieb, zusammenwirken. Eine modernistische Version des Egoismus, nämlich des Egoismus der Gene, modifizierte das Selbsterhaltungs- und Selbstverwirklichungskonzept; es ging nur noch um Selbsterhaltung bis zur Selbstverwirklichung, die darin bestand, sein eigenes genetisches Potenzial in nachfolgende Generationen eingebracht zu haben: Ich muss mich vererben, um denken zu können, dass ich ein Gewesener bin.

Der soziale Altruismus, das heißt die Solidargemeinschaft des Sozialstaates, erhielt durch die Soziobiologen eine starke Begründung in dem Nachweis, dass Altruismus (Selbstlosigkeit) auch nur eine besonders raffinierte Form des Egoismus sei. Heute triumphiert er unter den Märtyrern aller Begründungszusammenhänge, die Selbstverwirklichung durch Aufhebung des Selbsterhaltungstriebes erreichen – unter der Voraussetzung, dass ihre Existenz als Gewesene von der Gemeinschaft, für die sie sich opfern, auf Dauer garantiert werden wird. Das ist in der Tat ein glorioser Egoismus, der seit der Wertherzeit und der Frühromantik Modernität markiert: Ich denke, also habe ich mich, um dauerhafte Bewahrung im Gedächtnis der jeweils Lebenden zu erreichen, todes-/opferbereit zu zeigen.

In besonderer Weise entsprach diesem Existenzbeweis durch Aufgabe des Lebens die Selbstverwirklichungs-Avantgarde der Künstlerboheme mit ihren Positionen des poet-maudit (des verworfenen Dichters), die sich seit den 80-er Jahren als Lebenshilfeliteratur für Yuppies blendend verkaufen ließ. Diese Position hat auch die letzten Spuren der Anrüchigkeit von Egoismus verloren: das Ichtum der Ichmenschen wurde beispielhaft für die Individuen im Globalismus. Wer gegen diese Ausweitung der Selbstverwirklichungszone etwas einzuwenden hat in moralischer, ästhetischer oder rationaler Argumentation, scheint immer noch damit zu rechnen, zu den Opfern der weltumspannenden Wirtschaftsdynamik des reinen Egoismus gezählt werden zu müssen.

Schon Eugen Dühring hatte erklärt, dass nicht die Durchsetzung des eigenen Interesses den wirklichen Egoismus ausmache, sondern die Verneinung der egoistischen Ansprüche anderer. Der wirkliche Egoismus ist eben unrein, aber praktisch. Wer den heutigen täglichen Demonstrationen von Korruption der Ämter, Hochmut der Geschäftemacher und Machtspiel der Politiker mit moralischer Entrüstung begegnen zu können meint, kann sich für das praktische Argument auf die Verneinung seines Egoismus durch die tatsächlich erfolgreichen reinen Egoisten berufen. Und das tut man bei demonstriertem, klarem Bewusstsein, indem man seiner Entrüstung stets hinzufügt, man wisse nicht, wie man selber sich in die Rolle des reinen Egoisten gefügt hätte, wenn es einem denn vergönnt gewesen wäre, sie zu spielen. Den Attraktionspunkt heutiger Ausprägung des Egoismus unter Bedingungen der Globalisierung stellt zweifellos die Möglichkeit dar, sich wahrhaft göttliche Attribute zuzulegen.

**Der wirkliche Egoismus ist unrein, aber praktisch.**

Max Stirner hat im Geburtsjahr Nietzsches mit seinem Hauptwerk *Der Einzige und sein Eigentum* dafür ein Beschreibungsmodell geliefert. Die Übertragung des biblischen Namens Gottes, als der einzige Gott, auf das Individuum in der totalitär entfalteten Industriegesellschaft kann eigentlich erst heute im Zeitalter der Informationsgesellschaft grenzenloser Weltallheit gewürdigt werden. Jeder wirkliche Egoist ist ein Einziger, weil er ja die gleichlautenden Ansprüche anderer verneint. Dafür steht heute der Appell der großen Wirtschaftsegoisten, sie von allen gesetzlichen Restriktionen zu befreien, sie bedingungslos, also einzigartig, wirken zu lassen; sobald aber dieses Egoismuskonzept scheitert (Voraussetzung mindestens fünf Milliarden Kreditvolumen), rufen die Unternehmer Kirch und Konsorten das reine egoistische Interesse von Staat und Gesellschaft an (Bewahrung der Arbeitsplätze, Zukunftsperspektive, Vertrauenserhalt ...). Das Scheitern dieser Möchtegerngötter wird erfolgreich, wenn die Repräsentanten von Staat und Gesellschaft ihrer Klientel einzureden vermögen, dass es schließlich überhaupt keinen Gott mehr gäbe, vor allem nicht mehr den verlässlichsten Gott, den des Mammons, wenn es keine Anwärter auf Einzigartigkeit mehr gäbe. Man müsse also, um Gottes willen, immer wieder bedingungslos dem Einzigartigkeitsstreben huldigen (mit der Verschwendung von Steuergeldern oder Bankkrediten), damit der Gottesglaube erhalten bleibe. Die Garanten dafür sind einzigartige Unternehmer mitsamt ihrem Eigentum, das heißt mitsamt allen Rechtfertigungsgründen einer Theologie des Mammons. Wenn es erst so weit kommt, dass man mit Geld, also mit unüberbietbaren Angeboten, wie sie die Mafia zu unterbreiten pflegt, nichts mehr erreichen kann, dann ist die Welt tatsächlich gottlos und der Gedanke gegenstandslos, das heißt ichlos geworden und hört damit auf zu existieren.

**Ich muss mich vererben, um denken zu können, dass ich ein Gewesener bin.**

In dieser Konstellation scheint es unumgänglich, dem Egoisten einen Mihilisten (lat. mihi: mir) zur Seite zu stellen, das heißt einen Dativ (Wemfall) des Ego. Denn die egoistische Selbstverwirklichung bis hinauf zur Durchsetzung göttlicher Einzigartigkeit in Wirtschaft, Politik, angewandter Wissenschaft und den Künsten scheint daran zu kranken, dass die Einzigen, die Egoisten, nicht mehr die Kraft haben, sich die Konsequenzen ihres göttlichen Wahnsinns, das radikale Scheitern, zuschreiben zu lassen; sie wollen, wie gesagt, nur erfolgreich scheitern. Typisches Beispiel dafür sind die Legionen der Nieten in Nadelstreifen, die mit ihren Allmachtsfantasien als Unternehmer reihenweise Firmen in den Bankrott treiben, aber dafür mit durchschnittlichen Abfindungen in zweistelliger Millionenhöhe belohnt werden (angesichts dieser Nieten, die wie die Herren im Reich des Bösen – Präsident Bushs Definitionsgrößen der Welt! – aus reiner Boshaftigkeit die Welt zu vernichten hofften, wird die irritierende Faszination durch Einzigartige spürbar). Der Anspruch auf Einzigartigkeit findet keinen Glauben mehr, weil mit ihr immer zugleich signalisiert wird, es geht ja nur ums Geld. Diese Einsicht scheint sogar in jenen Fällen unerschütterlich, in denen religiöse Fanatiker und Kulturkämpfer ihre Motive grotesk verzerren, um ja nicht den Eindruck zu erwecken, auch in Irland, im Baskenland oder in Palästina ginge es um schnöden Mammon. Aber alle wissen, dass der Grad des egoistischen Durchsetzungsanspruchs in nichts anderem bemessen werden kann als in Geld. Das aber gerade deswegen keine Geltung mehr hat – will sagen, dass heute niemand mehr auf die Idee käme, einen reichen Mann wegen seiner Fähigkeiten zu bewundern;

**Egoisten wollen nur erfolgreich scheitern.**

von einem Professorentitel auf besondere geistige Fähigkeiten des Betreffenden zu schließen, die Beförderung zum hohen Richter, hohen Militär oder hohen Verwaltungschef in irgendeiner Weise mit anderen Verdiensten in Verbindung zu bringen als einzig dem Verdienst um die Mafia, den Klüngel, die Seilschaft. Selbst die explizite Widmung an Verdienst um Staat, Gesellschaft, Wissenschaft und so weiter bei Ordens- und Preisverleihungen nötigt niemandem mehr Respekt ab, weil jeder zu wissen glaubt, wie dabei verfahren wird.

**Ich denke, also komme ich zu dem Schluss, meinem Leben ein Ende setzen zu sollen.**

Um diesen Distanzgesten die Kraft zu nehmen und um den Glauben an den Erfolg aller Egoisten und Einzigartigen – also um den Glauben an eine verlässliche Ordnung unter den Menschen im Sinne ewig geltender anthropologischer Konstanten – zu befördern, ist man mit ungeheurer Raffinesse, der so gut wie alle Soziologen, Psychologen und Kulturwissenschaftler erlegen sind, daran gegangen, den Egoismus zu verordnen (Anthropologie: Lehre vom Menschen). Der mir abverlangte Egoismus ist ein Mihilismus. Ich bin gezwungen zur Individuation, obwohl ich in ihr gerade nicht mehr das Glück zur Selbstverwirklichung zu vermuten vermag, sondern die Drohung mit Vereinzelung, Bindungslosigkeit und Ohnmachtserfahrung. Ich bin zur mihilistischen Position verurteilt, weil ich mir den Egoismus nicht mehr zutraue oder als lächerlich erkennen musste.

Der Mihilismus wurde in unserer Öffentlichkeit zum ersten Mal schlagend für jedermann angedient, als nach der Katastrophe des unreinen Wirtschaftsegoismus in Tschernobyl von den Experten erwartet wurde, verbindliche Schlussfolgerungen aus dem Geschehen zu ziehen. Genau das konnten und können Experten nicht – was niemand gern eingesteht, denn die Experten hätten ja nur sagen können, dass die Tschernobyl-Katastrophe das erwartbare Resultat von göttlicher Einzigartigkeitsdarstellung durch Wissenschaftler und Politiker sei. Da dieses Eingeständnis nicht mehr kalkulierbare Reaktionen bei Publikum und potenziellen Wählern ausgelöst hätte, aber irgendeine noch so gute Egoistenlüge kaum für glaubwürdig gehalten worden wäre, verfiel man auf den Dreh, das Publikum selber in die Rolle der Entscheider zu zwingen. Pausenlos wiederholten alle Experten auf allen Kanälen die physikalischen und meteorologischen Daten, mit dem unmissverständlichen Hinweis, dass nicht sie selbst, die Wirtschaftsbosse und die Politiker wissen müssten, was zu tun sei, sondern jeder einzelne Bürger hätte in Kenntnis der objektiven Daten selbstverantwortlich zu entscheiden, ob er Kinder in den Freiluftsandkasten schicke respektive Salat und Pilze verzehre oder nicht. Die Verantwortung für die Folgen des Tschernobyl-Gaus hätten einzig und allein die Individuen vor den Fernsehschirmen, jeder für sich eigenverantwortlich, zu tragen. Sehen Sie, das ist Mihilismus.

Wenn Sie heute mit dringlichem Anliegen ein Krankenhaus aufsuchen, so sind Sie gezwungen, versicherungsrechtlich relevant schriftlich zu bescheinigen, dass Sie die Verantwortung für das erörterte Vorgehen des Arztes, etwa eine Operation, als Patient, das heißt als medizinischer Laie, selber übernehmen. Sehen Sie, das ist Mihilismus; das nämlich, was mir als Individuum zugemutet wird an Urteilen, Verantwortlichkeiten und Risiken, ohne dass ich dafür hinreichend oder in besonderer Weise ausgerüstet oder qualifiziert wäre. Mihilisten müssen es aushalten, dass Egoisten sich ständig in medienwirksamer Selbstverwirklichungsboheme erstrahlen lassen und alle Ämter und Positionen für sich reklamieren, weil sie so großartige Egoisten seien, dass der Erfolg sich zwingend einstellen werde. Darüber hinaus müssen Mihilisten die Zumutung verkraften, dass sich besagte Verteidiger ihrer Einzigartigkeit sang- und klanglos aus der Verantwortung stehlen und diese Tatsache dann auch noch als humanitär gesinnte Aufklärung über das Leben in Politik, Wirtschaft und Gesellschaft anpreisen mit der Gebetsformel, dass in der Demokratie eben der Wähler die Verantwortung trägt.

Bazon Brock ist Professor für Ästhetik an der Bergischen Universität Gesamthochschule Wuppertal. Weitere Informationen unter: www.bazonbrock.de

**Anmerkungen:**

1. Hier: Lehre vom Ich (lat.: ego)

**Zur Vertiefung empfohlen:**


- Brock, Bazon: Der Barbar als Kulturheld. Wie man wird, was man nicht ist. Schriften 1990–2001. DuMont Verlag, Köln, Oktober 2002
- Mühlmann, Heiner: Kunst und Krieg. Das säuische Behagen in der Kunst. Über Bazon Brock. Salon Verlag, Köln 1998
- Stratmann, Nicole: Bazon Brock – Der Selbstfesselungskünstler. Einführung in eine Ästhetik des Unterlassens. VDG-Verlag, Weimar 1995


Radikale **Solipsisten**
erachten alle ihre Sinneseindrücke – und somit auch alle Äußerungen anderer Bewusstseine – als vom eigenen Denken erzeugt.

**Egoisten**
hingegen halten sich zwar selbst für das Maß aller Dinge und stellen den eigenen Vorteil in den Mittelpunkt ihres Denkens und Handelns, leugnen aber nicht die Existenz einer von ihrem Denken unabhängigen Außenwelt beziehungsweise die Existenz anderer, vom eigenen Ich (ego) unabhängiger Ichs (siehe auch den Lexikonbeitrag *Solipsismus* in dieser Ausgabe).

## Eitel, Eitelkeit

(althochdeutsch *ital*, 9. Jahrhundert; mittelhochdeutsch *itel*; die weitere Herkunft des Wortes ist unbekannt.) In seiner Bedeutung geht der Begriff auf verschiedene Stellen des Alten und vor allem des Neuen Testaments zurück.

In der *Vulgata*, der lateinischen Übersetzung der Bibel, begegnet uns im Ecclesiastes (Prediger Salomo) 1,2 der häufig zitierte Vanitas-Gedanke: *vanitas* vanitatum dixit Ecclesiastes vanitas vanitatum omnia vanitas: Alles ist eitel, alles ist leer, nichtig und vergänglich – das Leben und Mühen des Menschen, die Welt an sich. Die Verwendung des Wortes Eitelkeit in diesem Sinne der vanitas findet sich eindrücklich wieder in der Lyrik des Barock, zum Beispiel bei Andreas Gryphius. Sein Sonett *Alles ist Eitel* beginnt mit den Zeilen „Du siehst, wohin du siehst, nur Eitelkeit auf Erden." Gemeint ist diesseitige *Vergänglichkeit* im Gegensatz zur Ewigkeit der Wahrheit Gottes, die Gryphius in den blutigen Wirren des Dreißigjährigen Krieges selbst leidvoll erfahren musste. Was heute gebaut wird, kann morgen schon nicht mehr stehen, und wo jetzt eine Stadt emporwächst, werden einst Wiesen und Weiden sein.

Eine seinem heutigen Gebrauch näher kommende Bedeutung erhält die dem deutschen „Eitelkeit" zu Grunde liegende *vanitas* im Neuen Testament, wo zur Bedeutung „Leerheit" auch die der „Selbstüberhebung" tritt. Deutlich greifbar ist dies in 2. Petr. 2,18, wo von den „Ungerechten" gesagt wird, sie seien „stolze Worte der Eitelkeit redende". Somit rückt die *vanitas* (Leerheit) in die Nähe der *superbia* (Stolz) und übernimmt Aspekte von dieser. Aus der römischen Tradition heraus diskutiert Augustinus (*Gottesstaat* V,13) den der *vanitas* nahe stehenden *amor laudis* (Verlangen danach, gelobt zu werden) und bezeichnet ihn als *vitium* (Laster).

Im Anschluss daran erörtert Thomas von Aquin in seiner Schrift *De malo* diese Haltung. Nach Thomas ist alles menschliche Streben auf ein Gut gerichtet, letztlich auf ein gemeinsames Gut. Derjenige jedoch, dessen Streben darin besteht, dass sein Gut von anderen (an-)erkannt wird, erstrebt eben damit kein Gut, sondern etwas Leeres und Nichtiges (quamdam vanitatem). Die Verfehlung besteht darin, dass die Vernunft nichtigen Ruhm (*gloria vana*, eben die Anerkennung durch andere) als erstrebenswertes Gut vorstellt. Damit rücken der Stolz, die Sucht danach, von anderen Anerkennung zu erfahren und die *vanitas* als Leerheit und Vergänglichkeit vollends zusammen – nicht eigenes Handeln, sondern dessen leere Reflexion in der Meinung anderer wird zum Prinzip des Tuns.

Im englischen Sprachraum wird die lateinische *vanitas* zu *vanity*. In seiner *Untersuchung über die Prinzipien der Moral* gibt David Hume eine Definition der *vanity*, die unserem heutigen Sprachgebrauch schon recht nahe steht. *Vanity* ist die Neigung von Menschen, eigene Vorzüge und Ehren übertrieben darzustellen und geradezu Bewunderung und Lobhudeleien zu *verlangen*, und dies auf eine Art und Weise, welche die Mitmenschen in ihrer eigenen Würde angreift. Diese Haltung zeigt einen Mangel an eigener Würde und schlechten Charakter.

Für Arthur Schopenhauer (*Aphorismen zur Lebensweisheit*) ist der Eitle derjenige, dem mehr an der Vorstellung anderer von seinem Wesen als an diesem Wesen selbst liege. Die Eitelkeit sei wie der Geiz ein Vergessen des Zweckes über die Mittel. Hier klingt wieder an, dass das Streben nach dem Lob anderer leer ist und verhindert, nach den Dingen zu streben, welche die eigene Persönlichkeit ausmachen.

Friedrich Nietzsche dagegen meint, dass der Eitle nicht so sehr anderen, sondern vielmehr sich selbst gefallen will: „Nicht die Meinung der andern, sondern seine Meinung von deren Meinung liegt ihm am Herzen" (*Menschliches, Allzumenschliches*, 2. Hauptstück, Nr. 89 und 545). Der Eitle verführt „die Anderen zu einer falschen, allzu hohen Taxation seiner selbst … und (hält) sich dann doch an die Autorität der Anderen." Das heißt, er stellt sich nach außen besser dar als er ist, um dann die entgegengebrachte übertriebene Bewunderung bereitwillig selbst zu *glauben*. Dies bedeutet aber auch, dass der Eitle den Anderen auf Gedeih und Verderb ausgeliefert ist: In sich selbst ist er niemand.

In der Folge Schopenhauers und Nietzsches hat Philipp Lersch (*Aufbau der Person*) beide Ansätze vereinigt und die Eitelkeit als „typische Haltung des narzistischen Selbstwertgefühls" definiert. Die extrem unkritische Selbstverliebtheit des Eitlen ist so stark, dass das Wertgefühl für andere Menschen und das Werturteil über sie völlig zurücktreten.

Zusammenfassend kann man sagen, dass der Eitle in seiner eigenen Welt lebt, einer Welt, in der sich die Leere und Nichtigkeit der *vanitas* des Predigers Salomo und die *superbia* des Neuen Testaments treffen. Denn das ganze Streben und der ganze Stolz des Eitlen liegt eben nicht in ihm selbst, sondern in der Meinung anderer, und die ist allemal so leer und vergänglich wie „Schatten, Staub und Wind" (Gryphius). Strandet ein Mensch auf einer einsamen Insel ohne jede Hoffnung auf Rückkehr in die menschliche Gesellschaft, so mag das ein hartes Schicksal sein. Strandet ein Eitler, so hört er einfach auf zu existieren.

Stefan Gammel

## Identität im Mittelalter

Das frühe Mittelalter kennt zunächst keine Identitätsprobleme. In einer Gesellschaft, in dem man das Heimatdorf praktisch nie verlässt, in der ortsfesten Gebundenheit, wo jeder jeden kennt, ist eine Notwendigkeit sich auszuweisen schlichtweg hinfällig. Identität ist nicht etwas, was anderen vorgezeigt werden müsste, sondern etwas, das man besitzt angesichts Gottes. Der Ausweis erfolgt sozusagen automatisch vor dem Jüngsten Gericht – oder anders gesagt: Der Mensch ist die Summe seiner Taten – der guten wie der schlechten –, die im großen Buch des Lebens verzeichnet sind und die erst nach dem Tod dem jeweiligen Individuum verlesen werden. Gott ist gründlich, ein Irrtum nicht möglich.

Mit dem Auftreten der fahrenden Ritter sieht sich zunächst nur die adlige Gesellschaft vor ein Problem gestellt: Wie kann die eigene Identität weiter vermittelt werden? Woran kann man einen Adligen erkennen?

Das Mittelalter entwickelt ein kompliziertes System von Identitätsvermittlung, um dieses Problem zu lösen: die Heraldik (Wappenkunde). Das Wappen auf dem Schild des Ritters übernimmt sozusagen die Funktion des modernen Personalausweises. Farben und Symbole zeigen die Zugehörigkeit zur Familie und machen damit zugleich den hierarchischen Rang des Ritters klar. Genealogisches, das heißt auf die Ahnen bezogenes Denken, ist hier von größter Wichtigkeit – aber nur der höchste Adel kann sich in einer Zeit, in der es noch keine Nachnamen gibt, im Namen auf sein Geschlecht berufen. Wir sprechen noch heute von den Staufern und den Hohenzollern; die anderen Fürsten, Grafen oder Ritter aber heißen Heinrich oder Friedrich oder Wilhelm – nichts weiter. Das Wappen macht erst den Zusammenhang der vorangegangenen Familienmitglieder deutlich. Im Wappen ist die gesamte Abstammungslinie des Adligen vereint.

Dabei ist es wichtig zu wissen, dass wir es im mittelalterlichen Denken nicht mit einer einfachen Symbolstruktur zu tun haben: Das Banner des Fürsten ist nicht nur Zeichen für seine Familie oder für den Fürsten selbst (wie eben der moderne Ausweis) – vielmehr ist im Zeichen die Familie wirklich präsent. Für den mittelalterlichen Menschen ist also der Großvater, Urgroßvater oder Stammheroe in Wappen, Fahne oder Familienchronik nicht nur symbolisch, sondern tatsächlich anwesend. Das Mittelalter kennt in dieser Hinsicht noch keine strikte gedankliche Trennung von Zeichen und repräsentierter Person. Nur so versteht man, warum die eigene Standarte unter allen Umständen verteidigt werden musste. Das neuzeitliche Denken kennt diesen Zusammenfall von Ding und Person nicht mehr – die alten Bräuche werden dann zum sinnlosen Relikt, besonders schön dargestellt in der Geschichte Wilhelm Tells: Hier ist es lächerlich geworden, sich vor dem auf eine Stange gespießten Hut des Adligen zu verbeugen. Im Mittelalter hat zwar jeder erkannt, dass es sich bei dem Ding auf der Stange um einen Hut handelt, aber durch diesen Hut war der Repräsentierte quasi selbst da. Daran schließt sich eine interessante Frage an: Wenn ein Zeichen so bedeutend ist, dass es mit der repräsentierten Person identisch sein kann, besitzt dann ein Adliger ohne Wappen überhaupt Identität? Oder noch schärfer formuliert: Wenn Kaiser Karl sagen kann „Dieses Wappen bin ICH", kann er dann, ohne jedes Wappen, überhaupt ICH denken?

Wie groß das Identitätsproblem im Mittelalter gewesen ist, wird im höfischen Roman deutlich. Wolframs von Eschenbach *Parzival* etwa dreht sich beständig um dieses Problem – einerseits deutlich in der umfassenden genealogischen Verknüpfung, die Wolfram einführt (sodass man zuletzt alle handelnden Personen in eine von drei miteinander verbundenen Sippen einteilen kann) und andererseits in dem Problem des Erkennens. Parzival tötet seine Verwandten, weil er sie nicht erkennt und bestückt sich selbst mit einem monochrom roten Wappen – damit steht er außerhalb jeder Heraldik und ist insofern „unsichtbar" für die anderen Ritter.

Zusätzlich zum heraldischen System kommt es zur Entwicklung von Ersatznachnamen: Wer einen Namen benötigt, sein Geschlecht aber nicht qua Geburt im Namen führen kann und sich dennoch vom niederen Bauer unterscheiden will, setzt zu seinem Vornamen ein passendes Attribut oder den Herkunftsort: Friedrich der Rote, Giselher der Flinke, Gottfried von Straßburg. Aber auch dieses System erweist sich auf Dauer als unzureichend: Hartmanns gibt es viele, den Ortsnamen Ouwe finden wir ebenfalls im Mittelalter häufig. Je größer die Expansion wird, je mehr Menschen ihre angestammten Städte verlassen und quer durch Europa ziehen, desto eher kommt es zu Verwechslungen.

Immer kompliziertere und absurdere Beinamen entstehen am Beginn der Neuzeit. Als die Bedeutung des Adels geringer wird und dieser dem Großbürgertum mehr und mehr weichen muss, kommt es zur Explosion des Wappenwesens. Jede Familie, die noch kein Wappen besitzt, bastelt sich ihre Genealogie selbst: Frei von den heraldisch festgelegten Vorgaben entstehen die wunderlichsten Bilder in allen Farben, die man noch heute an Hausfresken und in mancher Familienchronik bewundern kann.

Durch die Einführung des Nachnamens wurden schließlich viele Probleme gelöst und Menschen eindeutiger bestimmbar gemacht. Aber können wir wirklich von Eindeutigkeit sprechen? Wer in einem Telefonbuch einmal nach Hans Müller gesucht hat, wird dies bezweifeln. Absolute Eindeutigkeit scheint auch für den modernen Menschen nur vor dem Jüngsten Gericht gewährleistet zu sein. Doch wie ist es um diese Eindeutigkeit in einer Zeit bestellt, in der immer mehr Menschen dieses eindeutigkeitsstiftende Gericht selbst anzweifeln? Der Königsberger Philosoph Immanuel Kant hat eine Lösung dafür parat: Das Tribunal des letzten Gerichts gibt es immer noch – hineinverlegt in die Innerlichkeit des Menschen. Diese identitätstiftende Instanz nennt sich dann Gewissen.

Björn Reich



## Solipsismus

Der Ausdruck „Solipsismus" ist gebildet aus lateinisch „solus" (allein) und „ipse" (selbst). Unter Solipsismus wird heute meistens eine radikale Position verstanden, die nicht nur eine vom Bewusstsein unabhängige Außenwelt leugnet, sondern darüber hinaus Bewusstsein mit dem *eigenen* Bewusstsein gleichsetzt. Der Solipsismus bestreitet demnach die Existenz des *Fremd*psychischen. Die Problematik bei der Auseinandersetzung mit dem Solipsismus charakterisiert ein Ausspruch von A. Weishaupt: „Indessen fühle ich die Schwierigkeit, einen Egoisten (gemeint ist hier ein ontologischer Solipsist, siehe unten) zu widerlegen nur gar zu wohl; wo kann und soll ich mit ihm anfangen? ... was ich ihm sage, dies glaubt er sich selbst zu sagen."[1]

Zu unterscheiden sind genauer *ethischer* und *erkenntnistheoretischer* Solipsismus. Innerhalb des erkenntnistheoretischen Solipsismus gibt es *ontologische, methodische* (*methodologische*) und *kontemplative* Versionen (Ontologie: Lehre vom Sein). Der ethische Solipsimus besagt, dass nur dasjenige Wert hat, was dem eigenen Selbst zugute kommt. Er entspricht dem Egoismus. Sein konsequentester Verfechter ist Max Stirner mit seiner Philosophie des „Einzigen". Der ontologische Solipsismus ist durch die Behauptung charakterisiert, dass nur *ein* Bewusstsein wirklich existiert, andere Subjekte und Objekte dagegen nur Vorstellungen dieses einen Bewusstseins sind. Ethischer und ontologischer Solipsismus schließen sich aus, da der ethische Solipsismus davon ausgeht, dass es andere Subjekte gibt, die er als Mittel für seine eigenen („selbstsüchtigen") Zwecke einzuspannen sucht.

Obwohl der ontologische Solipsismus in der Geschichte der Philosophie kaum ernsthaft vertreten worden ist, ist doch dessen theoretische Möglichkeit ein zentrales Thema der Philosophie. Meist allerdings in der negativen Form, dass bestimmten philosophischen Positionen die Tendenz zum Solipsismus nachzuweisen versucht wird, um sie dadurch *ad absurdum* zu führen.

Mit diesem Vorwurf sehen sich alle Denkrichtungen konfrontiert, die von einer Trennung zwischen Ich (als erkennendem Subjekt) und Welt (als erkanntem Objekt) ausgehen. Dies gilt vor allem für Erkenntnistheorien, die behaupten, dass die *unmittelbaren* Objekte der Wahrnehmung dem Bewusstsein gegebene Sinnesdaten (Eindrücke, Ideen oder Vorstellungen) sind und die Gegenstände der Außenwelt sowie die fremden Bewusstseine nur mittelbare Objekte, deren Existenz es zuallererst zu begründen beziehungsweise zu erschließen gilt. Diese Ausgangslage besteht für die bewusstseinsphilosophische Tradition der Moderne (von René Descartes bis Edmund Husserl), die weitgehend einem methodischen Solipsismus folgt.

Der methodische Solipsismus behauptet nicht (wie der ontologische) die alleinige Existenz eines Bewusstseins, wohl aber dessen Vorrang in Bezug auf die Erkenntnis (epistemische Priorität). Beispielhaft ist diese Position in Descartes' *Meditationen* entwickelt worden. Der methodische Solipsismus ist hier die Konsequenz eines radikalen, methodischen Zweifels, der auf der Suche nach absoluter Gewissheit nichts als wahr anerkennt, was den geringsten Zweifel zulässt. Neben allen anderen vorgeblichen Wahrheiten wird auch die Anerkenntnis der Außenwelt in den Strudel der Ungewissheit gezogen, indem das Kriterium für die Unterscheidung zwischen Wachen und Träumen in Frage gestellt wird. Descartes zufolge ist es zumindest denkbar, dass das ganze Leben bloß der Traum eines einsamen Ichs (eines einsamen Subjekts) ist.

Das Einzige, was ich nicht bezweifeln kann, ist die Tatsache, dass ich zweifle. Denn selbst wenn ich zweifle, dass ich zweifle, bleibe doch ich als derjenige, der zweifelt, unbezweifelbar bestehen. Indem ich zweifle und insofern denke, existiere ich. Das Ergebnis ist das berühmte „cogito ergo sum" (ich denke, also bin ich), das für Descartes zum Ausgangspunkt für den Versuch eines schrittweisen Wiederaufbaus der Welt und unserer Erkenntnis von ihr wird. Dabei ist zu berücksichtigen, dass der Denkende zunächst nur von seinem eigenen Selbst ein sicheres, unbezweifelbares Wissen hat, und zwar von dessen Dasein (Existenz) und von dessen Sosein (Beschaffenheit). Dieses Sosein besteht einzig in unausgedehntem Denken. Die Pointe ist, dass damit auch der Leib des Denkenden als ausgedehnter Körper der in Frage stehenden Außenwelt angehört.

Sofern nun der Wiederaufbau auf dieser Grundlage nicht gelingt, und bei Descartes gelingt er in der Tat nicht, bleibt das einsame Subjekt sozusagen auf beziehungsweise in seiner Innenwelt sitzen. Der Weg zur Außenwelt ist – zumindest als Weg des Wissens – verbaut. Das Einzige, was bleibt, ist ein Glaube an die Existenz der Außenwelt und ein Analogieschluss auf die Existenz anderer Bewusstseine. Immanuel Kant hat es in seiner *Kritik der reinen Vernunft* als „Skandal der Philosophie" angesehen, die Existenz der Außenwelt nicht beweisen zu können, und dementsprechend einen Beweis versucht. Heidegger hat dem in *Sein und Zeit* entgegengehalten, dass nicht das Fehlen eines solchen Beweises, sondern der Glaube, einen solchen zu benötigen, der eigentliche Skandal der Philosophie sei. Damit widerspricht Heidegger prinzipiell der kartesischen Tradition und verwirft deren Trennung von Subjekt und Objekt.

Das Motiv des methodischen Solipsismus ist bei Descartes das Streben nach einer Gewissheit, die über beobachtbare und beschreibbare Naturerscheinungen hinausgeht beziehungsweise diese erklärt (= metaphysische Gewissheit). Gerade nicht metaphysisch begründet ist die moderne Form des methodischen Solipsismus, wie sie insbesondere von Rudolf Carnap in seinem *Logischen Aufbau der Welt* vertreten worden ist. Für Carnap beruht der klassische erkenntnistheoretische Streit über die Realität der Außenwelt auf sinnlosen Scheinproblemen. Eine Entscheidung für den Solipsismus einerseits oder den Realismus andererseits beinhaltet nach Carnap keine Aussage über die Existenz der Wirklichkeit. Sie ist lediglich unter dem Gesichtspunkt zu treffen, welche Darstellungsform für die Konstruktion der Wirklichkeit am besten geeignet ist. Obwohl Carnap in einer „eigenpsychischen Basis" von „Elementarerlebnissen" einen geeigneten Ausgangspunkt für eine logische Konstruktion der Welt unter Einschluss fremder Bewusstseine sieht, erkennt er ausdrücklich an, dass auch die Wahl einer „Basis im Physischen" möglich ist. Er selbst hat diese Wahl später im Rahmen seines Physikalismus getroffen.

Von Carnaps methodischem Solipsismus ist der methodologische Solipsismus zu unterscheiden, wie er als Forschungsstrategie für die kognitive Psychologie (von J. A. Fodor) eingeführt worden ist. Während der methodische Solipsismus bei Carnap (und Descartes) von einer solipsistischen Basis ausgeht, um auf deren Grundlage Außenwelt und Fremdpsychisches zu begründen, bleibt bei Fodor das System auf Dauer von der Außenwelt abgekoppelt. Es wird ausdrücklich eine Beschränkung auf *interne* Abläufe und Repräsentationen vorgenommen, deren Verhältnis zur externen Welt keine Berücksichtigung finden. Mit Bezug auf Descartes erklärt Fodor die Frage, ob die mentalen Prozesse tatsächlich eine Entsprechung in einer wie auch immer gearteten Wirklichkeit haben oder etwa Eingebungen eines täuschenden „Gottes" sind, als belanglos, solange wir den Geist in Analogie zum Computer als Informationsverarbeitungssystem ansehen. Unter lebensweltlichen Gesichtspunkten lehnt auch Fodor den Solipsismus ab.

Eine Verbindung von erkenntnistheoretischen und ästhetischen Momenten stellt der kontemplative Solipsismus dar, der in Ludwig Wittgensteins *Tractatus logico-philosophicus* (Satz 5.62 ff.) andeutungsweise angesprochen ist. Das Motiv dieses Solipsismus ist die Überwindung der Subjekt-Objekt-Spaltung, wie sie der westlichen Philosophie seit Descartes eigen ist. Elemente christlicher Mystik und fernöstlicher Weisheitslehren treffen sich hier mit Konzeptionen von Schau und Anschauung der abendländischen philosophischen Tradition. Der kontemplative Solipsismus stellt sich daher weniger als Theorie oder methodisches Programm denn als Beschreibung eines geistigen Zustands dar. Seine Grundlage ist der von Arthur Schopenhauer in *Die Welt als Wille und Vorstellung* beschriebene Zustand des „glücklichen Augenblicks" (etwa in der Natur- oder Kunstbetrachtung), in dem Subjekt und Objekt zusammenfallend „eins" werden. Dem versunken Betrachtenden, dem Kontemplierenden, ist die Welt keine fremde *Außen*welt, sondern er macht sich deren Objekte als *seine* Vorstellungen „zu Eigen", indem er sich ihnen gerade selbstvergessen in der Anschauung „hingibt".

Der kontemplative Solipsismus ist durchaus mit einem lebensweltlichen Realismus verträglich, sofern er sich bewusst ist, dass der glückliche Augenblick ein *Augenblick* ist und nicht als Dauerzustand erreicht werden kann.

Gottfried Gabriel ist Professor für Philosophie an der Friedrich-Schiller-Universität in Jena.

**Anmerkungen:**

1. Weishaupt, A.: Über Materialismus und Idealismus. [2]1787, Nachdruck 1979, Seite 96

**Weiterführende Literatur:**

– Zur Begriffsgeschichte: „Solipsismus". In: Ritter, J. und Gründer, K. (Hrsg.): Historisches Wörterbuch der Philosophie. Band 9, Spalte 1018–1023 (mit Belegstellen), Basel und Darmstadt 1995
– Zur Problemgeschichte: Gabriel, Gottfried: Grundprobleme der Erkenntnistheorie. Von Descartes zu Wittgenstein. 2. Aufl. Paderborn u. a. 1998

Stefan Baur

# Bücherrätsel

## Erstes Buch

Ich denke, dass das erste diesmal zu erratende Buch am besten über den Autor gefunden werden kann. Denn der ist, obwohl schon vor über achtzehn Jahrhunderten verstorben, immer noch einigermaßen bekannt. Es hat ihn nicht das Schicksal ereilt, von dem es im gesuchten Buch heißt: „Wie viele Weitbesungene sind nicht schon der Vergessenheit überliefert!" Im Gegenteil: Vom Schulbuch bis zum Standbild, kürzlich auch im Kino, ist er heute vielerorts anzutreffen. Übrigens nicht als Autor, obwohl das gesuchte Buch (das einzige, das er verfasste) nicht enden wollenden Zuspruch fand. Berühmt wurde er als Herrscher, der durch Fleiß und Einsatz sein riesiges Reich zusammenhielt. Der seltsame Kontrast eines solchen Lebens zum ruhigen, scheinbar phlegmatischen Gedankengut des Werks hat viele Kommentatoren dazu gereizt, die Philosophie, die im Buche steht, mit den Taten des Autors zu vergleichen (natürlich mit gänzlich unterschiedlichen Resultaten) – umso mehr, als es im Werk einmal heißt: „Eines nur ist mein Bestreben, daß ich für meine Person nichts tue, was die natürliche Einrichtung des Menschen überhaupt nicht will oder nicht so oder nicht gerade im jetzigen Augenblick."

Jedenfalls geht es in dem Buch tatsächlich im Wesentlichen darum, wie ein vernünftiges Leben zu führen sei. Dabei passt der philosophische Kern (wer will: die „Lehre"), der dahinter steckt, auf den ersten Blick nicht recht zum mächtigen Autor, der das Ganze Stückchen für Stückchen in sparsamer Freizeit zusammenschrieb. Es ist eine der klassischen, sprichwörtlich gewordenen philosophischen Haltungen, die dort variiert und in meist aphoristischer Form ausgedrückt wird. Nichts übertrieben Originelles, weswegen das Buch selten im philosophischen Kanon auftaucht, sondern eben das, was die auf der ersten Seite genannten Lehrer dem Autor mit auf den Weg gaben. Gut möglich, dass vor allem der Ruhm des Autors das Werk zu einem immer gern zitierten Lesebuch machte, von dem Friedrich der Große fand, dass es seine Seele stärke, und Erich Sixt (ja, der mit der Autovermietung), dass es ihn entspanne.

Mit dem Thema dieses *blauen reiters* hat es insofern zu tun, als es schon im Titel seinen leicht selbstbezogenen Charakter ankündigt. Belehrend, aber kein Lehrbuch, persönlich, aber keine Autobiografie – alles in allem ein Stück, das ein bisschen an Montaigne, ein bisschen an Lichtenberg erinnert, aber eben doch unverkennbar antik ist.

## Zweites Buch

Das zweite Rätsel ist ziemlich schwierig. Gesucht ist ein Buch, das – wenn überhaupt – eher ein Historiker als ein Philosoph kennt, denn eigentlich geht es um Grundfragen der Geschichtsschreibung. Warum es heute dennoch hier seinen Platz findet, hat mit dem Thema dieser Ausgabe zu tun, das, wenngleich unter eher theoretischen Aspekten, auch für die Geschichtswissenschaft eine Rolle spielt. Schließlich gilt es gerade dort, sich mit dem (zu einem gewissen Grad) unvermeidlich subjektiven – eben Ich-bezogenen – Standpunkt des Historikers auseinander zu setzen. Diese Einsicht ist nicht selbstverständlich und musste auch erst einmal entwickelt werden.

Der Autor des gesuchten Buchs ist ein geistesgeschichtlicher Grenzgänger – vormodern anmutend, betrachtet man Herkunft, Biografie und Schriften; mehr als Theologe denn als Historiker auftretend und im Ganzen recht altertümlich mit Rhetorik und den freien Künsten beschäftigt (übrigens als Professor in Wittenberg, „in cathedra lutheri"). So galten auch Autor wie Werk lange Zeit wenig, den Namen kennt heute kaum noch jemand, trotzdem es Versuche gab, die Bedeutung des Buchs sowohl für die Hermeneutik (die Kunst der Interpretation von Texten; im weiteren Sinne: das Verstehen von Sinnzusammenhängen) als auch die Geschichtstheorie zu unterstreichen. Am ehesten wird das unter Hinweis auf einen der Kerngedanken versucht, wie ihn der Autor in barocker Sprache umständlich umschreibt: „Allein bey der Erkenntniß der Begebenheiten, und denen daraus flüssenden Erzehlungen, ist es ebenso nöthig, auf den Zuschauer und dessen Beschaffenheit Achtung zu geben, als auf die Sache selbst. ... folglich richtet sich die Vorstellung, oder das Anschauen der Geschichte nach jedes Zuschauers seinem Stande, dergestalt, daß sein Stand daran Schuld ist, daß der eine dieses, der andere jenes wahrnimmt, daß er die Sache auf dieser, der andere auf jener Seite betrachtet. ... Der Sehepunckt ist der innerliche und äusserliche Zustand eines Zuschauers, in so ferne daraus eine gewisse und besondere Art, die vorkommenden Dinge anzuschauen und zu betrachten, flüsset. Ein Begriff, der mit den allerwichtigsten in der ganzen Philosophie im gleichen Paare gehet, den man aber noch zur Zeit zu Nutzen anzuwenden noch nicht gewohnt ist, ausser daß der Herr von Leibnitz hie und da denselben selbst in der Metaphysick und Psychologie gebraucht hat. In der historischen Erkenntniß aber kommt fast alles darauf an."

Damit liegt das vielleicht beste Stichwort zum Suchen und Rätseln zutage, und wohl auch ein Kerngedanke, der das Werk für die Geschichtstheorie immer noch interessant scheinen lässt. So schreibt Reinhart Koselleck in der hier zitierten Ausgabe zum Geleit: „Er ist ein letzter Kronzeuge der vorhistorischen, der vormodernen Welt. Eingelassen in deren Erfahrungsraum hat er für den Aufbruch der geschichtlichen Welt, ohne es wissen zu können, zahlreiche Signale gesetzt."



**Lösungen des Bücherrätsels der 14. Ausgabe:**

**Lösung 1**

Gesucht war die *Geographike Hyphegesis* des Claudius Ptolemäus (ca. 100–170), bekannt in den latinisierten Bezeichnungen *Geographia* oder *Cosmographia*. Hierin gibt der berühmte Alexandriner, der in seinem Alamgest (eigentlich Mathematike syntaxis) das „ptolemäische Weltbild" mit der Erde als Mittelpunkt formulierte, ein Kompendium des antiken geografischen Wissens. Neben zahlreichen Ortsangaben, Entfernungsbestimmungen und Berechnungen astronomischer Art, die zur Herstellung von Landkarten dienen, enthält das Werk (je nach Ausgabe!) ca. 27 Karten, vom Mittelmeerraum bis in den fernen Osten.

**Lösung 2**

Gesucht war *Justine oder die Leiden der Tugend* (original Erstfassung 1787, Zitate aus der erweiterten Fassung *La nouvelle Justine ou Les malheurs de la vertu*, Paris 1797) des Marquise de Sade, die zwar im wesentlichen deftige, heute etwas barock und eben sadistisch anmutende Pornographie enthält, aber zusammen mit dem Leben und Wirken des Autors so manchen Philosophen ins Grübeln brachte.

Rätselauflösung aus Heft Nr.14

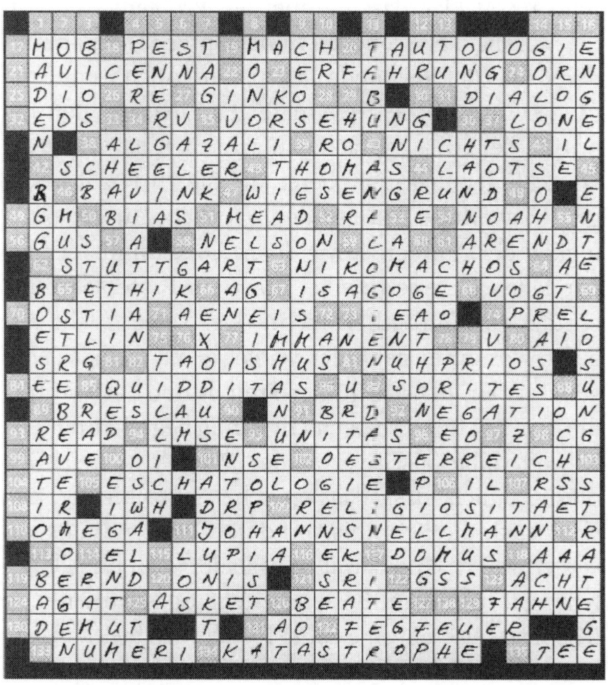

Dr. B. Reiter

# Haben Sie Probleme philosophischer Art?

**Dr. B. Reiter sorgt für Aufklärung!**

**Es gibt keine Frage, zu der er nicht die passende Antwort hätte. Wenden Sie sich vertrauensvoll an unseren Spezialisten für philosophische Aufklärung.**

*Sehr geehrter Herr Dr. B. Reiter,*
*...was ist das wichtigste Kriterium, nach dem man entscheiden kann, ob ein Philosoph zu den Klassikern gehört?*

M. Restler, Nürtingen

Sehr geehrte Frau Restler,
die wichtigste Voraussetzung, um einen Philosophen zu den Klassikern zählen zu können, ist, dass dieser nicht mehr unter den Lebenden weilt!

*Sehr geehrter Herr Dr. B. Reiter,*
*...„kontrafaktisch antizipiert" ist nur eines von vielen Fremdwortungetümen, das einem immer wieder bei der Lektüre philosophischer Texte begegnet (glücklicherweise nicht im* blauen reiter*). Worin gründet der Wahn vieler Philosophen, alles in Fremdworten ausdrücken zu wollen?*

C. Senghaas, Münster



Sehr geehrte Frau Senghaas,
„Die deutsche Sprache ist die tiefste, die deutsche Rede die seichteste" heißt es bei Karl Kraus, und schon Schopenhauer schrieb: „Es ist wahrlich eine rechte Pein, eine schöne, alte klassische Schriften besitzende Sprache von Ignoranten und Eseln misshandelt zu sehen." Beiden war klar, dass die meisten Probleme nicht in der Wirklichkeit, sondern in der Sprache, genauer in deren falscher Verwendung gründen. Auch wenn eine gewisse inhaltliche Tiefe in Texten nicht mit den Begriffen der Alltagssprache zu erreichen ist, so ist die Ursache der Begriffshuberei, die Sie zu Recht beklagen, in der Regel mangelnde sprachliche Ausdrucksfähigkeit der Autoren sowie deren Unkenntnis der behandelten Materie (merke: Auch ein Professorentitel schützt vor Dummheit nicht). Wer selber nicht versteht, worum es geht, der versteckt mangelndes Verständnis am liebsten hinter Fremd- und Fachworten, die er in der Regel selbst nicht richtig begreift und folglich oft völlig falsch verwendet. Wittgenstein schrieb diesbezüglich, dass das Verstehen sprachlicher Zeichen auch die Kenntnis von deren Verwendungsweisen erfordert. Und damit ist es leider auch im Alltagsleben oft nicht zum Besten bestellt. So kommentierte beispielsweise der Spezialist für das seichte deutsche Gemüt, der Schlagerkomponist und Produzent Ralph Siegel, die Niederlage seiner Elevin Corinna May beim Grand Prix Eurovision in Tallinn mit den Worten: „Der ganze Auftritt klang wie Arsch und Friedrich." Wessen Arsch er meinte, der da schräge Töne von sich gab, und wie der nun mit einem nicht näher bezeichneten Friedrich zusammenklang, ist leider nicht überliefert. Ungeachtet des 21. Platzes verkündet die Homepage der Siegel'schen Jupiter Records nach wie vor über Corinnas aktuelles Album (*I Can't Live without Music*) vollmundig, „dass diese Produktion den internationalen Standard nicht scheuen muss".

Worte spotten in Sätzen den Tatsachen, welche tatsächlich keine Sachen, sondern nur Geisterbilder, sprich Bilder des Geistes sind. Als wäre ein Fußballspiel eine bayrische Besamungsanstalt der gentechnischen Art, rufen Fußballtrainer verstrickt im Dschungel der Metaphern (bildliche Ausdrücke) allenthalben nach „harter Manndeckung", Boris ist derweil schon drin, und im Kleiderladen um die Ecke trägt ein Schild die Aufschrift: „Beim Anprobieren von Bademoden ist die Unterwäsche aus hygienischen Gründen anzubehalten!" Dies vermutlich im guten Glauben, dass sich ähnlich der Wäsche auch Gründe desinfizieren ließen, so sich denn einmal unhygienische Gründe finden. Die Welt scheint all das zu sein, was uns einfällt, und Einfalt ist zumeist all das, was in Sprache zur Welt gebracht wird. So sind denn auch allenthalben Sprachreiniger am Werk, die Gesichtserker gegen Nasen antreten und Windaugen gegen Fenster kämpfen lassen. Wenn die Welt schon nicht am deutschen Musikwesen genesen kann, so soll doch zumindest des deutschen Liebling, lateinisch Auto genannt, als Knalltopftreibling die Welt erobern. Solcherlei Bemühungen um sprachliche Reinheit, vermutlich drittmittelgesponsert von Weißem Riesen und Persil, sind jedoch kein ausschließlich deutsches Phänomen. Die Franzosen, schon früh in Furcht vor Le Pen und Konsorten, verbannten Anglizismen (welches urdeutsche Wort mögen die Hüter unserer Sprache wohl hierfür parat halten?) per Gesetz aus ihrer Sprache und fordern gar Mindestsendezeit für französische Liedtexte in den Musikprogrammen der Rundfunksender, welche dann konsequent zu den Zeiten, in denen nur noch Hardliner vor dem Radio sitzen, das geforderte Pensum ausstrahlen. Die sprachliche Qualität des aktuellen deutschen Liedguts ist jedoch selbst nationalistisch denkenden Politikern zu peinlich, als dass sie uns mit Dubidubi und Dadada mehr als nötig beschallen mögen. „Haben wir das verdient?“, fragte BILD nach verlorenem Grand Prix Eurovision in gewohnt unschuldiger Manier auf der Titelseite. Ja, wir haben! Da Gedanken ohne Inhalt leer und Anschauungen ohne Begriffe blind sind, wie der Großinquisitor der Philosophie, Immanuel Kant, anmerkte, bleibt den Singenden, den Sprechenden wie den Schreibenden nur zu empfehlen, vor dem Denken die Augen zu öffnen. Vielleicht schickt aber auch der Gott der deutschen Sprache einen kundigen Engel, der angesichts der Unzahl sprachlicher Geisterfahrer seine Botschaften nicht übermittelt, sondern stattdessen bis auf weiteres seine Aufmerksamkeit geistreicheren Dingen zuwendet als den Reden deutscher Politiker, deutschen Schlagern oder den schriftlichen Selbstbeweihräucherungen universitätsgesponsorter Möchtegernphilosophen – Halleluja.

**Noch Fragen? Fragen Sie Dr. B. Reiter!**

# Das kleine philosophische Rätsel

1. In den Varianten rationis, reale, entium und realissimum erhältlich – wobei die beiden letzten Versionen im Grunde das Gleiche bezeichnen …

2. Eigentlich alles, was einem so passiert – die Erweiterung der Erkenntnis ist immer auch Erweiterung davon …

3. Der erste Menschenlehrer und Sophist, später wegen Asebie (Gottlosigkeit) verurteilt.

4. Ziemlich mystische Schöpfungsgeschichte aus dem 8. oder 9. Jahrhundert. Dieses Buch ist Teil der Tradition.

5. Vollender der frühesten christlichen systematischen, vergleichenden und apologetischen (verteidigenden) Theologie. Hat sich angeblich selbst entmannt …

6. Seit Platon im Kanon der vier wichtigsten Grundeigenschaften der Menschen. Es schadet ja auch wirklich nichts, bei Sinnen zu sein.

7. Wer weiß ob ein Sandwich Aristoteles zu dieser Seinsauffassung inspiriert hat? Jedenfalls umfasst es alles zwischen Geist und Hyle (Stoff, Materie) …

8. Einklang und Gleichgewicht – bei Pythagoras der Sphären, bei Kepler der Welt.

9. Warum gehören da nur alle bedeutenden Politiker, Philosophen oder Dichter dazu? Jedenfalls sind Pseudo-Aristoteles Theophrast und Kant dieser Meinung – um Phlegmatiker handelt es sich allerdings nicht …

10. Griechisch für „Schöngutheit“. Platon meint damit das Bildungsideal des Griechen, man könnte auch sagen: die Einheit von Adel, Reichtum und körperlich-geistiger Leistung.

11. Seit Darwin ziemlich out. Laut der Patristik entstehen Leib und Seele dabei getrennt.

12. Außer Kafka gibt es noch eine ganze Reihe anderer, die besser schreiben als denken können …

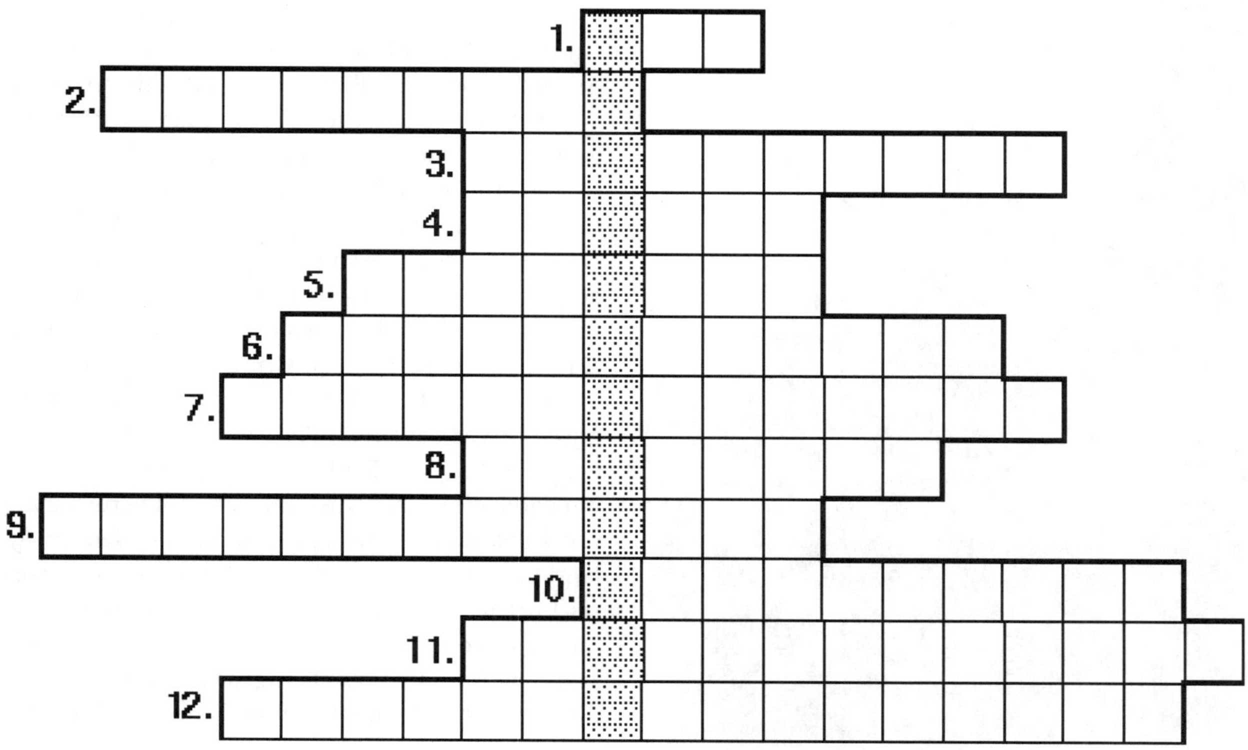

Thomas Bach

# „Philosoph aber ist man stets nur als Werdender und als Werden Wollender“[1]

**Der dies schrieb und der mit diesen Worten Beschriebene sind eine Person: Edmund Husserl. Geboren 1859 in Prossnitz (Mähren), gestorben 1938 in Freiburg, legt Husserl mit seinem gesamten Schaffen[2] davon Zeugnis ab, dass dieser in allgemeiner Absicht formulierte philosophische Grundsatz auch die persönliche Maxime seines Philosophierens war. Motor der philosophischen Entwicklung ist dabei sein Bemühen um Wissenschaftlichkeit. Denn stets ist Husserl darauf bedacht, das, was er tut, wissenschaftlich zu tun. Von der Mathematik herkommend, fragt er dabei zunächst danach, wie die Arithmetik als Wissenschaft möglich sei. Von der Arithmetik geht er dann über zur Logik und von dort zur Philosophie beziehungsweise Phänomenologie als der „Lehre von den Erlebnissen“[3], das heißt von der Sachhaltigkeit des in den Bewusstseinserlebnissen Erscheindenen (Gegebenen).**

Abbildung mit freundlicher Genehmigung des Husserl-Archivs Leuven/Belgien

**Die „dingliche Existenz“ ist immer eine zufällige.**

## I. Von der Mathematik zur Philosophie

Husserl, der 1876 in Leipzig das Studium der Astronomie beginnt, wechselt 1878 nach Berlin und immatrikuliert sich für Mathematik und Philosophie. Hier hört er sechs Semester lang mathematische Vorlesungen bei Karl Weierstrass und Leopold Kronecker. 1881 beginnt er in Wien seine Promotion, die er 1882 mit der Arbeit *Beiträge zur Theorie der Variationsrechnung* abschließt. Gleichfalls in Wien studiert Husserl, der jüdischer Abstammung ist, unter dem Einfluss von Thomas G. Masaryk das Neue Testament. Auf Grund tiefer religiöser Erfahrungen entschließt er sich, von der Mathematik zur Philosophie zu wechseln, um unter Anleitung „einer strengen philosophischen Wissenschaft den Weg zu Gott und zu einem wahrhaften Leben zu finden“. Durch den Mathematiker Weierstrass „und seine wurzelechteste Mathematik zu intellektueller Reinlichkeit erzogen“, fand Husserl aber zunächst, „dass die zeitgenössische Philosophie, die mit ihrer Wissenschaftlichkeit so groß tat, völlig versagte und so der Idee der Philosophie – radikalst redliche Vollendung aller Wissenschaft sein zu sollen – Hohn sprach“.[4] In dieser Situation waren es die von ihm bis 1886 besuchten Vorlesungen von Franz Brentano, die ihn dazu ermutigten, „die Philosophie als Lebensberuf zu wählen“, denn Brentano zeigte ihm, „dass auch Philosophie ein Feld ernster Arbeit sei, dass auch sie im Geiste strengster Wissenschaft behandelt werden könne und somit auch müsse“.[5]

1886 geht Husserl auf Empfehlung Brentanos zu Carl Stumpf nach Halle, um sich dort 1887 mit einer Arbeit *Über den Begriff der Zahl* zu habilitieren. Die in dieser Arbeit behandelten Fragen finden später Eingang in die Philosophie der Arithmetik (1891).

Insofern die von Husserl bereitgestellten Bausteine für den wissenschaftlichen Aufbau der Arithmetik (Vielheit, Einheit, Anzahl) nicht nur eine logische, sondern auch eine psycho-logische und somit subjektive Komponente aufweisen, spielt bereits in dieser Arbeit ein subjektiver Faktor in die Grundlagenforschung mit hinein. So stützt sich Husserl bei der Klärung des Begriffs der Vielheit auf die Analyse der psychischen Tätigkeit selbst. Aus Gottlob Freges (1848–1925) Sicht war damit die Gefahr einer unzulässigen Vermengung von Logik und Psychologie gegeben, die den im 19. Jahrhundert weit verbreiteten Psychologismus auszeichnet, demzufolge die logischen Begriffe und Sätze nur psychische Gebilde darstellen. Im Rückblick lässt sich diese Not aber auch als Tugend interpretieren! Mit der kritisierten Vermengung von Logik und Psychologie sei nämlich erstmals „das philosophische Grundmotiv" aufgetreten, „das in der Folge von entscheidender Bedeutung wurde: die korrelative (d. h. gegenseitig aufeinander verweisende) Betrachtungsart". Und mit dieser „Spannungseinheit des in eins subjektiv und objektiv gerichteten Fragens" sei der „eigenste und fruchtbare Ansatz" benannt, „der in seiner wachsenden Vertiefung und Wandlung die Etappen bestimmt, in welchen schließlich eine neue Idee der Philosophie zum Durchbruch kommt".[6]

An dieser korrelativen Betrachtungsart hält Husserl fest. Freilich trägt der neun Jahre später veröffentlichte erste Band der *Logischen Untersuchungen* (1900) mit der dort formulierten Kritik am Psychologismus auch Freges Kritik Rechnung und klärt die angemahnten Punkte. Von der Sache her geht Husserl so vor, dass er jetzt in aller Deutlichkeit die logischen Begriffe nicht als psychische, sondern als „ideale Einheiten" und die logischen Gesetze als „Idealgesetze" begreift. Dies bedeutet, dass die objektiv-logischen Strukturen als logische Gesetzmäßigkeiten in gewisser Weise unabhängig von den Bewusstseinsakten sind, in denen sie gedacht werden. Sie haben also gegenüber dem Denken ein selbstständiges Sein und sind immer gültig, ob wir sie jetzt richtig denken oder nicht. Aber trotz dieser im Blick auf die aufzustellende reine Logik vorgenommenen Scheidung des Objektiven vom Subjektiven geht Husserl nicht so weit, dass er sein philosophisches Interesse am subjektiven Erkenntnisleben und damit an der Subjektivitäts-Problematik aufgibt. Vielmehr unterstreichen die im zweiten Band der *Logischen Untersuchungen* ausgeführten Einzelstudien, dass die Lehre von den Erlebnissen schon zu dieser Zeit die Aufklärung der logisch-idealen Gegenstände auch aus subjektiver Perspektive in Angriff nimmt.

**In der Spannungseinheit des in eins subjektiv und objektiv gerichteten Fragens kommt eine neue Idee der Philosophie zum Durchbruch.**

Wenn Husserl bei der Erschließung der logischen Begriffe nun bis zu den Quellen zurückgeht, „aus denen die Grundbegriffe und idealen Gesetze der reinen Logik" (3,7) entspringen, dann heißt dies: Rückgang auf die Leistungen des Bewusstseins! Damit ist aber bereits das Ich thematisch, weil das Bewusstsein an ein solches Ich geknüpft ist. Im ersten Kapitel der fünften logischen Untersuchung („Bewusstsein als phänomenologischer Bestand des Ich und Bewusstsein als innere Wahrnehmung") ist dieses Ich zunächst schlicht das erlebende Bewusstsein oder das psychische Individuum. Auf seinen phänomenologischen Gehalt hin befragt, ist es Bewusstseinseinheit und identisch mit der Verknüpfungseinheit der mannigfaltigen Erlebnisse. Mehr nicht!

## II. Von der deskriptiven zur transzendentalen Phänomenologie

Nicht zuletzt den *Logischen Untersuchungen* verdankt Husserl einen Ruf an die Universität Göttingen, wo er seit 1901 als außerordentlicher und seit 1906 als ordentlicher Professor der Philosophie wirkt. Und es ist gleichfalls dieses Werk, das die phänomenologische Bewegung ins Leben ruft, die zunächst ihr Zentrum nicht bei Husserl in Göttingen, sondern in München bei den so genannten Münchner Phänomenologen wie Alexander Pfänder (1870–1941), Moritz Geiger (1880–1937), Adolf Reinach (1883–1917) und später auch Max Scheler (1874–1928) hat. Da es diesem Kreis aber mehr um die Erforschung der logisch-idealen Gegenstände und weniger um die Aufklärung des subjektiven Anteils bei der Konstitution dieser Gegenstände zu tun war, entfernte sich Husserl nach und nach von jener Münchner Phänomenologenschule, die in derlei Bestrebungen nur einen Rückfall in alte, durch die deskriptive (beschreibende) Phänomenologie als überwunden geglaubte idealistische Positionen sah. Trotz dieser Differenzen hielten die Münchner wie die Göttinger Phänomenologen um Husserl aber an dem gemeinsamen Ziel der Ausbildung der Philosophie zur strengen Wissenschaft fest. Und es ist in diesem Sinne bezeichnend, dass Husserl 1913 das gemeinsame Publikationsorgan der Phänomenologen, das *Jahrbuch für Philosophie und phänomenologische Philosophie*, mit seinen *Ideen zu einer reinen Phänomenologie und phänomenologischen Philosophie* eröffnete.

**Eine Philosophie, die um sicheres Wissen bemüht ist, kann sich bei ihrer Begründung nicht auf die Erfahrung von Welt, sondern nur auf die notwendige und zweifellose Sphäre des reinen Ichs und Ichlebens stützen.**

Und schon der Titel dieser Schrift verrät die Richtung: „Reine" Phänomenologie, das meint eine von allen empirischen Bestandteilen, das heißt von allen innerweltlichen Erfahrungen gereinigte transzendentale Phänomenologie (siehe Erläuterung). Der Titel verrät aber noch mehr: Die so gereinigte Phänomenologie beansprucht, dass mit ihr die Philosophie, sofern sie sich als Letztbegründungswissenschaft versteht, phänomenologisch wird. Die Ideen zielen also auf eine radikale Neubegründung der Philosophie und die neue phänomenologische Methode erhebt den Anspruch, zu einer radikal vorurteilsfreien Erkenntnis zu führen. Kurz: als transzendentale Phänomenologie beansprucht die Phänomenologie, erste Philosophie zu sein!

Um aufzuzeigen, inwiefern mit den Ideen eine transzendentale Neubegründung der Philosophie vorliegt, bedient sich Husserl der von ihm eingeführten Methode der phänomenologischen Reduktion, durch welche die naiv vollzogenen Seinssetzungen ausgeschaltet werden. Damit erweitert er die Untersuchung der subjektiven Anteile am Aufbau des Logischen um die Einsicht, dass die Welt als Weltphänomen, das heißt als Gegenstück zum Bewusstsein oder als Bewusstseinskorrelat zu begreifen sei. Alle in der natürlichen, vorphilosophischen Einstellung vorgenommenen Seinssetzungen sind demnach als Bewusstseinsleistungen, als Leistungen eines transzendentalen Egos zu begreifen. Insofern diese subjektiven Leistungen grundlegend, das heißt konstitutiv für unsere Erfahrung von

**Das Ich ist identisch mit der Verknüpfungseinheit der mannigfaltigen Erlebnisse.**

Welt sind, nennt Husserl seine transzendentale Phänomenologie auch „konstitutiv" und bezeichnet seine *Ideen* als „Grundschrift der konstitutiven Phänomenologie".[7] Mit dieser zieht er die Konsequenzen aus der korrelativen Betrachtung des sich gegenseitig bedingenden Verhältnisses von subjektiv gebendem Akt oder Noese (von gr. noesis = das Denken) und in diesem Akt objektiv gegebenem Sinn oder Noema (von gr. noema = das Gedachte): Wenn dieses korrelative Verhältnis rein gefasst wird, dann sind die subjektiv gebenden Akte nicht mehr nur korrelativ auf den in ihnen gegebenen Sinn bezogen, sondern der in ihnen gegebene Sinn wird durch sie erst gesetzt oder begründet. Das heißt aber auch, dass der diesen gegenständlichen Entsprechungen zugeschriebene Seinssinn durch diese gebenden Akte selbst gesetzt wird.

Wendet man nun das Verfahren der phänomenologischen Reduktion auf das Bewusstsein selbst an, so stellt man fest, dass dieses „in sich selbst ein Eigensein hat, das in seinem absoluten Eigenwesen durch die phänomenologische Ausschaltung nicht betroffen wird" (5,68). Die phänomenologische Reduktion zielt also nicht nur in negativer Hinsicht auf die Ausschaltung der Seinssetzungen der natürlichen Einstellung, sondern in positiver Hinsicht auch auf „die Gewinnung einer neuen, in ihrer Eigenheit bisher nicht abgegrenzten Seinsregion" (5,67). Vergleicht man nämlich die innere (immanente) Wahrnehmung von Erlebnissen mit der äußeren (transzendenten; siehe Erläuterung) Wahrnehmung von Dingen, so wird man auf den wichtigen Unterschied aufmerksam, dass die immanente Erlebniswahrnehmung ihren Gegenstand, das Erlebnis, immer als Absolutes hat und damit auch „notwendig die Existenz ihres Gegenstandes" (5,96) – des Erlebnisses – verbürgt, während die transzendente Dingwahrnehmung ihren Gegenstand, das Ding, niemals absolut hat. Die „dingliche Existenz" ist also „nie eine durch die Gegebenheit als notwendig geforderte, sondern in gewisser Art immer zufällige" (5,97). Husserl kommt deshalb zu dem Schluss, dass der „Thesis der Welt, die eine ‚zufällige' ist ... die Thesis meines reinen Ich und Ichlebens" gegenübersteht, „die eine ‚notwendige', schlechthin zweifellose ist" (5,98).



Dies hat natürlich Konsequenzen für die Philosophie und deren Neubegründung: Eine Philosophie, die um sicheres Wissen bemüht ist, die als Wissenschaft im strengen Sinne verstanden werden will, kann sich bei ihrer Begründung nicht auf die Erfahrung von Welt, sondern nur auf die notwendige und zweifellose Sphäre des reinen Ichs und Ichlebens stützen.

Damit erreichen Husserls Ausführungen zur Subjektivitäts- und Ich-Problematik eine neue Qualität. Hatte er noch in den *Logischen Untersuchungen* den Begriff eines reinen Ichs zurückgewiesen und noch 1903 in einem Brief an William Ernest Hocking (1873–1966) als bloße „Fiction"[8] abgetan, kommt er jetzt in den *Ideen* zu einer ganz anderen Einschätzung. Reflektiere ich nämlich in der natürlichen, nicht phänomenologisch reduzierten Einstellung auf alle Akte des Denkens, Beobachtens, Erinnerns und so weiter, dann komme ich nur zu der Ansicht, dass bei all diesen Akten ich selbst „aktuell dabei" bin, und dieses Ich fasse ich näher als das Ich, das heißt als der Mensch, welcher dies denkt, beobachtet, erinnert und so weiter. Habe ich aber die phänomenologische Reduktion vollzogen, dann wird dieses „Ich, der Mensch" ausgeschaltet, und zurück bleibt ein reines Ich, das heißt das Ich als reines Akterlebnis. Und die Form dieses reinen cogito (ich denke) kann keine Ausschaltung aufheben (vgl. 5,129).

## III. Ausbau des Systems

1916 erhält Husserl einen Ruf nach Freiburg auf den Lehrstuhl von Heinrich Rickert, auf dem ihm, nach seiner 1928 erfolgten Versetzung in den Ruhestand, sein Schüler Martin Heidegger nachfolgen wird. 1929 publiziert Husserl die *Formale und transzendentale Logik,* mit der er die Problematik der *Logischen Untersuchungen* wieder aufnimmt. Am Beispiel der Logik erörtert er dabei das Verhältnis einer der objektiven Welt zugewandten Wissenschaft zur transzendentalen Phänomenologie.

Nach einer erneuten Auseinandersetzung mit dem Psychologismus kommt Husserl in dem zentralen fünften Kapitel auf sein eigentliches Anliegen, „die subjektive Begründung der Logik als transzendental-philosophisches Problem" (7,230), zu sprechen. In diesem

**Erschließung der logischen Begriffe heißt Rückgang auf die Leistungen des Bewusstseins.**

Zusammenhang setzt er sich mit Descartes auseinander, an dem er schätzt, dass mit dessen Reduktion auf das cogito „eine neuartige Erkenntnismöglichkeit und Seinsmöglichkeit zum Problem wurde – nämlich die transzendentale Möglichkeit eines an sich Seienden, als mit diesem Sinn für mich Seienden, ausschließlich aus den Möglichkeiten meines reinen Bewusstseins“ (7,238). Husserl kritisiert allerdings, dass Descartes zum einen noch immer die Gültigkeit der objektiven Logik naiv voraussetze und zum anderen noch immer von einem „Realismus“ ausgehe, der „in dem Ego, auf das die transzendentale Selbstbesinnung zunächst zurückführt, schon die reale Seele des Menschen gefasst zu haben meint und von diesem ersten Realen Hypothesen und Wahrscheinlichkeitsschlüsse in ein Reich transzendenter Realitäten entwirft“ (7,236).

Wenn aber das ego cogito nichts Reales, kein Stück der Welt ist, sondern ein Transzendentales, dann kann von diesem keine Brücke zu irgendeinem Realen geschlagen werden. Gegen Descartes besteht Husserl darauf, dass „jede mögliche Problematik, die von diesem Ego aus zu stellen ist“, eben „ganz in ihm selbst, in seinen Bewusstseinswirklichkeiten und Möglichkeiten“ liegt (7,238).

Das Problem einer Transzendentalphilosophie, die vom Ego ausgeht, besteht also darin, die Transzendenz so zu thematisieren, dass die immanente Position nicht verlassen wird. Erfahrung kann hier nicht weiterhelfen, weil diese „kein Loch in einem Bewusstseinsraume“ ist, „in das eine vor aller Erfahrung seiende Welt hineinschaut“ (7,239): Das Bewusstseinsleben wird nirgendwo durchstoßen, wir kommen zu keiner Transzendenz, „die anderen Sinn haben könnte als den einer in der Bewusstseinssubjektivität selbst auftretenden intentionalen Einheit“ (7,242). Insofern ich selbst die konstituierende (grundlegende) Bewusstseinssubjektivität bin, muss ich immer von meiner „jeeigenen Subjektivität“ (7,243) ausgehen: „die Welt mit allen ihren Realitäten, darunter auch mit meinem menschlichen realen Sein ist ein Universum konstituierter Transzendenzen, konstituiert in Erlebnissen und Vermögen meines Ego ..., das also dieser konstituierten Welt als die letztkonstituierende Subjektivität vorangeht. Die Transzendenz der Welt ist Transzendenz in Relation zu diesem Ich und mittels seiner zu der offenen Ichgemeinschaft als der seinen“ (7,258).

## IV. Vom Ego zur Lebenswelt

Wie man sich nun eine Philosophie vorzustellen hat, die sich dem Problem stellt, die Transzendenz und die Intersubjektivität von einer bewusstseinsimmanenten, die Logik des Egos entfaltenden Position aus zu thematisieren, das zeigen die *Cartesianischen Meditationen*, mit denen Husserl nach den *Ideen* seine zweite „Einleitung in die Phänomenologie“ vorlegt. Was ich vorphilosophisch als natürliche oder objektive Welt wahrnehme, wird mir als diese Welt nur in den intentionalen Akten des Denkens, Wahrnehmens und so weiter bewusst. So erhält der Stuhl vor mir seinen Geltungssinn „daseiender Stuhl“ nicht dadurch, dass ich mir das Bein an ihm stoße. Ein Stuhl kann nicht als Stuhl in meinem Bewusstsein sein, sondern immer nur als mein Bewusstsein von diesem Stuhl. Die objektive oder transzendente Welt ist also niemals ein wirklich vorhandener reeller Bestandteil meines Bewusstseins oder meines Ichs, der Geltungssinn „daseiende Welt“ ist vom Bewusstsein aus gesehen immer etwas Irreelles.

Entsprechend zeigt die vierte Meditation, dass es sich auch bei dem Ich um keinen leeren Identitätspol handelt, weil die vom Ego vollzogenen Akte nicht spurlos an diesem vorübergehen. Ganz im Gegenteil wird das Ich durch die Erlebnisakte mitbestimmt, indem die in unterschiedlichen Erlebnisakten erlebten Evidenzerfahrungen auch auf Seiten des Ichs eine Habe,

**Husserls Methode erhebt den Anspruch, zu einer radikal vorurteilsfreien Erkenntnis zu führen.**

etwas Bleibendes stiften. Dieses Ich entsteht also in einer transzendentalen Genesis (gr. = Werden, Entstehen). Jeder vom Ich ausstrahlende Akt führt nicht nur auf der Seite des bestimmten Gegenstandes zu einer Sinnsetzung, sondern er hinterlässt auch auf der Seite des Ichs „eine neue bleibende Eigenheit“ (8/1,68). Das Ich als bleibende Eigenheit, „als identisches Substrat bleibender Ich-Eigenheiten“, erwirbt sich so „einen bleibenden Stil, einen personalen Charakter“ (8/1,69). Aber der genetische Prozess ist damit noch nicht abgeschlossen: In letzter Konsequenz führt er nämlich zur Herausbildung eines Egos, das, in seiner vollen Konkretion (eigentlich: Zusammenwachsung) genommen, von Husserl im Anschluss an Leibniz als Monade (von gr. monas = eines) bezeichnet wird. Im Hin und Her von hier Evidenzerfahrung und dort evident erfahrener Gegenständlichkeit konstituiert sich demnach ein monadisch konkretes, und das heißt ein mit der zu ihm gehörenden Umwelt zusammengewachsenes Ego. Konstitution des Egos bedeutet hier also, dass das Ego nicht nur seine Umwelt konstituiert, sondern in dieser Konstitution auch selbst als die konstituierte Umwelt enthaltendes Ego konstituiert wird. Konkret

Abbildung mit freundlicher Genehmigung des Husserl-Archivs Leuven/Belgien

ist dieses Ego, insofern es Produkt einer vermittelnden Wechselwirkung von aus- und rückstrahlenden Akten ist; monadisch ist es, weil es nur eines ist, das die Welt nur als gedachte Welt in sich trägt. Dies bedeutet aber, dass „das Problem der phänomenologischen Auslegung dieses monadischen Egos (das Problem seiner Konstitution für sich selbst) alle konstitutiven Probleme überhaupt“ (8/1,70) umfasst.

„Alle konstitutiven Probleme“ – das heißt zuerst die Probleme der Konstitution des Anderen als Alter Ego (anderes Ich) und der gemeinschaftlich von jedermann nachvollziehbaren Objektivität. Auf diese Probleme geht Husserl in der abschließenden fünften Meditation ein, in der er nachweist, inwiefern die auf das transzendentale Ego reduzierte transzendentale Phänomenologie nicht in den Abgrund eines Solipsismus (siehe Lexikonartikel in dieser Ausgabe) führt, sondern zur „Enthüllung der transzendentalen Seinssphäre als monadologische Intersubjektivität“ (8/1,91).

Was heißt das? In der Durchführung einer weiteren thematischen Reduktion auf die primordiale Sphäre (Sphäre erster Ordnung) des Egos zeigt Husserl, dass bereits hier ein Fremdes anzutreffen ist, das analog zum Ego als Alter Ego aufgefasst wird. In der primordialen Sphäre erfährt sich das Ego folglich zweifach: einmal in der Selbsterfahrung als es selbst und dann in der Fremderfahrung als ein Anderes. Die Konstitution des Alter Egos oder der fremden Subjektivität vollzieht sich also über die Erfahrung einer immanenten Transzendenz. Diese Erfahrung Anderer geht der nicht mehr primordialen, aber immer noch immanenten Erfahrung transzendenter Dinge voraus, bei der die eigenheitliche und die im Austausch mit anderen Subjekten stattfindende intersubjektive Konstitution ineinander greifen. Monadologische Intersubjektivität besagt dabei, dass die mit anderen Subjekten vollzogene Konstitutionsleistung so zu verstehen ist, dass die daran beteiligten anderen Egos dennoch im monadischen Ego enthalten sind. Diese Wechselwirkung ist als transzendental zu bezeichnen, weil sie die Bedingungen der Möglichkeit der Erfahrung (Noesen) und der darin erfahrenen Gegenstände (Noemata) angibt. Die Welt des Egos ist also von Anfang an auch die Welt der anderen.

Abbildung mit freundlicher Genehmigung des Husserl-Archivs Leuven/Belgien

Mit der auf diese Weise intersubjektiv konstituierten Welt schneidet Husserl bereits in den *Cartesianischen Meditationen* das Thema der Lebenswelt an, das er in seiner letzten großen Arbeit über *Die Krisis der europäischen Wissenschaften und die transzendentale Phänomenologie* untersucht. Die Lebenswelt ist für Husserl „ein Reich ‚anonym‘ gebliebener subjektiver Phänomene“, das als solches noch von keiner Wissenschaft oder Philosophie „je thematisch gemacht und somit wirklich entdeckt“ (8/2,114) worden sei. Der transzendentale Sinn der Lebenswelt erschließe sich, wenn man nicht nach den einzelnen lebensweltlichen Dingen, sondern „nach den Modis ihrer subjektiven Gegebenheitsweisen“ (8/2,161) frage. Auf diese Weise ist dann aufzuzeigen, „dass das natürliche objektive Weltleben nur eine besondere Weise des ständig Welt konstituierenden, des transzendentalen Lebens ist, derart, dass die transzendentale Subjektivität, in dieser Weise dahinlebend, der konstituierenden Horizonte nicht bewusst geworden ist und niemals innewerden kann“ (8/2,179). In letzter Konsequenz landet Husserl deshalb wieder beim Ego, bei dem man „dessen inne“ wird, „daß man in einer Evidenzsphäre steht, hinter die zurückfragen zu wollen ein Unsinn ist.“ (8/2,192)

Dr. phil. Thomas Bach ist wissenschaftlicher Mitarbeiter am Ernst-Haeckel-Haus in Jena.

**Anmerkungen:**

1. Husserl an Dorion Cairns (21. März 1930). In: Husserl, Edmund: Briefwechsel. In Verbindung mit Elisabeth Schuhmann herausgegeben von Karl Schuhmann. Dordrecht, Boston, London 1994, Band IV: Die Freiburger Schüler, Seite 24
2. Husserls Schriften werden nach der Ausgabe: Husserl, Edmund: Gesammelte Schriften. Hrsg. von Elisabeth Ströker. Hamburg 1992 unter Angabe von Band und Seitenzahl unmittelbar im Text zitiert. Die Orthographie wurde an die neue Rechtschreibung angepasst. Sein umfangreicher Nachlass von mehr als 40.000 überwiegend stenographierter Manuskriptseiten findet sich inzwischen zum Teil publiziert in den Bänden der Husserliana-Ausgabe (Husserl, Edmund: Gesammelte Werke – Husserliana. Den Haag u.a. 1950ff.)
3. Vergleiche die Beilage „Äußere und innere Wahrnehmung. Physische und psychische Phänomene“ (4, 751–775) zu den Logischen Untersuchungen; hier Seite 765
4. Husserl an Arnold Metzger (4. November 1919), wie Anmerkung 1, Seite 408f.
5. Edmund Husserl: Erinnerungen an Franz Brentano. In: Husserliana XXV: Aufsätze und Vorträge (1911–1921). Mit Ergänzungen hrsg. von Thomas Nenan und Hans Rainer Sepp. Dordrecht, Boston, Lancaster 1987, Seite 304–315; hier Seite 305
6. So Husserl in seiner Selbstdarstellung. In: Philosophen-Lexikon. Handwörterbuch der Philosophie nach Personen. Hrsg. von Werner Ziegenfuss. Erster Band A–K. Berlin 1949, Seite 570
7. Husserl wie Anmerkung 3, Seite 573
8. Husserl an William Ernest Hocking (7. September 1903). In: Briefwechsel (wie Anmerkung 1), Band III: Die Göttinger Schule, Seite 148

**Evidenz:**
(von lat. evidentia: Sichtbarkeit) Intuitive, unmittelbare, nicht durch Beweise vermittelte, mit besonderem Wahrheitsanspruch auftretende Einsicht.

**Intentionalität:**
Nach Brentano und Husserl die Seinsweise des Bewusstseins, in der sich die Gegenständlichkeit (Sachhaltigkeit) der Wirklichkeit aufbaut.

Die **phänomenologische Reduktion**
– der Begriff wurde von Husserl eingeführt – ist der erste Schritt der Methode der Phänomenologie. In der phänomenologischen Reduktion sieht der Philosoph ab von dem (transzendenten) Vorkommen der Dinge und von den seelischen Prozessen, in denen sie wahrgenommen und gedacht werden. Davon, dass die Welt außer uns besteht, vorhanden ist (und wir darin), kann man nur auf Grund einer Setzung reden („Generalthesis"); just davon wird in der phänomenologischen Reduktion abgesehen – das Existenzurteil wird zurückgehalten (Epoché).

**transzendent/transzendental:**
Seit Kant bezeichnet man eine „Wirklichkeit" als transzendent, die dem Zugriff des Verstands entzogen ist; die im Subjekt liegenden Voraussetzungen allen Erkennens werden als transzendental bezeichnet.
Husserl verlagert die Diskussion um diese Begriffe in den Bereich des Bewusstseins. Er unterscheidet zwischen dem, auf das sich das Bewusstsein richtet und den auf diese Gegenständlichkeiten gerichteten Bewusstseinsakten selbst.

**Die Philosophen sind Hurenböcke. Sie stellen jedem halbwegs attraktiven Gedanken nach.**

**Der Hedonist fordert existenzielle Satisfaktion.**

**Der Wert einer Utopie bemisst sich an ihren Opfern.**

**Standpunkte sind Ruhestätten der Wissbegierde.**

**Die Zankäpfel der Philosophen sind Fallobst vom Baum der Erkenntnis.**

Alexander Eilers

# Presseschau · Leserbriefe · Berichtigungen

## Presseschau

Zu *der blaue reiter* Nr. 7 (Mythos Staat):

„Was ist der Staat? Dieser Frage geht *der blaue reiter*, ein Journal für Philosophie, auf den Grund. Band 7 der zusammen mit den Fachschaften Philosophie der Universitäten Stuttgart und Ulm vom Omega-Verlag herausgegebenen Zeitschrift, *Mythos Staat*, geht jeder heißen Spur nach ... Diese Themenfülle garantiert, dass man sich an dem einen oder anderen, immer verständlich geschriebenen und gründlich recherchierten Artikel fest liest ... Dieses Journal lässt keine Wünsche offen und verleitet dazu, über die täglichen Zeitungsmeldungen hinauszudenken und Politik neu zu sehen und zu verstehen ..."

Der Bürger im Staat, Heft 1/2 (2002)

Zu *der blaue reiter* Nr. 13 (Welt-Bilder):

„... Künstlerisch ansprechend gestaltet in Wort und Bild, sorgfältig und aufwendig gemacht, allgemein verständlich und unterhaltsam (nicht die Regel in der Philosophie!), doch stets nahe bei der Sache, originell, gedankenreich und manchmal tief- und untergründig ... Aber Reflexe und Reflexionen sind nicht die einzige Stärke des *blauen reiters*. In jedem Heft gibt es auch Umfragen, Interviews, Kontroversen, Lexikon-Artikel mit Aha-Erlebnissen, Buchbesprechungen, sogar Karikaturen und eine Knobelei. „Die Philosophie ist keine Lehre, sondern eine Tätigkeit", hat Ludwig Wittgenstein einmal geschrieben. Wie das zugehen kann außerhalb akademischer Elfenbeintürme oder nichts sagender Sprechblasen, zeigt diese muntere und ganz unkonventionelle Zeitschrift. Man müsste sie erfinden, wenn es sie nicht schon gäbe ..."

UNIVERSITAS, Juli 2002, Nummer 673

Zu *der blaue reiter* Nr. 14 (Glück):

„... *der blaue reiter*, dies *Journal für Philosophie* nämlich hat sich *Glück* zum Thema gewählt und beginnt mit ... einer Anleitung, in der heißt: ‚Masochisten wussten es schon immer: das einzig wahre Glück ist das Unglück, wir müssen es nur einsehen.' Die Autoren sind keine Masochisten, sie wollen nur keine Illusionen zulassen. Das führt notwendig zu einem distanzierten, ja ironischen Ton – dem ‚Glück' ist nicht zu trauen ... Denn fürs irdische Glück ist eines gewiss: es kann nicht dauern und selbst der Glücklichste muss den Löffel abgeben ... – und das ist auch eine Art Trost, wenn schon nicht der triumphale der amerikanischen Verfassung, die ‚pursuit of happiness' dekretiert ..."

Frankfurter Rundschau, 6. 4. 2002

„... Seit März 1995 liefern Studenten und Doktoranden der Philosophie-Fachschaften der Universitäten Ulm und Stuttgart den Nachweis, dass es bei entsprechend großer Bereitschaft zu Selbstausbeutung und ausreichend Idealismus machbar ist, etwa jedes halbe Jahr ein aktuelles Thema auf andere als die wissenschaftliche übliche Art anzugehen. Ob *Glück, Welt-Bilder, Schön sein* oder *Geld* (das sind die Titel der vergangenen vier Ausgaben), immer entwickeln sie ihre Beiträge so, dass auch der Nicht-Philosoph folgen kann, ohne aber ins Leichte abzugleiten. Dazu immer ein Schuss Kunst, etwas Poesie, ein Rätsel und ein philosophisches Lexikon. Es ist das Konzept fröhliche Wissenschaft, das da dahintersteckt, ein genauso kluges wie unterhaltendes Heft ..."

Südwest Presse, 21. 5. 2002

„... In einem höchst lesenswerten Beitrag zu einem Themenheft über das Glück fragt die katholische Theologin Regina Ammicht Quinn, ob die Versuche einer philosophischen Rehabilitierung des Glücks nicht ein klein wenig lächerlich sind: ‚Alle reden vom Verschweigen – des Glücks in diesem Fall – und beklagen dieses Verschweigen wortreich. Gleichzeitig aber hat sich draußen – vor dem Fenster des Zimmers – der Glücksbegriff in einer neuen Weise emanzipiert ... Vor diesem Hintergrund, der zunehmend zum Vordergrund geworden ist, erscheinen einige der modernen philosophischen Glücksritter als Don-Quichotte-Figuren, die eigentlich merken müssten, dass die Prinzessin, die sie aus dem Schlaf erwecken wollten, längst auf allen Hochzeiten tanzt ...'"

Frankfurter Allgemeine Zeitung, 5. 6. 2002

„Es wurde höchste Zeit, dass sich *der blaue reiter*, das monothematische Journal für Philosophie, in seinem neuesten, 14. Heft des ‚Glücks' annahm, nachdem er von 1995 an weit nebensächlichere Gegenstände wie ‚Geld' oder ‚Schönheit' in den Vordergrund gestellt hatte. *der blaue reiter* ist ein famoses Experiment, von dem man nach sieben Jahren sagen kann: es ist gelungen."

Hessischer Rundfunk, Zwischen den Zeilen, 13. 6. 2002

## Leserbriefe

„... Außerdem wollte ich schon immer sagen, dass Sie eine obergeile Zeitschrift herausbringen, auf die ich mich immer wieder freue und die ich genüsslich lese ..."

Marco Weil, Mörfelden-Walldorf

„... was ich an Ihrer Zeitschrift *der blaue reiter* ganz besonders schätze: das – immer wieder – gelingende Ansinnen, Philosophie auf höchstem Niveau verstehbar und zugänglich zu machen. Schon während meines Studiums war Ihr Journal stets wertvolle Lektüre ..."

Hauke Olaf Nagel, Kiel

„... Es ist eine ausgezeichnete, inhaltlich ansprechende, wertvolle, anspruchsvolle ... Lektüre für jedermann! Sowohl für ‚Laien' ... als auch für ‚Profis' ... Dass keine bestimmte philosophische Richtung oder Schule vertreten wird, ist sehr erfreulich! Alle Philosophen und Philosophien (bzw. Denkrichtungen) kommen zu Wort, sodass ein letztes Urteil dem Leser (Betrachter) selbst überlassen bleibt! ... Gut auch ..., dass die (meisten und wichtigsten) Fachbegriffe kurz und treffend (prägnant) erklärt werden! ..."

Samuel Locher, Ilsfeld



## Berichtigung:

Zu *der blaue reiter* Nr. 13 (Welt-Bilder):

Auf Grund eines Computerfehlers wurde auf Seite 73 im Beitrag *Die Grenzen der Virtualisierung: Der Fall Krzysztof Kieslowski* von Slavoj Žižek eine Zeile nicht gedruckt (Spalte 1, 3. Zeile von unten). Die betroffenen Zeilen lauten richtig:

„Es genügt, an all die ‚Gadgets' zu erinnern, die unser Sexleben anregen und abwechslungsreicher machen sollen – von Lotions, die eine Steigerung unserer Potenz und unserer Lust verheißen, bis hin zu diversen Kleidungsstücken, Instrumenten und sonstigen Stimulatoren unserer Einbildungskraft. Das beste Beispiel hierfür ist nicht der Warenfetischismus, sondern ganz buchstäblich der zur Ware gewordene Fetischismus selbst (siehe Kasten)."

Zu *der blaue reiter* Nr. 14 (Glück):

Auf Grund eines bedauerlichen Missverständnisses wurde in der 14. Ausgabe des *blauen reiters* auf den Seiten 10, 29, 77, 87 und 106 vergessen, den Namen des Zeichners, Dr. Jan Tomaschoff, zu vermerken.

Leider wurde im Beitrag von Rüdiger Safranski *Jenseits des Glücks* die folgende Erläuterung zum Begriffspaar dionysisch/apollinisch nicht gedruckt:

**Dionysisch/apollinisch:**
(nach den Göttern Apollo und Dionysos): Der Begriff apollinisch steht bei Nietzsche für das Beschauliche, Maßvolle, Geordnete. Dem entgegengesetzt ist das Dionysische – das Leidenschaftliche, Rauschhafte, Heroische, Schöpferisch-Zerstörerische.

# Bücher · Bücher · Bücher · Bücher

## Rezensionen

Robert Josef Kozljanic

### Kunst und Mythos. Lebensphilosophische Untersuchungen zu Ernesto Grassis Begriff der Urwirklichkeit

Igel Verlag, Oldenburg 2001.
324 Seiten, € 29,00

**Ernesto Grassi (1902–1991) verkörpert einen modernen Typ des Wissenschaftsmanagers. Er ist primär als Initiator von Diskursen für die Philosophie des 20. Jahrhunderts und als Herausgeber (zum Beispiel der Reihe rowohlts deutsche enzyklopädie oder der rowohlt klassiker) bedeutsam geworden. Sein eigenes philosophisches Werk wurde dagegen wenig rezipiert. Der Philosoph Robert Kozljanic hat sich von Grassi zu einer systematischen Ausarbeitung des bei diesem angelegten Konzepts von Urwirklichkeit anregen lassen.**

Unter Urwirklichkeit versteht Kozljanic einen trotz aller Geschichtlichkeit ungeschichtlichen Grund des Seins. Er ist sich bewusst, dass es heute modisch ist, eine solche Wirklichkeit nicht anzuerkennen, und führt dies darauf zurück, „daß die Wahrscheinlichkeit durch ein Schreibtischdasein in Fühlung mit dem Urwirklichen zu kommen, sehr gering ist. Die Schreibtisch-Existenz schaut in Bücher, Computer, Fernseher und ab und zu aus dem Fenster. Sie besucht Seminare und Kongresse, hält Vorträge. Sie denkt und argumentiert meist rational, analytisch-synthetisch und diskursiv."

Kozljanic unterscheidet drei Formen von der Erfahrung von Urwirklichkeit, die er die mythische, die metaphysische und die existenzielle nennt. Erstere ist bildhaft, ichentbunden-enthusiastisch und welthaltig, zweitere ideenhaft, ichtranszendierend-mystisch und weltflüchtig, die dritte zeichenhaft, ichgebunden-intuitiv und weltlos.

In der Moderne gibt es neben Autoren, die den existenziellen Wirklichkeitszugang als den einzig möglichen betrachten, wie etwa Heidegger, der die Angst als seinsoffenbarende Stimmung auszeichnet, auch andere, die den entgegengesetzten Weltzugang über den Weltgeborgenheit vermittelnden Rausch auszeichnen, so zum Beispiel der Lebensphilosoph Ludwig Klages. Kozljanic versucht aufzuzeigen, dass gerade Rausch und Angst ineinander umschlagen können und dass es wahrscheinlich ist, dass sich beide nicht als Gegensatz, sondern als Polarität zueinander verhalten wie Bewegung im Sinn von natura naturans (die schaffende Natur) und Gestalt im Sinn von natura naturata (die geschaffene Natur) in der Pflanze. Hier kann Kozljanic an Rothackers Kulturanthropologie mit ihren Begriffen Tendenz und Substanz anknüpfen.

Kozljanic führt in jeweils einem Kapitel die wesentlichen Charakteristika der drei Weltzugänge auf und macht die Anknüpfungspunkte im heutigen Erleben deutlich. Er versteht diese – in unterschiedlichen Phasen der abendländischen Geschichte dominanten Weltzugänge – als verschiedene Weisen, die Welt zu lesen beziehungsweise zu rekonstruieren.

Das Buch ist das ausführlichste, das es derzeit zu Grassi gibt. Ein Muss für jeden, der sich mit dem zwischen Humanismus und Existenzialismus bewegenden Denker beschäftigen will. Es hat durchaus den Charakter einer Einführung, freilich nur für den, der weder griechische Fremdwörter noch umfangreiche systematische Darstellungen scheut.

Reinhard Falter

Thomas Bach

### Biologie und Philosophie bei C. F. Kielmeyer und F. W. J. Schelling. Schellingiana 12

frommann-holzboog, Stuttgart 2001.
347 Seiten, € 35,00

**Gibt es im ausgehenden 18. Jahrhundert Wechselwirkungen zwischen der im Entstehen begriffenen Biologie und der Naturphilosophie oder bleiben „naturwissenschaftliche" und „literarische" Intelligenz ohne gegenseitigen Einfluss?**

Um 1800 ist die Biologie noch kein eigenständiges Fach, sie beginnt erst langsam, sich als eine Disziplin herauszubilden, welche die Erscheinungen des Lebens nicht mehr nur beschreiben, sondern auf Gesetze und Ursachen zurückführen will. Die Fortschritte der empirischen, das heißt der auf Beobachtung beruhenden Wissenschaften erzwingen dabei auch eine Überarbeitung philosophischer Naturdeutungen. So zeigt das Beispiel der Schelling'schen Naturphilosophie, dass insbesondere die Zunahme chemischer und physiologischer Kenntnisse eine Verbesserung der Kant'schen Theorie der Natur nach sich ziehen, wobei Schelling diese Theorie nicht nur ergänzt, sondern vielmehr einen neuen Typus von Philosophie begründet.

Ziel des vorliegenden Buchs ist es, anhand der Arbeiten des Naturforschers Carl Friedrich Kielmeyer sowie der Aufnahme und Weiterentwicklung seiner Gedanken im Deutschen Idealismus die „Vermittlungsproblematik bei der Genese (Entstehung) philosophischer

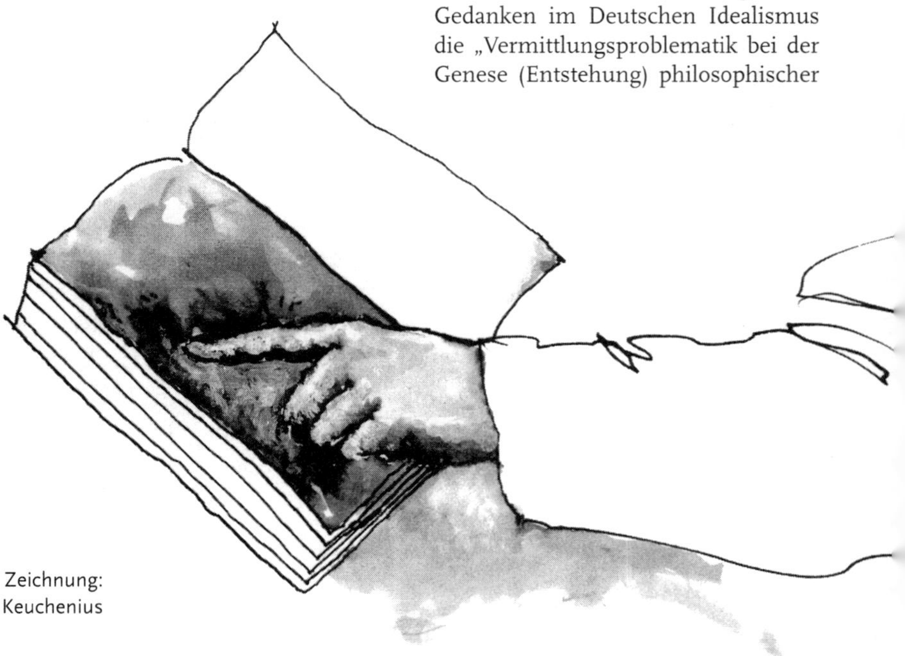

Zeichnung: Keuchenius

und naturwissenschaftlicher Texte zwischen Spekulation und Erfahrung sichtbar zu machen".

Im ersten, wissenschaftstheoretischen Teil der Arbeit setzt sich der Autor zur Klärung der Begrifflichkeit kritisch mit dem Strukturmodell wissenschaftlicher Revolutionen von Thomas S. Kuhn auseinander, um dessen Terminologie durch entsprechende Modifikationen für die weitere Untersuchung fruchtbar zu machen. Der Vorteil dieses Vorgehens liegt darin, dass für die weitere Arbeit keine neuen, unbekannten Begriffe eingeführt werden müssen, was der Lesbarkeit des Buchs zugute kommt.

Im Zentrum des zweiten, überwiegend wissenschaftshistorischen Teils steht Kielmeyers „Karlsschulrede", die als ein frühes „Systemprogramm der Biologie" gelesen werden kann, in dem verschiedene Traditionslinien zu einem „System der organischen Kräfte" zusammenlaufen. Bach referiert hier die Hauptgedanken Kielmeyers im Kontext seines Gesamtwerks und im Hinblick auf die biologiegeschichtlichen Hintergründe.

Im dritten, philosophiegeschichtlichen Teil wird die Rezeption Kielmeyers bei Schelling untersucht und der Nachweis erbracht, dass Kielmeyers System der organischen Kräfte in Schellings idealistischem System der Naturphilosophie einen integralen Bestandteil bildet. Bach gelingt es zu zeigen, dass „der von Schelling als ‚Epoche einer ganz neuen Naturgeschichte' ausgerufene Horizontwechsel im Bereich der Naturgeschichte ... sich zugleich als Horizontwechsel im Bereich der Naturphilosophie zu erkennen" gibt, wobei deutlich wird, dass Schelling bei der Entwicklung seiner Naturphilosophie durch die Arbeiten Kielmeyers, der in Stuttgart und Tübingen lehrte, beeinflusst wurde.

Das Werk ist mit profunder Sachkenntnis und auf hohem philosophischem Niveau geschrieben. Der Autor bedient sich einer den Anforderungen der philosophischen Forschung verpflichteten Argumentation und Sprache. Für die Forschung ist diese Untersuchung über das Verhältnis von Biologie und Philosophie nicht zuletzt auf Grund der Tatsache, dass es sich dabei um die erste umfangreiche Monografie zum Werk des Naturforschers Carl Friedrich Kielmeyer handelt, unverzichtbar.

Stefan Gammel

Noam Chomsky

## Profit over People. Neoliberalismus und globale Weltordnung

Europa Verlag, Hamburg/Wien 2000.
160 Seiten, € 12,90

**Im Vortrag Die Intellektuellen und die Armen stellt Richard Rorty die These auf, „daß die Entscheidung der akademischen Linken für eine sich um die Begriffe Multikulturalismus, Identität, Differenz und Andersheit drehende Rhetorik ein verheerender Fehler war", weil „der lebensnahe, den Kern der Probleme ansprechende Ton auf der Strecke" blieb. Anstatt zum Beispiel zu sagen, es sei ungeheuerlich, dass die Schulen in den Vorstädten so viel sicherer und sauberer sind als die Schulen in den Innenstädten, sagen die Intellektuellen, es sei uns nicht gelungen, die Andersheit des anderen in ausreichendem Maße anzuerkennen.**

Den „Ton" und den „Kern der Probleme" hat der Sprachwissenschaftler Noam Chomsky nüchtern und ohne Polemik getroffen, indem er Fall an Fall reiht, um zu demonstrieren, dass das Hauptprodukt des zeitgenössischen Kapitalismus Demokratieverdruss ist. 80 Prozent der Amerikaner glauben nicht, dass die Regierung die Interessen des Volkes (vielmehr die der wenigen) vertritt, 80 Prozent halten das Wirtschaftssystem für ungerecht und fast 100 Prozent vermissen, dass die Konzerne ihre Gewinne „auch für die Verbesserung der Lebensbedingungen ihrer Beschäftigten" verwenden. Die Verquickung von Politik und Wirtschaft macht er an Zahlen, Fakten und Daten fest. Laut Statistik hat zum Beispiel keine Industrienation prozentual so viele in Armut lebende Kinder wie die USA. Solche Angaben bestimmen zwar unser Leben, werden aber wegen ihrer Alltäglichkeit nicht mehr besonders ernst genommen. Sie zeigen aber, dass es im Haus des globalisierten Neoliberalismus ungemütlich geworden ist. An die großen Verheißungen der abendländischen Gesellschaft wie Identität, Sinn, Toleranz und Gerechtigkeit glaubt niemand mehr so recht, und mit dem Ende des Blockdenkens, dem alttestamentarischen Mechanismus von Freund und Feind, ist auch das kulturelle Erbe in die Krise geraten. Die „neoliberalistische" Welt mit der gemeinen Wirklichkeit (den Gewohnheiten der Sprache) in Einklang zu bringen und sie mit den Tatsachen zu konfrontieren, welche die Tatsachenbeschreibung der Politiker und Ökonomen demaskieren, darin liegt das Denkangebot des Buchs von Chomsky.

Kant und Wittgenstein nahmen an, dass wir uns über die Welt nicht unabhängig von der Beschreibung der Tatsachen der Welt Rechenschaft geben können. Es gibt keine „natürliche" Welt als fertige Ordnung von Tatsachen, die schon vor aller Beschreibung festgelegt ist, und dies gilt umso mehr für eine „ökonomische" Welt. Auch sie ist keine endgültig festgelegte Ordnung von Tatsachen, und die kontrastive Beschreibung dieser Tatsachen leistet das Buch von Chomsky in einer allgemein verständlichen Sprache: Im Jahr 1989, in dem die Brasilienpolitik als Erfolgsgeschichte mit einer Verdreifachung der Profite gefeiert wurde, besagt eine Studie der Weltbank, dass die Industrielöhne in Brasilien um 20 Prozent fielen und zwei Drittel der Bevölkerung Hunger leiden. Solche Verflechtungen macht Chomsky auch an der US-amerikanischen Wirtschaftspolitik in Lateinamerika deutlich, die vor Maßnahmen bis hin zu Mord nicht zurückschreckt, wenn es um Rohstoffe und Absatzmärkte geht. So forderte George Kennan, einflussreicher Chef des außenpolitischen Planungsstabs, bereits 1948, dass wir „aufhören sollten, über verschwommene und unrealistische Ziele wie Menschenrechte, Anhebung des Lebensstandards und Demokratisierung zu reden", sondern „frei von idealistischen Phrasen" über Altruismus (Selbstlosigkeit) und Weltbeglückung mit „eindeutigen Machtkonzeptionen" arbeiten müssen.

Die Summe der vielen Details lässt die Erkenntnis zu, dass der „Stamokap", der Staats-Monopol-Kapitalismus, zu entscheidenden Teilen die politökonomische Struktur unserer Gesellschaft ist – auch wenn die marxistischen Wirtschaftsanalysen als „kommunistisch" aus den Diskursen herausgehalten werden. Gezielt in die Pleite gemanagte Unternehmen rufen mit Erfolg nach staatlicher Hilfe zur Sozialisierung ihrer Verluste: Die Gewinne sind privat; die Hilfe ist öffentlich. Nachdem eine postkapitalistische Gesellschaft (noch) nicht in Sicht ist, bleibt das Denken mit der Bestandsaufnahme befasst. Keiner ist dafür mehr prädestiniert auf die Worte zu achten als ein Sprachwissenschafter wie Noam Chomsky; fortan wird man das Wort Pop anders lesen müssen: als Abkürzung für Profit over People.

Manfred Matheis

Albert Newen, Kai Vogeley (Hrsg.)

## Selbst und Gehirn

Mentis Verlag, Paderborn, 2. Aufl. 2001.
496 Seiten, € 36,00

**In 22 Beiträgen versuchen 24 Autoren – Philosophen, Neurowissenschaftler, Psychiater und Psychologen – das menschliche Bewusstsein und Selbstbewusstsein sowie deren Entwicklung, Störungen und neurobiologischen Grundlagen zu verstehen. Das Buch ist niveauvolle Einführung und nützlicher Forschungsbeitrag zugleich.**

Selbstbewusstsein gehört zu den uns sowohl vertrautesten als auch rätselhaftesten Phänomenen. Dass wir ein Bewusstsein von unseren eigenen geistigen oder psychischen Zuständen und Prozessen – Wahrnehmungen, Gefühlen, Gedanken, Wünschen, Überzeugungen, Befürchtungen und so weiter – und von uns selbst als Person haben, ist eine alltägliche Erfahrung, aber auch eine der komplexesten Fähigkeiten und ein grundlegendes Merkmal von Personalität und Selbstbestimmung. Manche Philosophen halten Selbstbewusstsein sogar für fundamental, nicht reduzierbar und Ausgangspunkt für alles andere – was im Extremfall zu einem Solipsismus führt, wonach nichts außerhalb eines einzigen Bewusstseins existiert. Dieser extravaganten Ansicht schließen sich die Herausgeber und Autoren des vorliegenden Sammelbands jedoch nicht an, sondern drehen den Ansatz gerade um: „Der Begriff des Selbstbewusstseins beschreibt eine komplexe kognitive Fähigkeit, die sich mit Hilfe von zentralen Brückenbegriffen, die einfachere kognitive Fähigkeiten beschreiben, analysieren lässt und für die sich empirische Indikatoren aufsuchen lassen", schreiben Albert Newen und Kai Vogeley von der Universität Bonn in ihrer programmatischen Einleitung. Zu diesen Brückenbegriffen zählen sie phänomenales Bewusstsein (zum Beispiel das Erlebnis einer Rotempfindung), Lernfähigkeit, Körperbewusstsein, perspektivisches Orientierungsbewusstsein (in Raum und Zeit), synchrone und diachrone Einheit des Bewusstseins (also zum Beispiel einheitliche Wahrnehmungen über verschiedene Sinnesorgane, nicht isolierte Splitter, und eine über die Zeit hinweg zusammenhängende Biografie) sowie die Fähigkeit zur Metarepräsentation (wie sie etwa in den Sätzen „Roland glaubt, dass die Tankuhr seines Autos defekt ist" oder „Roland weiß, dass er selbst von der Polizei verfolgt wird" zum Ausdruck kommt). Diese Analyse basiert nicht auf einer reinen Begriffsakrobatik, sondern wird durch erfahrungswissenschaftliche Erkenntnisse gestützt, wie umgekehrt die Forschung von der philosophischen Begriffsarbeit und Phänomenbeschreibung profitieren kann.

Dieser interdisziplinäre Ansatz zeigt bereits Erfolge – und das vorliegende Buch gibt ein gutes Zeugnis davon. Es gliedert sich in fünf Teile. In den ersten beiden stehen philosophische Fragen im Zentrum: Wie ist Selbstbewusstsein zu analysieren und zu beschreiben, in welcher Beziehung stehen seine Komponenten? Gibt es ein Selbst als Träger der mentalen Zustände? Lässt sich unser Selbstverständnis als autonome Personen mit einer naturalistischen Weltsicht vereinbaren? Im dritten Teil geht es um die Entwicklungspsychologie des Menschen – Selbstbewusstsein beginnt nicht mit einem Schlag, sondern baut sich stufenweise auf – und um psychiatrische Störungen, insbesondere die Schizophrenie. Hier scheint die Metarepräsentation beeinträchtigt zu sein, so dass zum Beispiel eigenes Wissen und Wünschen als fremdbestimmt erlebt wird. Im vierten und fünften Teil stehen die neurobiologischen Grundlagen im Mittelpunkt, beispielsweise die anatomischen und physiologischen Entsprechungen der verschiedenen Formen von Selbstbewusstsein und die Integration von Informationen, die aus dem Zusammenspiel von Sinnesorganen und Muskeln entstehen. Dabei spielt aber nicht nur die Verschaltung und Aktivität von Nervenzellen bei der Entstehung von Selbstmodellen eine Rolle, sondern beispielsweise auch die Umwelt, insbesondere die sozialen Wechselwirkungen.

Die Beiträge (mit einer Ausnahme handelt es sich um Erstveröffentlichungen!) sind, wie bei Sammelbänden dieses Typs häufig der Fall, von unterschiedlicher Art, Qualität, Relevanz und Länge, überwiegend aber gut lesbar (beziehungsweise übersetzt) und gehaltvoll. Sie verfolgen durchaus unterschiedliche, zum Teil widersprüchliche Wege und regen schon deshalb zum kritischen Mit- und Nachdenken an. Zahlreiche renommierte deutsche und angloamerikanische Philosophen und Wissenschaftler sind vertreten, zum Beispiel Antonio R. Damasio, Martin Davies, Christopher und Uta Frith, Michael Pauen, John Perry und Wolf Singer. Zusammen mit dem von Manfred Frank herausgegebenen Band *Analytische Theorien des Selbstbewusstseins* ist *Selbst und Gehirn* im Augenblick als Standardwerk in deutscher Sprache jedem Leser mit Selbstbewusstsein sehr zu empfehlen – denn es geht buchstäblich um ihn selbst.

Rüdiger Vaas

Joachim Schulte, Uwe Justus Wenzel (Hrsg.)

## Was ist ein „philosophisches“ Problem?

Fischer Taschenbuch Verlag,
Frankfurt am Main 2001.
216 Seiten, € 14,90

**Fünfzehn zeitgenössische Philosophinnen und Philosophen suchen eine Antwort auf die grundlegende philosophische Frage, was denn ein Problem als „philosophisches“ auszeichnet.**

Herausgekommen ist ein Buch, dessen Beiträge ein breites Spektrum abdecken. Das gilt zum einen für die unterschiedlichen Definitionen dessen, was ein philosophisches Problem ausmacht, und zum anderen für den Umgang der Autoren mit der ihnen gestellten Aufgabe. So finden sich mit augenzwinkernder Selbstironie dem eigenen Fach gegenüber geschriebene Essays, die deshalb jedoch nicht weniger ernst zu nehmende Antwortversuche darstellen, neben solchen, die sehr detailliert und ausführlich das „Problem“ anzugehen versuchen.

Im Vorwort erläutert Joachim Schulte, warum man auch in der Philosophie zwischen Entdeckern und Erfindern unterscheiden muss. Beide Gruppen haben einen unterschiedlichen Zugang zu philosophischen Problemen: Der Erfinder setzt sich von der philosophischen Tradition ab und formuliert die Probleme seiner Zeit „möglichst prägnant“ als neue Probleme. Der Entdecker hingegen hat „das Gefühl, ihm drängten sich die gleichen Probleme auf wie seinen Vorgängern“. Sein Bestreben ist es, den eigentlichen Kern des Problems herauszuarbeiten. Schulte macht jedoch klar, dass es sich nur um *eine* mögliche Klassifikation der Herangehensweisen an ein Problem handelt. Denn auch hierbei gibt es – wie so oft in der Philosophie – keinen Konsens.

Die dem Vorwort folgenden fünfzehn Beiträge zeigen auf, dass die Autoren einen durchaus verschiedenen Zugang zur Beantwortung der Titelfrage gewählt haben. Hier nur einige Beispiele: P. M. S. Hacker bezeichnet die Frage, was denn ein philosophisches Problem sei, selbst als philosophisches Problem, während Georg Meggle philosophische Probleme anhand seines eigenen philosophisch-akademischen Werdegangs zu erklären sucht. Für Martha Nussbaum ist jedes Problem ein philosophisches Problem, das mit Respekt vor der „geistigen Einstellung“ anderer Menschen gelöst werden soll, und Richard Rorty unterscheidet zwischen wahren philosophischen Problemen, die alle Menschen interessieren, und „scholastischen“ Problemen, die als „natürliches Nebenprodukt“ nur von der Fachwelt als Probleme wahrgenommen werden.

Trotz aller Unterschiede lassen sich jedoch in vielen Beiträgen auch Gemeinsamkeiten feststellen. So findet sich sehr oft die Erklärung, dass viele ursprünglich philosophische Probleme heute von den ehemaligen Teildisziplinen der Philosophie, wie Psychologie oder Physik, in Anspruch genommen werden. Ebenso häufig liest man Begründungen, warum die Philosophie auch heute noch eine Existenzberechtigung hat. Gelegentlich mutet dies als Plädoyer für die Philosophie als universitäres Fach an.

Im Nachwort greift Uwe Justus Wenzel noch einmal kurz die Ansätze der anderen Autoren auf und erweitert sie um einen letzten interessanten Aspekt, indem er Colin McGinns Konzept des „transzendentalen Naturalismus“ vorstellt. In diesem Konzept behauptet McGinn, dass philosophische Probleme nicht deshalb unlösbar seien, weil sie nach „sonderbaren, an sich selbst fragwürdigen Wesenheiten“ fragen, sondern weil sie schlicht unseren Erkenntnisapparat überfordern.

*Was ist ein „philosophisches“ Problem?* ist ideal für den Philosophie-Einsteiger und den interessierten Nicht-Fachphilosophen. Die überwiegende Mehrzahl der Essays ist verständlich geschrieben und in der Argumentation nachvollziehbar. Positiv zu vermerken ist, dass die meisten Autoren auf übermäßigen Gebrauch philosophischer Fachbegriffe verzichtet haben, was jedoch nicht auf Kosten des Niveaus geht. Der Umfang der einzelnen Beiträge ist überschaubar und angemessen. Durch die Verschiedenartigkeit der Essays ist Abwechslung gewährleistet, selbst wenn man am Ende das eine oder andere Argument als alten Bekannten begrüßen kann. Zum Schluss weiß man auf jeden Fall, was ein philosophisches Problem ist – oder wenigstens, worin das Problem besteht, ein philosophisches Problem als Problem zu definieren.

Elke Reichmann

Michael Pauen, Achim Stephan (Hrsg.)

## Phänomenales Bewusstsein – Rückkehr zur Identitätstheorie?

Mentis Verlag, Paderborn 2002.
413 Seiten, € 40,00

**Lässt sich die Erlebnisqualität (Qualia) unserer Wahrnehmungen und Empfindungen naturwissenschaftlich erklären? Oder muss für immer eine prinzipielle Erklärungslücke bleiben, die das berüchtigte Leib-Seele-Problem unlösbar macht?**

Dass das Vertrauteste, Alltäglichste und Grundlegendste zugleich das Unverständlichste sein kann, ist selbst schon ein erstaunliches philosophisches Phänomen. Das Rätsel unseres Bewusstseins reicht aber noch weiter, denn es kann keineswegs auf Philosophie oder Naturwissenschaft begrenzt werden. Entsprechend groß ist sowohl das Interesse an diesem Problem als auch die Fülle der sich damit befassenden Beiträge. Umso freudiger darf deshalb der vorliegende Sammelband begrüßt werden, der drei Vorteile vereinigt: Zum einen gibt er eine aktuelle Übersicht über eine immer verwickelter werdende Fachdebatte, und zwar sowohl in historischer als auch in systematischer Hinsicht. Zum anderen versammelt er wichtige klassische (das heißt ein paar Jahrzehnte alte) Beiträge, um die sich heute noch vieles rankt. Und zum Dritten enthält er hochaktuelle neue Beiträge – größtenteils Originalveröffentlichungen oder erstmals in deutscher Übersetzung vorliegend –, die aber nicht unvermittelt nebeneinander stehen, sondern durch kurze Einführungen in den Zusammenhang eingeordnet werden, den eine ausführliche Einleitung weiter entfaltet. So ist dieses Buch für drei eigentlich unvereinbare Zielgruppen gleichermaßen wertvoll: interessierte Laien, wissbegierige Studenten wie auch Experten. Selbst wer nicht alle Verästelungen der mitunter komplizierten Argumentationslinien verfolgen möchte, wird hier genügend „Erlebnisqualitäten“ haben, um von dem Buch zu profitieren und sich seines eigenen Bewusstseins besser bewusst zu sein.

Über eines herrscht jedenfalls breiter Konsens: Selbst wenn sich Psychisches auf Physisches reduzieren ließe, hieße das nicht, dass das Psychische dadurch erniedrigt oder vernichtet wäre. Mit den Worten von Michael Pauen: „Es ist noch kein Tropfen Wasser verschwunden, weil man eine seiner Eigenschaften auf eine mikrophysikalische Theorie über $H_2O$ zurückgeführt hat.“

Rüdiger Vaas

Gerhard Krieger, Hans-L. Ollig (Hrsg.)

## Fluchtpunkt Subjekt – Facetten und Chancen des Subjektgedankens

Verlag Ferdinand Schöningh, Paderborn 2001.
284 Seiten, € 41,00

**In unserer technikgläubigen, auf naturwissenschaftliche Erkenntnisse bauenden Welt wird der Mensch immer mehr auf seine physikalisch erklärbaren Funktionen reduziert und in seinen Strukturen mit denen eines Computer verglichen. Erkenntnis wird vor allem als Verkettung von neuronalen Signalen begriffen. Hier stellt sich die Frage nach dem Wesen des Menschen neu. Der vorliegende Sammelband spiegelt das aktuelle Interesse am Begriff des Subjektes wider und gibt einen Einblick in vielfältige Ansätze der Subjektphilosophie.**

Die Beiträge des Bands sind aus einer Tagung der Arbeitsgemeinschaft deutschsprachiger Philosophiedozenten und -dozentinnen im Studium der katholischen Theologie hervorgegangen, die Anfang 2000 in Trier stattfand. Die Herausgeber vereinen ein weites Spektrum unterschiedlichster Theorien und vermeiden bewusst, einen Gesamtentwurf des Subjektproblems vorzulegen oder sich auf eine bestimmte Schulrichtung festzulegen.

Die Zusammenstellung orientiert sich in ihrem Aufbau an Fragen und Ergebnissen der neueren subjekttheoretischen Diskussion. So zeigen die ersten Artikel, dass die Frage nach dem Subjekt nicht erst in der neuzeitlichen Philosophie aufkam, sondern sich bereits ältere, bisher weniger berücksichtigte Ansätze, zum Beispiel bei Plotin, Augustinus oder in der mittelalterlichen Mystik, finden lassen. Ausgehend von mittelalterlicher Wissenschaftstheorie wird die Subjektivität dann im wissenschaftstheoretischen Diskurs erörtert: Ist wissenschaftliche Erkenntnis, vereinfacht ausgedrückt, subjektiv oder verweist sie auf eine objektive Realität? In diesem Kontext versucht Matthias Lutz-Bachmann durch eine Neudefinition des Subjektbegriffes, den Anspruch der Geschichtsforschung auf überindividuelle Bedeutsamkeit und heutige Relevanz aufrechtzuerhalten.

Ein weiterer Schwerpunkt liegt auf unterschiedlichen Ansätzen zu Subjekt und menschlichem Selbstverständnis. Hierbei werden unter anderem die Theorien von Dieter Henrich und Emmanuel Lévinas diskutiert. Als naturalistische Herausforderung wird schließlich die Frage nach dem Subjekt zum Beispiel im Menschenbild des Hirnphysiologen Gerhard Roth gesehen (Naturalismus: Denkhaltung, welche die Phänomene der Welt und deren Entstehung allein aus den Gesetzmäßigkeiten der Natur abzuleiten sucht). Hans-Dieter Mutschler greift in seinem Artikel den Vergleich mit dem Computer wieder auf: Man dürfe sich nicht wundern, wenn man im Gehirn keinen materiellen Repräsentanten eines Ichs oder eines Bewusstseins findet, da man ja auch keinem Programm begegne, wenn man einen Computer zerlegt.

Auf Grund der Komplexität, mit der die Autoren und Autorinnen Facetten und Chancen des Subjektgedankens diskutieren und sich dem aktuellen Wissenschaftsdiskurs stellen, eignet sich der Sammelband eher zur Vertiefung denn als Einstieg in das Thema.

Monika Reutter

Boris Groys

## Politik der Unsterblichkeit. Vier Gespräche mit Thomas Knoefel

Verlag Carl Hanser, Edition Akzente, München 2002.
208 Seiten, € 15,40

**Ein als kurz geplantes Interview wird über Jahre hinaus fortgesetzt und so schließlich zu einem umfangreichen Dialog, der um ein in unserer Zeit anachronistisch anmutendes Problem kreist, das der Unsterblichkeit. Wie ist diese zu erringen oder ist sie überhaupt zu erringen, wenn der durch Gott garantierte Eintritt in die Ewigkeit des Seins nicht mehr besteht?**

Thomas Knoefels Gesprächspartner, der Philosophieprofessor und Medientheoretiker Boris Groys, begegnet dem Wegfall letzter Gewissheiten mit seiner *Politik der Unsterblichkeit.* Er versteht darunter die Strategie der Selbstpositionierung im philosophischen Feld, den Eintritt in den Wettbewerb philosophischer Diskurse und die Selbstbehauptung innerhalb dieses Wettbewerbs. Erst wer Eingang ins Archiv, also in den Kanon, gefunden hat, hat erfolgreich an diesem Wettbewerb teilgenommen und Unsterblichkeit gewonnen.

In der Philosophie sieht Groys eine besonders erfolgversprechende Disziplin im Ringen um Unsterblichkeit. Denn im Gegensatz zu (Natur-)Wissenschaften und Künsten sind die Probleme, mit denen sich die Philosophie beschäftigt, weder endlich, also lösbar, noch unterliegen sie dem Wandel des ästhetischen Geschmacks. Vielmehr kennzeichnet die philosophischen Fragestellungen gerade ihre prinzipielle Nichtbeantwortbarkeit.

Man könnte über die von Groys' diagnostizierte Ruhmsucht der Philosophen lächeln, würde er nicht mit seiner Theorie der Archive zugleich eine Analyse des Medien- und Kulturbetriebs der Moderne bieten. Denn um sich einen Platz im Archiv zu erobern, muss man sich in ihm positionieren, muss sich mit den Lebenden und Toten (diesen vor allen!) auseinander setzen, mit ihnen konkurrieren und sich gegen ihre Präsenz behaupten. Aus dieser Perspektive rückt der Medien- und Kulturbetrieb in angenehme Ferne, denn nun lässt sich „die Gegenwart im Namen des kulturellen Erbes kritisieren, das heißt aus der kritischen Distanz heraus betrachten, die es in Bezug auf unsere eigene Gegenwart schafft. Denn dieses Erbe ist doch nichts anderes als die Summe der Visionen dessen, was sein könnte. Und so können wir diese Visionen mit dem vergleichen, was faktisch geworden ist."

Die Blickrichtung geht demnach immer hin zu den Toten. Ihr Anblick diktiert die Aufgabe, das eigene Bild herzustellen, das dann am Wettbewerb teilnimmt. Doch nicht das Subjekt beteiligt sich an ihm, sondern das fertige, durch seine Arbeit entstandene Produkt. Das Subjekt agiert in einem unsichtbaren Raum und präsentiert lediglich die hergestellten Selbst-Bilder, hinter denen es sich verbirgt. „Und das Bild ist gut, wenn es seine Aufgabe der Selbstverbergung gut erfüllt." Dann hat es Chancen, im Wettberwerb mit den Toten zu bestehen. Ob Groys solche Bilder geschaffen und sich somit einen Platz im Archiv der Unsterblichkeit erworben hat, müssen aber wohl doch die Lebenden entscheiden.

Bettina Hartz

Albert Vinzens

## Gebirg

Schwabe Verlag, Basel 2001.
108 Seiten, € 13,50

**Ein Buch über den Umgang mit dem Tod und somit eines über den Umgang mit dem Leben.**

In drei Erzählungen entwirft Albert Vinzens ein Gegenbild zu Jon Krakauers – seiner Ansicht nach menschenverachtenden – Umgang mit dem Bergtod in dessen Bestseller *Into thin Air* (*In eisige Höhen*). Für Vinzens steht Krakauer stellvertretend für eine schnelllebige und skrupellose Gesellschaft, die sich im Wahn des „Höher, schneller, weiter" ihrer eigenen Wurzeln beraubt. Statt sich mit dem Tod der anderen auseinander zu setzen, gehen Krakauer & Co. über Leichen.

Vinzens' Kritik an dem von Krakauer vermittelten „Homo homini lupus“ (Der Mensch ist des Menschen Wolf) ist treffend und insbesondere die Untersuchung von Krakauers Sprachstil erlaubt Rückschlüsse auf das Selbstverständnis der modernen „Helden“. Manchmal jedoch wirkt die Kritik überzogen und man stellt sich die Frage, ob ein Buch wie *Into thin Air* es überhaupt verdient, in ethischer Hinsicht ernst genommen zu werden. Zu schnell wird deutlich, dass Krakauer vor allem von sich selbst spricht. Und wenn sein Buch menschenverachtende Züge trägt, dann sagen diese vor allem etwas über Krakauers Selbstbild aus.

Vinzens' Gegenbild eines im Einklang mit dem Gebirge lebenden Menschen wirkt naiv. Denn so wie es ohne einen Begriff vom Tod keinen vom Leben gibt, kann es auch einen Naturbegriff nur geben, wenn dieser scharfe Abgrenzungen erfährt – wenn ihm etwas entgegensteht, das nicht „Natur“ ist, etwas, das sie übergeht, zurückdrängt, verletzt oder zerstört.

Wird Krakauer in den Erzählungen *Everestfiasko* und *Mein Gebirge* direkt kritisiert, so stellt *Tod durch Granit* den erzählerischen Gegenentwurf Vinzens' dar: Zwei Schweizer haben sich vorgenommen, die kompakten, nur von wenigen Rissen durchzogenen Granitfluchten des El Capitan im Yosemite-Valley zu ersteigen – ein Ziel von Sportkletterern aus aller Welt. Doch in ihr Sicherungssystem hat sich ein Fehler eingeschlichen: Als der im Nachstieg befindliche Kletterer stürzt, wird dessen Sturz zu spät gebremst. Er fällt 50 Meter weit und schlägt dabei heftig gegen die Wand. Von seinem Kameraden – Albert Vinzens – auf ein schmales Felsband gehievt, stirbt er dort an seinen Verletzungen. Beschrieben werden die Tour, der Sturz des Kameraden, sein Sterben und die Rückführung des Toten knapp, fast tagebuchartig (für Nichtalpinisten manchmal zu knapp). Vinzens versucht, das Unfassbare, den Tod des Freundes, durch Verzicht zu fassen – durch Verzicht auf Klischees, auf übersteigerten Ausdruck und auf weit reichende Erklärungen. So wird der Leser mit karger Sprache in die verzweifelte Situation der beiden Kletterer versetzt. Dem Sterben wird kein Sinn zugeschrieben und das macht es verstörend und unheimlich. In der Tat: In *Tod durch Granit* werden der Schrecken wie auch die Banalität des Todes fassbar.

*Gebirg* ist ein spannender Erzählband, voll von Überraschungen und für den philosophisch interessierten Leser nicht zuletzt wegen der zahlreichen Anspielungen auf philosophische Begriffe und Theorien lesenswert.

Michael Hamus

Franz Vonessen

## Platons Ideenlehre. Wiederentdeckung eines verlorenen Wegs. Band 1: Seelenlehre

Die Graue Edition, Reutlingen 2001.
483 Seiten, € 24,00

**Wieder ein neues Buch zu Platon, mag sich der Leser denken. Doch der Autor grenzt seinen Interpretationsansatz in scharfer Weise von dem der traditionellen (universitären) Platon-Forschung ab und möchte einen neuen Zugang zu Platons Ideenlehre bieten.**

In bisherigen Interpretationen der Ideenlehre Platons wurde die „Idee als Begriff“ verstanden und ihr ein Platz in einem so genannten Reich der Ideen jenseits unserer sinnlich wahrnehmbaren Welt zugewiesen. Der Autor hingegen möchte Platons Denken „am Leitfaden der Anschaulichkeit“ befragen.

Entgegen unserem heutigen Gebrauch des Wortes Metapher als nurmehr zum Vergleich herangezogene bildliche Formulierung steht Platon in einer Tradition, welche die Metapher nicht als „Übertragung, sondern Zurücktragung“ begreift. Die Metapher „trägt das, was ihr vom unbekannten Ursprung her zukommt, derart auf diesen zurück, als sei er ihr eigenes Abbild.“ Vonessen verdeutlicht dies am Beispiel dessen, was Platon unter Schrift versteht. Die Welt an sich ist ein Zeichen oder ein Schriftzug des göttlichen Schaffensprozesses, die Natur ist ein Buch, in dem der Mensch die einzelnen Buchstaben dieses Prozesses findet. Insofern ist unser eigenes Schreiben im Sinne Platons nur in abbildlicher Weise Schrift, da sie an der Schrift allenfalls teilhat.

Ein weiteres Beispiel sind die „Ideen der Tische und Betten.“ Entgegen der populär gewordenen Vorstellung von Platons Ideenlehre, derzufolge es im Reich der Ideen eine Idee des Tisches und eine Idee des Bettes gebe, schlägt Vonessen einen anderen Weg vor. Ausgegangen wird von der „großen Mutter“ Erde als „kosmische(m) Tisch bzw. Altar“, die der Tisch aller Tische darstellt. In jedem vom Menschen gemachten Tisch oder Bett scheint diese Idee der Erde auf. Die gefertigten Tische und Betten ahmen die Erde nach: „Das Bett ist die vom Boden, also über sich selbst hinausgehobene Erde, nicht anders als auch der Tisch der dem Mund entgegengehobene Erdboden ist.“ Die Fläche des Tisches entspricht dem Boden, wiederholt ihn, setzt ihn voraus. Entsprechend verhält es sich mit dem Stuhl. So wird Vonessens Vorgehen der Anschaulichkeit deutlich. Denn auch das eine Gute, das über der Sonne steht, kann nicht als nicht anschaulich bezeichnet werden, „es ist nur über der Anschauung.“

Alles, was ist, hat Anteil am göttlichen Ursprung, und „erst dann, wenn wir das Unvergängliche im Wesenskern einer vergänglichen Sache im Blick haben, tritt uns das Ideale vor Augen“, so Vonessen.

Mit diesem Ansatz stellt sich der Autor gegen die universitäre Platon-Forschung und kritisiert deren „Verblendung“ gegenüber nichttraditionellen Interpretationen. Es wird dabei deutlich, dass Vonessen hierbei aus eigener leidvoller Erfahrung im Universitätsbetrieb spricht, weshalb seine Anwürfe zuweilen recht bitter ausfallen, was vielleicht nicht die Sache eines jeden Lesers ist.

Insgesamt ist *Platons Ideenlehre* ein sehr gut geschriebenes und lesenswertes Buch, das eine neue Sichtweise auf Platon bietet, die in sich schlüssig und gut gegliedert ist. Das Buch sei jedem empfohlen, der sich für Platon interessiert und Vorkenntnisse mitbringt.

Stefan Gammel

Zeichnung:
Jan Tomaschoff

Richard van Dülmen (Hrsg.)

## Entdeckung des Ich

Böhlau Verlag, Köln 2001.
638 Seiten, € 66,00

**In 24 Aufsätzen zeichnen 26 Autoren – überwiegend Historiker, aber auch Literaturwissenschaftler, Soziologen, Theologen und Mediziner – die Geschichte der Individualisierung vom Mittelalter bis zur Gegenwart nach. Es sind fesselnde Erzählungen darüber, wie wir wurden, was wir sind – oder wie wir sein könnten, was wir nicht (mehr) sind.**

Dieses Buch ist keine leichte Lektüre für unterwegs: 21 mal 27,5 Zentimeter groß, fast fünf Zentimeter dick und drei Kilogramm schwer wird es wohl überwiegend am Tisch gelesen werden. Auch das Thema ist umfangreich und gewichtig – aber gut verständlich, ja spannend aufbereitet und mit 336 Schwarzweiß- und 40 Farbabbildungen außerdem prächtig illustriert.

„Ein von der Gesellschaft unabhängig agierendes Individuum gibt es nicht", schreibt Richard van Dülmen, Professor für Neuere Geschichte an der Universität Saarbrücken, in der Einleitung des von ihm herausgegebenen Schmökers. „Der Individualitätsbegriff in der Bedeutung eines autonomen, selbsttätigen Subjektes, das auf eigenständiges Leben zielt, muss historisiert und sozial differenziert werden." Und genau das gelingt den Autoren des Bands auch vorzüglich, wobei der Blick auf Mitteleuropa und insbesondere den deutschen Sprachraum seit dem Mittelalter dominiert: Außereuropäische Perspektiven fehlen leider genauso wie etwa die griechische Antike, in der sich Individualität erstmals ausbildete – als Subjekt und Objekt existenzieller Entscheidungen in der Tragödie und als lyrisches Ich in der Poesie. Auch die Existenzphilosophie von Sören Kierkegaard oder Albert Camus bleibt seltsamerweise unerwähnt.

Der Hauptteil des Buchs ist in vier Sektionen gegliedert: Spuren der Individualität im Mittelalter und in der Renaissance; Entdeckung des Selbst in der Frühen Neuzeit; Individuum und bürgerliche Gesellschaft; Individualität in der modernen Lebenswelt. Der Band zeigt, dass die Ausbildung des subjektiven Individualitätsbewusstseins keineswegs in der Antike vollendet war, dass die Geburt des Individuums aber auch nicht einfach nur in der Renaissance oder mit der Industrialisierung und Demokratisierung erfolgte. Wichtige Schritte in der Ich-Reflexion erfolgten im christlichen Mittelalter (Sündenfall, Gnadenlehre, Rechtfertigung, persönlicher Glaube) und dann wieder mit der Aufklärung, mit den Emanzipationsbewegungen des Bürgertums, der Arbeiterschaft und der Frauen. Doch die Aufsätze zeichnen nicht nur große geistesgeschichtliche Entwicklungslinien nach, sondern schildern auch vielfältige Formen gelebter Individualität – von der ersten Autobiografie (Augustinus' *Confessiones*), ersten individualistischen Darstellungen in der bildenden Kunst sowie den veränderten Körperwahrnehmungen ab dem 16. Jahrhundert bis zur so genannten freien Liebe und Studentenrevolte, den Inszenierungen der (Post-)Moderne, Michel Foucaults „Selbstsorge", dem zeitgenössischen Selbstverwirklichungs- und Popstarkult und dem einsamen Sterben. Das alles bietet viele Überraschungen und neue Einsichten, wenn auch vieles exemplarisch bleiben muss und manche Verallgemeinerungen problematisch sind. Ein ausführliches Namens- und Sachregister sowie eine Auswahlbibliografie von über 500 Titeln sind exzellente Hilfsmittel.

Im Nachwort geht es um die Frage, ob geklonte Menschen als Individuen gelten können. Nichts spricht nach Meinung der Autoren dagegen; neben den medizinischen Risiken sind es vor allem soziale Faktoren, die ethische Fragen aufwerfen und Individualität formen – aber eben nicht auslöschen. So ist die Zukunft der Individualität nicht durch Klone, sondern vielmehr durch gesellschaftlichen Konformismus und psychogene Selbst- und Fremdsteuerung (Psychopharmaka, Drogen, aber auch Ideologien, Konsumverdummung usw.) bedroht. Und: „Von Goebbels bis Berlusconi wissen es die Mächtigen schon lange: Wer Menschenmassen manipulieren und gleichschalten will, der braucht kein Klonlabor, sondern die Macht über die Medien."

Rüdiger Vaas

Gerhard Roth

## Fühlen, Denken, Handeln. Wie das Gehirn unser Verhalten steuert

Suhrkamp Verlag,
Frankfurt am Main 2001.
489 Seiten, € 29,80

**„Wer oder was bestimmt unser Verhalten?" Das ist die zentrale Fragestellung in Gerhard Roths *Fühlen, Denken, Handeln*, welches von ihm selbst als Fortsetzung zu seinem Buch *Das Gehirn und seine Wirklichkeit* eingeführt wird. In der aktuellen Arbeit versucht Roth, mit den Mitteln der Neurowissenschaften die Entstehung von Handlung zu erklären, wobei grundphilosophische**

**Fragestellungen wie jene nach der Natur des Ichs oder der Willensfreiheit nicht ausgespart werden. Das Hauptanliegen Roths ist dabei, für den interdisziplinären Diskurs zwischen Natur-, Sozial- und Geisteswissenschaften die wesentlichen neurobiologischen Erkenntnisse bereitzustellen.**

Zu Beginn seines Buchs stellt Roth vier wichtige Theorien über die Willensbildung beim Menschen vor: den Behaviorismus (Forschungsrichtung innerhalb der Psychologie: nur äußeres, beobachtbares, messbares Verhalten ist wissenschaftlich relevant), die Psychoanalyse Freuds, die Instinkttheorie von Lorenz und Tinbergen sowie die Soziobiologie – wobei er eine zentrale Übereinstimmung herausstellt: „Für das bewusste, verständige und vernünftige Ich als Steuermann des eigenen Handelns bleibt in allen vier Theorien kein oder nur sehr wenig Platz. In keiner der Theorien weiß das Ich, was es tut und warum es dies tut, und ein solches Wissen ist für sein überlebensrelevantes Verhalten auch gar nicht erforderlich."

Diese Skepsis gegenüber der Autonomie des bewussten Ichs untersucht Roth nun anhand der empirischen Daten der modernen Hirnforschung. Seiner Absicht folgend, diese Ergebnisse für den interdisziplinären Diskurs bereitzustellen, beginnt er mit grundlegenden Informationen über Aufbau und Funktionsweise des menschlichen Gehirns, um auf dieser Basis die Funktion höherer geistiger Leistungen wie Denken, Kreativität oder Erinnern abzuhandeln. Eine große Bedeutung für die Erklärung menschlichen Verhaltens räumt Roth auch dem limbischen System ein, das für die Hervorbringung emotionaler Zustände wie Furcht, Lust oder Trauer zuständig ist. Im Vergleich der Relevanz von Verstand und Gefühl für die Handlungen eines Menschen gelangt Roth zur Einsicht, dass die Wirkungen von unten (Gefühl) nach oben (Verstand) „stärker sind als die in umgekehrter Richtung".

Weiter fortschreitend auf dem Weg zur Erklärung menschlichen Verhaltens, erläutert der Autor die Bildung des Ichs und der Persönlichkeit des Menschen, die er zum größten Teil auf genetische Faktoren und auf Prägungen bis zum fünften Lebensjahr zurückführt, während er etwa im Kapitel zu Sprache und Verstehen zu Übereinstimmungen zwischen der Psychoanalyse Freuds und der modernen Hirnforschung gelangt.

Das Ergebnis dieser sehr ausführlichen Untersuchungen des menschlichen Gehirns wird von Roth wie folgt dargestellt: „Zusammengefasst zeigen die hier vorgestellten Forschungsergebnisse, dass die beiden entscheidenden Komponenten des Phänomens ‚Willensfreiheit', nämlich etwas frei zu wollen ... und etwas in einem freien Willensakt aktuell zu verursachen, eine Täuschung sind. Das erstere Gefühl tritt auf durch Zuschreibung bzw. Aneignung von unbewussten Handlungsmotiven, die aus dem limbischen System stammen, das letztere Gefühl tritt auf, nachdem das Gehirn längst entschieden hat, was es im nächsten Augenblick tun wird."

Roth verzichtet auf eine Bewertung seiner naturwissenschaftlichen Ergebnisse in philosophischer und gesellschaftswissenschaftlicher Hinsicht. Die Stärke von *Fühlen, Denken, Handeln* liegt denn auch klar in der verständlichen Darstellung des Forschungsstands in der Hirnforschung, wobei allerdings die Lücken, die in diesem Bereich noch zur Genüge vorhanden sind, nur wenig Beachtung finden. Man könnte als Leser den Eindruck gewinnen, dass der Autor zwar recht genaue Vorstellungen bezüglich der Aussagen seines Buches hat und diese auch – völlig legitim – durch die Auswahl der Forschungsergebnisse stützt, sich aber letztendlich auf das Erfahrungswissen zurückzieht und vor weitergehenden Schlussfolgerungen zurückschreckt.

Nicolai Kaufmann

Geier, Manfred

## Die kleinen Dinge der großen Philosophen

Rogner & Bernhard, Hamburg 2001
276 Seiten, € 19,90

**„Johann Wolfgang von Goethe forschte anhand einer Fächerpalme und eines Nelkenstocks nach dem Geheimnis des Lebens. Sigmund Freud veranschaulichte an einer Holzspule seine Idee des Todestriebs." Die kleinen Dinge der großen Philosophen: dabei handelt es sich um Alltagsgegenstände wie Zündholz oder Pfeife, die den verschiedenen Denkern zur Veranschaulichung ihrer Theorien dienten.**

Geiers Idee ist durchaus originell: Nicht vom Leben des Autors, von der epochalen Einordnung oder vom Gesamtwerk, sondern von einem gewöhnlichen Gegenstand ausgehend entfaltet er seine Einführung vor allem in die moderne Philosophie. Am Beispiel Ludwig Wittgensteins, der seine Thesen anhand eines in einer Schachtel eingeschlossenen Käfers demonstrierte, wird nicht nur Wittgensteins eigene Sprachphilosophie und dessen Seelenverständnis, sondern auch die philosophische Grundlage des Solipsismus (Auffassung, nach der die Außenwelt nur eine Vorstellung beziehungsweise eine Konstruktion des Menschen ist), die Einflüsse Freuds auf Wittgenstein, Parallelen zu Kafkas Verwandlung und zuletzt Wittgensteins Lebenslauf dargestellt. Geiers Idee ist nicht nur originell, sie macht auch neugierig: Was hat ein Wasserglas mit Poppers Wissenschaftstheorie und seiner Platon-Kritik zu tun? Was meint Paul Lorenzen mit seinem Beispielsatz: „Dies ist ein Fagott"? Und warum philosophiert Walter Benjamin am besten unter einem Baum?

Leider bleiben die Alltagsdinge nicht in allen Kapiteln Zentrum des Geschehens: Einige Mal finden sie nur am Anfang Erwähnung, müssen dann, um das Feld nicht zu sehr einzuengen, der Biografie und dem Denken des jeweiligen Philosophen weichen, und werden erst am Ende des Kapitels wieder aufgegriffen. Überhaupt nimmt der Lebenslauf hin und wieder eine störende Dominanz ein vor allem weil sich Geier unsinnigerweise bemüht, das Leiden des Philosophen in den Mittelpunkt zu rücken. Wittgenstein, der verzweifelt versucht, in den Wirren des Krieges einen kühlen Kopf (und Menschlichkeit) zu bewahren, der von allen verstoßene Marx, von schlimmsten Hämorrhiden geplagt, der nur an seinem Schreibtisch sicheren Halt findet, oder Carnap, der vor lauter Philosophieren gar nicht mehr richtig schlafen kann und sogar den Urlaub mit seiner Frau vernachlässigt (gottseidank werden wir aber darauf hingewiesen, dass die beiden dennoch glücklich miteinander waren). Warum Geier so zwanghaft versucht, aus den großen Denkern Menschen wie Du und Ich (mit all' ihren Alltagssorgen und -problemchen) zu machen, bleibt unklar. Schade ist zudem, dass man – trotz der „stilistischen Eleganz", welche die FAZ in einer Rezension bemerkt haben will – hin und wieder einen etwas blumigeren, anekdotenhaften Stil vermisst, welcher bei der Betrachtung der Alltagsgegenstände angebracht wäre.

Dennoch ist es interessant, in diesem Buch zu schmökern und sich von den Schrullen der Denkerelite fesseln zu lassen. Ein großes Lob auch an die Gestalter: Selten findet man ein durchgängig so liebevoll gemachtes Buch.

Björn Reich

Martin tom Dieck (Zeichnungen)
Jens Balzer (Text)

**Neue Abenteuer des unglaublichen Orpheus.**

Verlag Arrache Coeur, Zürich 2001.
60 Seiten, € 16,36

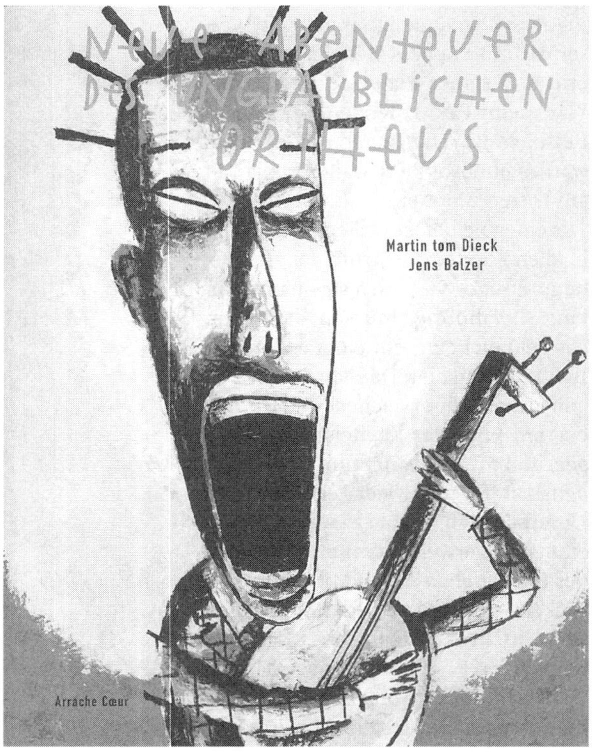


**Wer Comics mit Witzbildchen oder Karikaturen gleichsetzt, wird von Martin tom Diecks (Zeichner) und Jens Balzers (Texter) philosophischem Comic eines Besseren belehrt.**

Vermutlich angeregt durch eine Karikatur mit dem Titel *Das Treffen der Strukturalisten* von Maurice Henry, die Jacques Lacan, Claude Lévi-Strauss, Michel Foucault und Roland Barthes mit Baströcken bekleidet, diskutierend im Urwald zeigt (veröffentlicht im Juli 1967 in der Zeitschrift *Quinzaine Littéraire*), geben sich Zeichner und Texter redlich Mühe zu beweisen, dass Comics nicht nur etwas für Kinder sind. Wer mit den Werken von Gilles Deleuze alias Krazy Deleuze, Jacques Lacan alias Lucky Lacan, Roland Barthes alias Boob McBarthes und Foucault alias Ofissa Foucault nicht sehr vertraut ist, wird mit dem vorliegenden Comicband nicht viel anfangen können, zumal erschwerend hinzukommt, dass das zweite *Abenteuer des unglaublichen Orpheus* fast ausschließlich in altgriechischer Sprache vonstatten geht.

Nicht von ungefähr bat die Redaktion der *Frankfurter Allgemeinen Zeitung*, in deren Berliner Ausgabe die Comicstrips in Fortsetzung zuerst erschienen, mehrere Philosophen „ihre Lektüreeindrücke des Comic mit den Lesern der ‚Berliner Seite' zu teilen", damit das Comic-"Ereignis", so Andreas Platthaus in seinem „Originalbeitrag" für das dem Band beigefügte 16-seitige „Beiheft", nicht „himmelhoch" über die Leser und die Redaktion hinwegfliegt.

Deleuze überquert, begleitet vom sagenumwobenen Fährmann Charon, in einem Ruderboot den Fluss zur Unterwelt, um sich mit Lacan, Foucault und Barthes zu treffen. Lacan, ganz Psychoanalytiker, wühlt in diversen Hinterlassenschaften und findet ein Rad, das er als fünftes Rad an den Wagen, der sie abholt (ein Nachbau des Lieferwagens, der Barthes im wirklichen Leben überfuhr) anbringen will. Letztlich wird es jedoch als Steuerrad in eine von Deleuze entworfene Zeitmaschine eingebaut – ein Boot, mit dem man in die Gegenwart reisen kann: „Mit dieser Maschine bewegen wir uns gegen die Zeit, indem wir uns gegen uns selbst bewegen, gegen den Fluss unseres Lebens. Hinein in die lebendige Welt." Foucault sitzt, mit einem Knüppel bewaffnet vor einem Haus mit vergittertem Fenster und der Aufschrift: Überwachen und Strafen – Anspielungen, die sich nur dem Kenner der Materie erschließen, folgen auf Anspielungen. Schon mancher Autor respektive Zeichner, der hoch fliegen wollte, stürzte tief, ist man versucht zu sagen. Aber Vorsicht, ganz so einfach lässt sich die Sache denn doch nicht abtun. So verstörend und irritierend die Geschichten um die Wortführer des Strukturalismus für den Nicht-Eingeweihten oder den Nicht-Bildungsprofi auch sein mögen, gleichwohl nimmt man auch als nicht universitätsgesponserter Philosophieinteressierter den im ersten Unverständnis beiseite gelegten Band doch immer wieder zur Hand und findet Sinnsprüche und Paradoxa, die zum Selberdenken und Nachlesen animieren: „Die Ewigkeit ist das Ende", „Es funktioniert, indem es nicht funktioniert", „Die Identität ist ein Werden" oder „Wenn Sie mit mir gesprochen haben, dann war ich dabei ein Anderer".

Der Comic löst ein, so Platthaus im Beiheft, „was Deleuze und Guattari als Prinzip einer Denkbewegung gefordert haben: ‚Die Philosophie bedarf einer Nicht-Philosophie, die sie umfasst, sie bedarf eines nicht philosophischen Verständnisses, so wie die Kunst der Nicht-Kunst bedarf und die Wissenschaft der Nicht-Wissenschaft.' Und der Comic des Nicht-Comic." Viel Begriffsaufwand, um viel schwarze Farbe auf weißem Hochglanzpapier mit Sinn zu erfüllen – frei nach dem Motto: Philosoph ist, wer trotzdem lacht. Deleuze hätte das vermutlich gefallen.

Claudio Mehler

Jacoby, Edmund

**50 Klassiker – Philosophen. Denker von der Antike bis heute**

Gerstenberg Verlag, Hildesheim 2001.
311 Seiten, € 19,95

Reinhard Brandt

**Philosophie. Eine Einführung**

Reclam Verlag, Stuttgart 2001.
296 Seiten, € 7,10

Savater, Fernando

**Die Fragen des Lebens. Fernando Savater lädt ein in die Welt der Philosophie**

Campus Verlag, Frankfurt am Main
2000. 309 Seiten, € 19,90

**Drei Einführungen in die Philosophie**

In der Reihe „50 Klassiker" des Hildesheimer Gerstenberg Verlags stellt der Philosoph und Verlagslektor Edmund Jacoby fünfzig Denker der Philosophiegeschichte vor. Portraitiert werden neben dem „ersten" Philosophen Thales unter anderem die antiken griechischen Klassiker Sokrates, Platon und Aristoteles, die außereuropäischen Gelehrten Konfuzius und Buddha, die Kirchenväter Augustinus und Thomas von Aquin, bis hin zu modernen Philosophen wie Sartre, Horkheimer, Arendt, Marcuse, Popper, Foucault und Habermas. Wünschenswert wäre gewesen, wenn der Autor in seiner knappen Einleitung die Kriterien, die einen Denker zu einem Klassiker werden lassen, für die Leserschaft erläutert hätte – wurde doch lediglich eine Philosophin (Hannah Arendt) in seine Galerie der ehrenvollen Ahnen aufgenommen.

Die einzelnen Philosophen werden auf jeweils vier bis zwölf Seiten vorgestellt, wobei in den einzelnen Kapiteln durchaus auch auf weitere, nicht als Klassiker gesondert aufgeführte Philosophen eingegangen wird, die für das Verständnis der vorgestellten Philosophen von Bedeutung sind. Querverweise, Zitate und Anekdoten sind durch Kästen hervorgehoben. Farbig unterlegte Faktenseiten skizzieren den Lebenslauf jedes Philosophen, führen die wichtigsten Werke auf und geben Lese- und Besichtigungstipps. Vor allem die Besichtigungstipps (zum Beispiel Museen, historische Orte oder Universitäten) können sowohl dem philosophischen Einsteiger als auch dem Fortgeschrittenen Anregungen für die nächste Urlaubsreise oder Studienfahrt geben. Eine Kurzwertung vermittelt dem eiligen Leser auf einen Blick die Bedeutung des jeweiligen Lebenswerks.

Durch die verständlich geschriebenen Texte, die einen ersten Einblick in das philosophische Gedankengebäude der einzelnen Klassiker vermitteln, sowie durch die gelungene Aufbereitung der einzelnen Beiträge kann das Werk von Jacoby als Einführungslektüre in die Philosophiegeschichte durchaus herangezogen werden. Die Struktur des Werks ermöglicht es, sich auf einzelne ausgewählte Klassiker zu konzentrieren und sich mit Hilfe der angegebenen Lektüreempfehlungen näher in das Lebenswerk des klassischen Philosophen hineinzulesen.

Eine zweite Variante zur Einführung in die Philosophie stellt der Einführungsband des Marburger Philosophieprofessors Reinhard Brandt dar. Zwölf umfassende Auszüge klassischer Texte werden erläutert und in das jeweilige Gesamtwerk sowie den historischen Kontext eingeordnet. Zu den meisten Texten werden zudem noch umfangreiche „Weiterführende Reflexionen" angefügt, in denen eine kritische Betrachtung der Texte und Themen erfolgt.

Inhaltlich sind die zwölf Einzelkapitel in vier Teile untergliedert, die zunächst gemäß der Trias „Wahr, Gut und Schön" die Bereiche Erkenntnislehre, praktische Philosophie und Ästhetik abdecken. Das vierte Thema ist an Kants Frage: „Was ist der Mensch?" angelehnt. Als Unterthemen des ersten Teils werden Logik, Wahrnehmung, Bewusstsein und Sprachphilosophie vorgestellt. Texte von Aristoteles, Kant und Rawls stehen exemplarisch für die Praktische Philosophie, und im dritten Teil werden Texte von Hegel und B. Newman zum Schönen wiedergegeben und kommentiert. Grundlagentexte zur Anthropologie (Lehre vom Menschen) und zur Frage nach dem Sinn des Lebens schließen den Einführungsband ab.

Brandt zufolge bewegt sich das Anspruchsniveau seines philosophischen Einführungsbands „in der Talsohle zwischen den sich gegenüberstehenden Gipfeln der praktizierten Weisheit einerseits und der Expertenphilosophie andererseits. Sie will in Elementarbestände der Probleme und Erkenntnisse einführen, in denen wir uns bei jeder Tätigkeit immer schon bewegen; sie orientiert sich an der Expertenphilosophie, will jedoch deren Gebiet nicht betreten." Die vom Autor angesprochene Orientierung an der Expertenphilosophie beinhaltet, dass sich die Einführung nicht als didaktisch-problemorientierte Hinführung zur Philosophie versteht, sondern das Ziel ist „einerseits rein fachlich-philosophisch, zum anderen die partielle Grundlagenstiftung für ein vernünftiges Studium aller anderen Materien, also eine Teileinführung in die ‚universitas studiorum'".

Die hier sichtbar werdende traditionelle Sichtweise entspricht sicherlich nicht der gegenwärtigen fachdidaktischen Diskussion, wonach der Philosophieunterricht und die anderweitigen Beschäftigungsmöglichkeiten mit der Philosophie primär der Problemlösungsbegleitung des philosophierenden (jungen) Menschen dienen sollen. Gleichwohl bietet die methodische Vorgehensweise einer Kombination von Originaltexten und Kommentaren für den gebildeten Laien eine gute Möglichkeit, sich in autodidaktischer Form der Philosophie zu nähern.

Einen ganz anderen Leitfaden für seine Einführung in die Philosophie wählt der spanische Philosoph und Journalist Fernando Savater: Die Fragen des Lebens sind für ihn der Ausgangspunkt, um die Lust am Philosophieren zu wecken. Savater will nicht, wie er im Vorwort schreibt, einen Katalog schwergewichtiger philosophischer Lehrmeinungen vorlegen. Er lehnt es ab, eine Tour de France der Philosophiegeschichte zu schreiben, die alle Sieger und ihre Heldentaten feiert. Stattdessen möchte er versuchen, „eine kleine Anleitung zum philosophischen Selbstradeln zu bieten", um so das Leben besser verstehen und genießen zu können.

In der Einleitung betont der Autor die besondere Bedeutung der Philosophie, indem er den Unterschied zwischen den übrigen Wissenschaften und der Philosophie anschaulich hervorhebt. Während sich die Wissenschaften vornehmlich auf den Wissensebenen Information und Verständnis bewegen, befasst sich die Philosophie in erster Linie mit der traditionell als Weisheit bezeichneten philosophischen Erkenntnis. „Weisheit verbindet unser Wissen und Verständnis mit den Möglichkeiten, das Leben zu gestalten, und den Werten, die wir wählen können. Sie versucht herauszufinden, wie wir besser mit dem in Übereinstimmung leben können, was wir wissen."

In insgesamt zehn Kapiteln lädt Savater in die Welt der Philosophie ein. Er beginnt mit der Erkenntnis der menschlichen Endlichkeit, also mit dem Tod. In den weiteren Kapiteln versucht er Antworten – im Unterschied zu Lösungen, welche die anderen Wissenschaften anbieten – auf grundlegende Fragen zu geben wie: Kann ich meiner Erkenntnisse wirklich sicher sein? Was ist Freiheit? Wozu brauchen wir Sprache? Können wir zu Gott Zuflucht nehmen? Was ist Zeit? Es gelingt dem Autor bei der Auseinandersetzung mit diesen und vielen weiteren Fragen aus dem alltäglichen Erfahrungsbereich den Leser in grundlegende Frage- und Problemstellungen der Philosophie einzuführen. Wer über diese Fragen nachdenkt, hat bereits mit dem Philosophieren begonnen. Da sich die großen Philosophen ebenfalls mit diesen Fragen beschäftigt haben, bezieht Savater deren Aussagen in seine Überlegungen derart ein, dass der Leser gleichzeitig die großen Denker und Philosophieschulen kennenlernt. Anders als bei den zuvor vorgestellten Einführungswerken wird bei Savater die Systematik und Abfolge seiner philosophischen Reflexionen nicht durch die Philosophiegeschichte oder durch die philosophischen Klassiker bestimmt. Ausgangspunkt und Leitfaden sind für ihn die sich allen Menschen stellenden Fragen des Lebens.

Auf Grund des durchgängig sehr anschaulich und verständlich geschriebenen Texts, der sorgfältig ausgewählten Leseempfehlungen, der Personenportraits, der sich an jedes Kapitel anschließenden und zum Weiterdenken anregenden Fragen sowie der ansprechenden Gestaltung mit zahlreichen Illustrationen kann das Einführungswerk von Fernando Savater uneingeschränkt allen empfohlen werden, die einen eigenständigen ersten Zugang zur Philosophie suchen.

Ludwig Heuwinkel

Abbildung entnommen aus:
Neue Abenteuer des unglaublichen Orpheus.
Verlag Arrache Coeur

ARD/Junius-Verlag: Philosophie heute

**Die Wahrheit der Worte – Die Philosophie Ludwig Wittgensteins**

VHS Video, Laufzeit 45 Minuten, € 20,50

**Einladung zum Diskurs – Jürgen Habermas in Stanford**

VHS Video, Laufzeit 45 Minuten, € 20,50

**Der Zauberer von Meßkirch – Martin Heidegger**

VHS Video, Laufzeit 60 Minuten, € 20,50

**Ich nehme ein Bier aus dem Kühlschrank, hole mir ein paar Tüten Chips und werfe mich auf die Couch. Füße hoch, Fernbedienung her, jetzt kann's losgehen ... Wer denkt, dass es sich dabei um einen Fußballabend vor der Glotze handeln könnte, hat sich getäuscht – hohe geistige Aktivität ist angesagt. Philosophie im Fernsehsessel? Ja, denn die Videokassetten zur ARD-Reihe „Philosophie heute" bieten für jeden Geschmack etwas.**

**Die Wahrheit der Worte – Die Philosophie Ludwig Wittgensteins**

„Ich glaube ich habe unsere Probleme – die Probleme der Philosophie endgültig gelöst." Mit diesen Worten Wittgensteins beginnt die Dokumentation und zeigt im Folgenden die Entwicklung vom jungen Wittgenstein des *Tractatus* hin zum späten Verfasser der *Philosophischen Untersuchungen*. Um das Denken des frühen Wittgenstein verständlich zu machen, wird dessen Kindheit dargestellt: nostalgische Fotos des Elternhauses, die väterlichen Verbindungen zu Komponisten wie Brahms oder Mahler und die frühe Begeisterung für die Natur- und Ingenieurwissenschaften. Es wird deutlich, wie die Baupläne der Ingenieure Wittgenstein zu einem Bauplan der Sprache führen. Präzise und geregelt. Wie es danach zur Abwendung Wittgensteins von der Formalsprache und seiner Hinwendung zur Umgangssprache kam, wird von verschiedenen Wittgenstein-Forschern kommentiert – als entscheidend dafür werden etwa der Aufenthalt in Cambridge bei Bertrand Russell und das Ereignis des Ersten Weltkriegs angesehen. Die Filmausschnitte und Fotos sind durchweg gut gewählt und bringen dem Zuschauer die Welt und das Leben Wittgensteins näher. Warum Wittgenstein sich stets mit Sprachphilosophie beschäftigt hat? „Die Welt und das Denken begegnen sich im Sprechen." Sicherlich kann eine Videokassette keine so umfassende Einführung bieten wie ein Buch. Auf der anderen Seite wird aber gerade durch das Video besonders deutlich, wie eng Leben und Werk eines Autors miteinander verknüpft sind. Wer einen kleinen Ausschnitt von Wittgensteins Welt sozusagen mit eigenen Augen gesehen hat, wird auch dessen Philosophie besser verstehen.

**Einladung zum Diskurs – Jürgen Habermas in Stanford**

Um es gleich vorweg zu sagen: Dieses Video ist mit Sicherheit das philosophisch anspruchsvollste der drei hier genannten. Das liegt vor allem daran, dass wir es hier nicht mit einem biografischen Aufriss des Philosophen zu tun haben. Vielmehr wird ein Besuch von Jürgen Habermas an der Universität Stanford dokumentiert – eine Woche ist die Kamera des WDR dabei. Dabei ist wichtig zu wissen, dass Habermas in Amerika der vielleicht bekannteste deutsche Philosoph ist. Der Romanist Gumbrecht sagt im Rahmen seiner Begrüßungsrede für Habermas bei einem „Diskurs-Abend" diesbezüglich: „Kein anderer Europäer spielt die Rolle des öffentlichen Intellektuellen so erfolgreich und wirkungsvoll." Wir Bundesrepublikaner sehen das womöglich ein bisschen anders und sind vielleicht im Folgenden erstaunt, wenn wir Habermas mit Leuten sprechen hören, die sich ohne Probleme über „kommunikative Vernunft" oder den Öffentlichkeitsbegriff unterhalten, denen aber anscheinend Namen wie Adorno oder Horkheimer nicht geläufig sind.

Nichtsdestotrotz erweist sich das Gespräch als zwar anstrengend, aber interessant, und man erfährt, warum Habermas gerade im multikulturellen San Francisco eine so große Bedeutung hat. Abgerundet wird das Video dann – sozusagen um den Zuschauer wieder etwas zu entlasten – mit einem Gespräch zwischen Habermas und dem Antibabypillenerfinder Karl Djerassi. Was die beiden zu Djerassis Paul-Klee-Austellungen mit gewichtiger Miene vorzutragen wissen, ist zwar ziemlich lächerlich, aber da Habermas sich einen überaus vergeistigten Tonfall gönnt und selbst die einfachsten Fragen Djerassis mit wichtigen philosophischen Antworten kommentiert, ist der Diskurs zumindest unterhaltsam. Auch dieses Video ist empfehlenswert, aber vor allem für Habermas-Fans geeignet.

**Der Zauberer von Meßkirch – Martin Heidegger**

Gleich zu Beginn des Videos spielt die Blaskapelle von Meßkirch den „Heidegger-Marsch". Schon dieses Kuriosum allein wäre den Kauf des Videos wert, aber was hier im Folgenden geboten wird, ist Dokumentation der Spitzenklasse. Auf der einen Seite hören wir Interviews mit den letzten noch lebenden Freunden Heideggers. Etwa der Skatbruder am Stammtisch, der uns erklärt, wie oft „dr Martin" spazieren ging, was er für Bier trank und so weiter. Auf der anderen Seite: Kommentare von Heidegger-Experten, die zwar spärlicher eingesetzt werden, aber dennoch einen guten Eindruck von Heideggers Philosophie und ihrer Tragweite vermitteln. Alles in allem steht das Biografische im Vordergrund: War Heidegger ein „subtiler Gegner des Nazismus" oder ein Nationalsozialist ersten Grades? Rüdiger Safranski, der schon die populär gewordene

Heidegger-Biografie *Ein Meister aus Deutschland* verfasste, hat an diesem Video mitgewirkt und dabei offensichtlich gute Arbeit geleistet. Behutsam und ohne Sensationslust wird auf das Leben Heideggers eingegangen. Der Zuschauer kann sich sein eigenes Bild von Heidegger machen, und nach diesem Video sollte er es ohne Vorurteile tun. Heidegger-Freunde und -Feinde kommen gleichermaßen zu Wort – die Dokumentation indes ergreift keine Partei. Ergänzt wird das Ganze mit Filmaufnahmen aus dem Heidegger'schen Familienarchiv, Bildern von seinen Spaziergängen, der Heimat Meßkirch. Wie schon beim Wittgenstein-Video wird deutlich, dass sich das Denken eines Philosophen nicht allein durch das Studium seiner gedruckten Werke erschließt. *Der Zauberer von Meßkirch* ist sicherlich eines der Herzstücke der Dokumentationsreihe. Obwohl es rund 15 Minuten länger ist als die beiden anderen Videos, wird einem doch keine Minute langweilig.

Das Projekt Philosophie-Video im Junius-Verlag ist ein voller Erfolg. Die Dokumentationen sind so unterhaltsam wie lehrreich und sowohl für den Schulunterricht wie auch für den gemütlichen Abend zu Hause geeignet.

Johannes Riep

Ludger Lütkehaus (Hrsg.)

## Günther Anders. Übertreibungen in Richtung Wahrheit. Stenogramme, Glossen, Aphorismen

Beck'sche Reihe 1472, München 2002.
184 Seiten, € 9,90

Konrad Paul Liessmann

## Günther Anders. Philosophieren im Zeitalter der technischen Revolutionen

Verlag C. H. Beck, München 2002.
208 Seiten, € 19,90

**Die Heimatlosigkeit werde ein Weltschicksal, schrieb Martin Heidegger. Sein Schüler Günther Anders hat ein solches Schicksal erfahren. Heidegger hingegen war ortsfest und heimatverbunden; er brachte Heimatlosigkeit und Seinsentzug in Verbindung, und seine Weltinterpretation lief aus in der Deutung des Verhängnisses der Technik als dem „Gestell des Seins". Für Günther Anders war die neuzeitliche Technik (als eine Weltvorstellung, die in der Weltveränderung verfangen bleibt) der zureichende Grund der Heimatlosigkeit – ohne dass er deshalb aber zu einem Prognostiker ihrer Veränderung und Aufhebung wurde.**

In der 1979 verfassten Vorrede zu seinem Hauptwerk *Die Antiquiertheit des Menschen,* das 1956 zum ersten Mal erschienen war, wünschte sich Anders, dass er mit keiner seiner Prognosen recht behalten werde. Im neuen Jahrtausend zeigt sich nun, dass dies ein Wunsch war, der nicht in Erfüllung ging. Der Alptraum, in dem jeder „Meiler ... ganz ohne Auf- oder Umrüstung zu einer Atombombe mutiert" ist, war für Ludger Lütkehaus der Anlass, eine Anthologie (Textsammlung) in zehn Teilen herauszugeben, um die Spannbreite des Denkens von Anders aufzuzeigen. Nicht die autorisierte Anordnung der Schriften von Günther Anders, sondern die Anordnung eines Herausgebers (Ludger Lüdkehaus) und eines Lektorats (C. H. Beck) stellen das Denken vor. Eine deratige Publikationsform hätte Anders, der eine „Gelegenheitsphilosophie" für alle Gelegenheiten betrieb, sicher gefallen.

Hilfreicher als die Vorrede zur Anthologie ist für den mit dem Werk von Anders noch unvertrauten Leser die zusammenfassende Darstellung von Konrad Liessmann. Ärgerlich ist zwar die Betonung der Bekanntschaft des Autors mit Anders, aber dies schmälert nicht seinen Versuch, die zerstreut erschienenen Texte unter Leitideen wie der „Weltfremdheit" und der „Scham des Menschen", der „virtuellen Realität" und dem „Monströsen" zusammenzustellen. Die Nichteinnehmbarkeit, erzwungene und inszenierte Fragmentarität von Anders' philosophischen Schriften mit Themen wie die *Prometheische Scham* oder die *Antiquiertheit des Menschen* sichert ihm in einer Zeit der Rückblicke eine unbestrittene Wirksamkeit. Die Technik (also auch Medien, Atombomben und Atomkraftwerke) ist für Anders die nicht einzunehmende Objektivität. Die Nichteinnehmbarkeit der Technik findet sich auch als absolute Macht formuliert, welche das Denken permanent relativiert und Entwürfe der Subjekte zerstört. Die Technik wurzelt bei Anders tief im Inneren seiner Philosophie als die Philosophie selbst. Denken, wie es Anders thematisiert wissen wollte, ist nicht nur ein Spielball argumentativrationaler Unzulänglichkeiten, sondern unmittelbare Aktualisierung der atomaren Lebenswirklichkeit. Philosophisches Denken ist ihm nicht bloß unbelebtes Wissen, das sich in seiner Nutzlosigkeit einrichtet und sich an den Rand des Seins, des Ursprungs und des Subjekts denkt. Es speist sich aus dem Verhältnis von Denken und dem Begreifen des Gegebenen und Ungedachten. Die Leitideen von Liessmanns leicht lesbarer Einführung in das Denken von Günther Anders sind eine Anregung, solange es noch keine Gesamtausgabe gibt.

Durch eine Rezeption der Werke Anders' könnten eine Unmenge an hochdotierten Beamtenstellen eingespart werden, die sich als Professuren für Medien(-philosophie, -wissenschaft, -didaktik...) etabliert haben und doch über das von Günther Anders Beobachtete, Erkannte und Aufgezeigte nicht hinauskommen. Sie könnte auch über die beiden Bände hinaus zu einer philologisch exakten Gesamtausgabe der Werke von Anders führen, sodass viel gedachter und gedruckter Unsinn, wie der, dass Medien aufklären oder Geld zivilisieren würde, getrost der Vergangenheit und dem Vergessen überantwortet werden könnte.

Manfred Matheis



Zeichnung:
Jan Tomaschoff

SYBILLE
UNNEN
3.7.01